语 文
（第一册）

主　编　耿国丽　李　斯
副主编　底洁璇　董　研　刘　杨
参　编　刘晰凝　周　晶　闫　磊　刘瑞敏
　　　　白　妍　许彩兰

北京理工大学出版社
BEIJING INSTITUTE OF TECHNOLOGY PRESS

版权专有 侵权必究

图书在版编目（CIP）数据

语文．第一册/耿国丽，李斯主编．—北京：北京理工大学出版社，2018.10(2019.7重印)
ISBN 978-7-5682-6344-3

Ⅰ．①语… Ⅱ．①耿…②李… Ⅲ．①语文课－中等专业学校－教材 Ⅳ．①G634.301

中国版本图书馆 CIP 数据核字（2018）第 210250 号

出版发行/北京理工大学出版社有限责任公司
社　　址/北京市海淀区中关村南大街 5 号
邮　　编/100081
电　　话/(010) 68914775（总编室）
　　　　　(010) 68944990（批销中心）
　　　　　(010) 68911084（读者服务部）
网　　址/http：//www.bitpress.com.cn
经　　销/全国各地新华书店
印　　刷/涿州市新华印刷有限公司
开　　本/787 毫米×1092 毫米　1/16
印　　张/12　　　　　　　　　　　　　　　责任编辑/张荣君
字　　数/247 千字　　　　　　　　　　　　文案编辑/张荣君
版　　次/2018 年 10 月第 1 版　2019 年 7 月第 2 次印刷　责任校对/周瑞红
定　　价/36.00 元　　　　　　　　　　　　责任印制/边心超

图书出现印装质量问题，本社负责调换

前　言

中等职业教育语文教学大纲指出："本课程的任务是指导学生正确理解与运用祖国的语言文字，注重基本技能的训练和思维发展，加强语文实践，培养语文的应用能力，为综合职业能力的形成，以及继续学习奠定基础；提高学生的思想道德修养和科学文化素养，弘扬民族优秀文化和吸收人类进步文化，为培养高素质劳动者服务。"

本书根据教学大纲的要求，遵循"经典重现，扩展视野"的原则，注重语文学科的人文基础性和文化素养养成功能，实现语文与专业学科的连接，开拓学生的视野，培养学生对经典作品的感悟，通过作品的多样性，培养学生的综合理解能力。

本书编写组从学科学习价值角度审查入编的文章，结构体系力求完整、严谨。全书共五个单元，具体包括古代文学、现代文学、当代文学、外国文学、国学诵读。其中，前四个单元每一单元选取的文章均以文学史的演进过程为主线，按照诗歌、散文、小说、戏剧四大文体渐次展开，每一种文体出一至两篇经典选文供学生学习，另附一至两篇选读篇章丰富学生的视野。第五单元为国学诵读《论语》（节选）。本书附录为中国古代文学史概要，其目的是让学生对中国古代文学的发展有一个全面的了解。本书条理清晰，选文皆出自名人名著，典型突出，贴近时代，贴近学生，可读性强。

中国的文化要有自己的传统，自己的立足点。这也是我国立足世界之林的根基。没有传统的文化，没有经典的文化，就不能称之为文化。文化的继承和发展，要从阅读经典开始。我们对不同文体选取大量经典篇章，采取这一举措目的不是要求学生背诵文学经典，而是多读民族文化的经典，丰富自己的文学素养。这使得教师选文在突出职业思想教育的同时，也突现了语文本身的特点，能够进行语文技能训练和思维训练，将语文的技能训练落到实处，尽量做到思想训练与技能训练兼顾统一。

本书由耿国丽和李斯担任主编，底洁璇、董研、刘杨担任副主编，刘晰凝、周晶、闫磊、刘瑞敏、白妍、许彩兰参与了本书的编写工作。具体编写分工为：古代文学单元和现代文学单元由耿国丽编写，当代文学单元由底洁璇编写，外国文学单元由李斯编写，国学诵读单元由董研编写，文学常识部分由刘杨编写。本书由耿国丽和董研共同完成统稿工作。

由于编者水平所限，书中难免会有不足之处，恳请专家与广大读者批评指正。

编　者

目 录

第一单元　古代文学 ... 1
  《诗经》二首 ... 2
　　关　雎 ... 2
　　蒹　葭 ... 3
  将进酒 ... 6
  劝　学（节选） ... 8
  林黛玉进贾府（节选） ... 12
  窦娥冤 ... 23
  廉颇蔺相如列传 ... 28

第二单元　现代文学 ... 35
  现代诗歌二首 ... 36
　　再别康桥 ... 36
　　我爱这土地 ... 38
  荷塘月色 ... 40
  阿Q正传（节选） ... 43
  雷　雨（节选） ... 51
  祝　福 ... 61

第三单元　当代文学 ... 74
  面朝大海，春暖花开 ... 75
  致橡树 ... 77
  我与地坛 ... 80
  哦，香雪 ... 86
  窝头会馆 ... 95
  目　送 ... 118
  《暗恋桃花源》（节选） ... 121

第四单元　外国文学 ... 134
  泰戈尔诗二首 ... 135
　　仿　佛 ... 135
　　飞鸟集（节选） ... 136
  列车上的偶然相遇 ... 138

项　链 …………………………………………………………… 141
威尼斯商人（节选）………………………………………… 149
牛蒡花 ………………………………………………………… 159
最后的常春藤叶 ……………………………………………… 161

第五单元　国学诵读 …………………………………………… 167
论语（节选）………………………………………………… 169
　学而第一 ………………………………………………… 169
　为政第二 ………………………………………………… 169
　八佾第三 ………………………………………………… 171
　里仁第四 ………………………………………………… 172
　公冶长第五 ……………………………………………… 173
　雍也第六 ………………………………………………… 174
　述而第七 ………………………………………………… 175
　泰伯第八 ………………………………………………… 177
　子罕第九 ………………………………………………… 178
　乡党第十 ………………………………………………… 179

附录　中国古代文学史概要 ……………………………………… 181

第一单元　古代文学

单元导语

"书读百遍，其义自见"，这里的"读"是指诵读，即放声朗读。如果我们做到勤读、多读、爱读，在诵读中感受用语特点，领悟作者情意，那么就能把握古诗文的"气势脉络和声音节奏"，正如朱光潜先生所说："沉浸到自己的心胸和筋骨里。"

写诗文需要真情涌动，诵诗文也要心弦共鸣。"熟读唐诗三百首，不会作诗也会吟。"通过诵读，我们可以加深对古诗文的理解和感受，增加语言积累，陶冶情操，提升文化品位。

本单元选取了不同时期不同风格的文学佳作，篇篇堪称经典。《〈诗经〉二首》是抒情诗，诵读时要读出节奏感和旋律美，感受诗歌质朴纯真之情和回环复沓之美；李白的《将进酒》借酒抒怀，虽然全诗情感基于"愁"字，但是作者豪迈不羁的个性又使全诗气势豪迈，感情奔放，感受古诗的音韵美，有助于培养语感，进入诗歌的情境；《劝学》长于说理，论点鲜明，善用比喻论证和排偶句式，富于文采，朗读时将其铿锵气势读出来，显示出强大的说理力量；曹雪芹的《红楼梦》是中国古代小说史上成就最高的伟大作品，它真实而全面地反映了中国封建社会后期的面貌。从小说中，应学会刻画人物的方法，尝试采用多种方法进行人物刻画，塑造成功的人物形象；元杂剧《窦娥冤》集中反映了官吏昏聩、司法腐败的黑暗现实，塑造了善良而富有反抗精神的女性形象；选读课文《廉颇蔺相如列传》人物形象鲜明，故事情节曲折，在诵读学习时，注意把握人物的性格特点。

《诗经》①二首

课文导读

　　《诗经》是中国文学古老的典籍之一。《国风·周南·关雎》是《诗经》的第一篇,在中国文学史上占据着特殊的位置。一些神话故事产生的年代虽然久远,但是作为文字记载,却是较晚的事情。因此,也可以说,一翻开中国文学的历史,首先遇到的就是《关雎》。

　　《关雎》是一首强调社会理性的情诗,理想的爱情审美观在诗中得到了完美的体现,诗情中和。正如孔子所说:"《关雎》乐而不淫,哀而不伤。"在孔子看来,《关雎》是表现"中庸"之德的典范。

　　《蒹葭》是历来备受赞赏的一首抒情诗。全诗洋溢着主人公对"伊人"的真诚向往和执着追求的爱恋之情。主人公面对苍苍芦荡、茫茫秋水,苦苦追寻。虽然历经千辛万苦,但是"伊人"始终让人可望而不可即。全诗字里行间流露出主人公望穿秋水而又求而不得的失望、惆怅之情。这首诗最主要的艺术特色是意境朦胧、情景交融。另外,诗歌采取重章叠句的形式,反复咏叹,层层推进,步步深化,抒情意味随之渐浓。

关雎②

关关雎鸠③,在河之洲④。
窈窕⑤淑女,君子好逑⑥。
参差⑦荇菜,左右流之⑧。
窈窕淑女,寤寐⑨求之。
求之不得,寤寐思服⑩。
悠哉悠哉⑪,辗转反侧⑫。
参差荇菜,左右采之。
窈窕淑女,琴瑟友之⑬。
参差荇菜,左右芼之⑭。
窈窕淑女,钟鼓乐之⑮。

注释

　　①《诗经》是我国第一部诗歌总集,共收入从西周初期到春秋中期约500年间的诗歌305篇。《诗经》分为风、雅、颂三类,题材广泛,普遍运用赋、比、兴的手法,

语言以四言为主，朴实优美，音律和谐悦耳。其中，不少篇章采用重章叠句的艺术形式。

②选自《诗经·周南》。周南，即周王都城之南，多指江汉流域。此章为先秦时代江汉流域民歌，共11篇。

③关关：象声词，雌雄二鸟相互应和的叫声。雎鸠（jūjiū）：一种水鸟名，即王雎。

④洲：水中的陆地。

⑤窈窕（yǎotiǎo）淑女：贤良美好的女子。窈窕，身材体态美好的样子。窈，深邃，比喻女子心灵美；窕，幽美，比喻女子仪表美。淑，好，善良。

⑥好逑（hǎoqiú）：好的配偶。逑，"仇"的假借字，匹配。

⑦参差：长短不齐的样子。荇（xìng）菜：水草类植物。圆叶细茎，根生水底，叶浮在水面，可供食用。

⑧左右流之：时而向左、时而向右地择取荇菜。这里是以勉力求取荇菜，隐喻"君子"努力追求"淑女"。流，同"求"，这里指摘取。之，指荇菜。

⑨寤寐（wùmèi）：醒和睡。指日夜。寤，醒觉。寐，入睡。又，马瑞辰《毛诗传笺注通释》（简称《毛传》）说："寤寐，犹梦寐。"也可通。

⑩思服：思念。服，想。《毛传》："服，思之也。"

⑪悠哉（yōuzāi）悠哉：意为"悠悠"，就是长。这句诗是讲思念绵绵不断。悠，感思。见《尔雅·释诂》郭璞注。哉，语气助词。悠哉悠哉，犹言"想念呀，想念呀。"

⑫辗转反侧：翻覆不能入眠。辗，古字作展。辗转，即反侧。反侧，犹翻覆。

⑬琴瑟友之：弹琴鼓瑟来亲近她。琴、瑟，皆弦乐器。琴五或七弦，瑟二十五或五十弦。友：用作动词，此处有亲近之意。这句诗是讲用琴瑟来亲近"淑女"。

⑭芼（mào）：择取，挑选。

⑮钟鼓乐之：用钟奏乐来使她快乐。乐，使动用法，使……快乐。

蒹葭①

蒹葭②苍苍③，白露为霜④。所谓⑤伊人⑥，在水一方⑦。
溯洄⑧从⑨之，道阻⑩且长。溯游从之，宛在水中央⑪。

蒹葭萋萋⑫，白露未晞⑬。所谓伊人，在水之湄⑭。
溯洄从之，道阻且跻⑮。溯游从之，宛在水中坻⑯。

蒹葭采采，白露未已⑰。所谓伊人，在水之涘⑱。
溯洄从之，道阻且右⑲。溯游从之，宛在水中沚⑳。

注释

①选自《诗经·秦风》。秦,周朝时诸侯国名,在今陕西中部和甘肃东部一带。

②蒹葭(jiānjiā):芦荻,芦苇。

③苍:深青色,茂盛的样子。

④白露为霜:晶莹的露水凝结成了霜。为,凝结成。

⑤所谓:所说、所念,这里指所怀念的。

⑥伊人:那人,指所思慕的对象,有人认为诗中人物所追寻的,是一种可望而不可即的理想境界。

⑦在水一方:在水的另一边。一方:那一边,是指对岸。

⑧溯洄(sùhuí):逆流而上。

⑨从:跟随,这里是追寻的意思。

⑩阻:险阻,(道路)难走。

⑪宛在水中央:(那个人)仿佛在河的中间。意思是相距不远却无法到达。宛,宛然、好像。

⑫萋萋:茂盛的样子。下文"采采"义同。

⑬晞(xī):干。

⑭湄(méi):岸边,水与草交接之处。

⑮跻(jī):水中高地,意思是道路险峻,需攀登而上。

⑯坻(chí):水中小洲,小岛。

⑰未已:还没有完,指露水尚未被阳光蒸发完毕。已,完毕。

⑱涘(sì):水边。

⑲右:迂回曲折。

⑳沚(zhǐ):水中沙滩。

思考与探究

一、《诗经》多用四字句,可按两字一语节诵读,在诵读基础上背诵《关雎》《蒹葭》,并在适当的地方引用。

二、体会诗歌所表现出的情感和精神品格,并选一首感触最深的诗歌写出读后感。

将进酒①

李白

**课文导读**

唐玄宗时期,李白被排挤出长安,唐玄宗赐金放还。此后,李白在江淮一带盘桓,重新踏上了云游祖国山河的漫漫旅途。李白作此诗时,距李白被唐玄宗"赐金放还"已有八年之久。这一时期,李白多次与友人岑勋(岑夫子)应邀到嵩山另一好友元丹丘的颍阳山居为客,三人登高饮宴,借酒放歌,以抒发满腔不平之气。

《将进酒》全诗围绕"酒"字,内在感情跌宕起伏,潜藏在酒话底下如波涛汹涌的郁怒情绪,又基于"愁"字。全诗虽然表达了作者空有大济苍生的理想却怀才不遇的苦闷,但是作者傲世的态度和豪放不羁的个性又使全诗忧而不愁,展示了豁达的胸襟。

全诗气势豪迈,感情奔放,语言流畅,具有很强的感染力。

君不见,黄河之水天上来②,奔流到海不复回。
君不见,高堂明镜悲白发,朝如青丝暮成雪③。
人生得意须尽欢④,莫使金樽空对月。
天生我材必有用,千金散尽还复来。
烹羊宰牛且为乐,会须一饮三百杯⑤。
岑夫子,丹丘生⑥,将进酒,杯莫停⑦。
与君歌一曲⑧,请君为我倾耳听⑨。
钟鼓馔玉不足贵⑩,但愿长醉不复醒⑪。
古来圣贤皆寂寞,惟有饮者留其名。
陈王昔时宴平乐,斗酒十千恣欢谑⑫。
主人何为言少钱⑬,径须沽取对君酌⑭。
五花马⑮,千金裘,呼儿将出换美酒,与尔同销万古愁⑯。

注释

①将进酒:属乐府古题。将(qiāng),请。
②君不见:乐府中常用的一种夸语。天上来:黄河发源于青海,因那里地势极高,故称。

③高堂：高大的厅堂，一说指父母，不符合诗意。一作"床头"。青丝：黑发。

④得意：适意高兴的时候。

⑤会须：正应当。

⑥岑夫子：岑勋。丹丘生：元丹丘。二人均为李白的好友。

⑦杯莫停：一作"君莫停"。

⑧与君：给你们，为你们。君，指岑勋、元丹丘二人。

⑨倾耳听：一作"侧耳听"。

⑩钟鼓：富贵人家宴会中奏乐使用的乐器。馔（zhuàn）玉：形容食物如玉一样精美。

⑪不复醒：也有版本为"不用醒"或"不愿醒"。也有说法作"但愿长醉不愿醒"。

⑫陈王：指陈思王曹植。平乐（lè）：观名。在洛阳西门外，为汉代富豪显贵的娱乐场所。恣：纵情任意。谑（xuè）：戏。

⑬言少钱：一作"言钱少"。

⑭径须：干脆，只管。沽：通"酤"，买。

⑮五花马：指名贵的马。一说毛色作五花纹，一说颈上长毛修剪成五瓣。

⑯尔：你。销：同"消"。

思考与探究

一、诗酒结缘，是我国文学史上的一个传统，古代出现了很多与酒有关的名篇。请摘录一些与酒有关的名句。

二、杜甫在《饮中八仙歌》中写道："李白斗酒诗百篇，长安市上酒家眠。天子呼来不上船，自称臣是酒中仙。"在《不见》中，杜甫还用"敏捷诗千篇，飘零酒一杯"概括李白的一生。关于杜甫对李白的评价，你怎样看待呢？你又怎样看待李白的嗜酒行为呢？

三、背诵全诗。

劝学① （节选）

荀子

课文导读

　　《劝学》是《荀子》一书的首篇，又名《劝学篇》。本文从《劝学》中节选了三段。劝学，就是鼓励学习，文章紧扣"学不可以已"这一中心论点，较系统地论述了学习的意义，应遵循的原则和应有的正确态度。

　　本文擅长用多样化的比喻和对比阐明深刻的道理，既深入浅出，又形象生动。另外，文章朴实浑厚、详尽严谨；句式比较整齐，气势充沛畅达。其中，很多语句已成为后世相传的成语、名句、箴言，这些都是人们应汲取的思想精髓和语言精华。

　　《劝学》文质兼美，代表了先秦论说文成熟阶段的水平。

　　君子②曰：学不可以已③。

　　青，取之于蓝④而青于蓝⑤；冰，水为之而寒于水。木直中绳⑥，𫐓（róu）以为轮⑦，其曲中规⑧。虽有槁暴（pù）⑨，不复挺者⑩，𫐓使之然也。故木受绳⑪则直，金⑫就砺⑬则利，君子博学而日参省乎己，则知明而行无过矣⑭。

　　吾尝终日而思矣⑮，不如须臾之所学也⑯；吾尝跂而望矣⑰，不如登高之博见也⑱。登高而招⑲，臂非加长也，而见者远；顺风而呼，声非加疾也⑳，而闻者彰㉑。假舆马者㉒，非利足也㉓，而致千里㉔；假舟楫者㉕，非能水也㉖，而绝江河㉗。君子生（xìng）非异也㉘，善假于物也㉙。

　　积土成山，风雨兴焉㉚；积水成渊㉛，蛟龙生焉㉜；积善成德，而神明自得，圣心备焉㉝。故不积跬步㉞，无以㉟致千里；不积小流，无以成江海。骐骥一跃㊱，不能十步；驽马十驾㊲，功在不舍㊳。锲而舍之㊴，朽木不折；锲而不舍，金石可镂㊵。蚓无爪牙之利，筋骨之强，上食埃土，下饮黄泉，用心一也㊶。蟹六跪㊷而二螯㊸，非蛇鳝之穴无可寄托者，用心躁也㊹。

注释

　　①节选自《荀子·劝学》（中华书局，1958年版）。荀子（约公元前313—前238年），名况，时人尊而号为"卿"，又称孙卿。战国末期赵国猗氏（今山西安泽县）人，

著名思想家、文学家、政治家,先秦儒家的最后代表人物。《荀子》今共传 32 篇,由荀况所著,是先秦诸子散文的最高成就——政论体的代表作。其内容包括哲学、政治、军事,以及学习方法、品德修养等方面,多为长篇的专题性学术论文。《荀子》从《论语》《孟子》的语录体发展为有标题的论文,是古代论说文成熟的标志。

②君子:指有学问有修养的人。

③学不可以已(yǐ):学习不能停止;"可以"是古今异义。可,可以。以,用来。

④青,取之于蓝:靛青,从蓝草中取得。青,靛青,一种染料。蓝,蓼蓝。蓼(liǎo)蓝:一年生草本植物,茎红紫色,叶子长椭圆形,干时呈暗蓝色。花淡红色,穗状花序,结瘦果,黑褐色。叶子含蓝汁,可以作为蓝色染料。于,从。

⑤青于蓝:比蓼蓝(更)深。于,比。

⑥中(zhòng)绳:(木材)合乎拉直的墨线。绳:墨线。

⑦𫐓(róu)以为轮,𫐓使之然:𫐓,通"煣",使……煣,煣为古代用火烤使木条弯曲的一种工艺。以为,把……当作。然:这样。

⑧规:圆规,画圆的工具。

⑨虽有(yòu)槁暴(pù):即使又晒干了。有,通"又"。槁,枯。暴,同"曝",晒干。槁暴,枯干。

⑩挺:直。

⑪受绳:用墨线量过。

⑫金:指金属制的刀剑等。

⑬就砺:拿到磨刀石上去磨。就,动词,接近,靠近。砺,磨刀石。

⑭日参(cān)省(xǐng)乎己:每天对照反省自己。参,一译检验,检查;二译同"叁",多次。省,省察。乎,介词,于。博学:广泛地学习。日:每天。知(zhì):通"智",智慧。明:明达。行无过:行为没有过错。

⑮吾尝终日而思矣:我曾经整日地思考。尝:曾经。

⑯须臾之所学也:在极短的时间内所学到的东西。须臾(yú),片刻,一会儿。

⑰跂(qǐ):踮(diǎn)起脚后跟。

⑱博见:看见的范围广,见得广。

⑲招:招手。

⑳而见者远:意思是远处的人也能看见。而,表转折。

㉑疾:声音宏大。

㉒彰:明显,清楚。这里指听得更清楚。

㉓假:凭借,利用。舆:车厢,这里指车。

㉔利足:脚走得快。

㉕致:达到。

㉖楫:桨。

㉗水：游泳。

㉘绝：横渡。

㉙生（xìng）非异：本性（同一般人）没有差别。生，通"性"，天赋，资质。

㉚善假于物也：善于借助外物。于，向。物，外物，指各种客观条件。

㉛兴：起。焉：于之，在那里。

㉜渊：深水。

㉝蛟：一种似龙的生物。

㉞积善成德，而神明自得，圣心备焉：积累善行而养成品德，达到很高的境界，通明的思想（也就）具备了。得，获得。而，表因果关系。

㉟跬（kuǐ）：古代的半步。古代称跨出一脚为"跬"，跨两脚为"步"。

㊱无以：没有用来……的（办法）。

㊲骐骥：骏马，千里马。

㊳驽马十驾：劣马拉车连走十天（也能到达）。"驽马十驾"后漏说一句，可能是"则亦及之"。驽马，劣马。驾，马拉车一天所走的路程叫作"一驾"。

㊴功在不舍：（它的）成功在于不停止。舍，停。

㊵锲（qiè）：用刀雕刻。

㊶金石可镂（lòu）：金，金属。石，石头。镂，原指在金属上雕刻，泛指雕刻。

㊷用心一也：（这是）因为用心专一（的缘故）。用，以，因为。

㊸六跪：六条腿。蟹实际上是八条腿。跪，蟹脚。一说，海蟹后面的两条腿只能划水，不能用来走路或自卫，所以不能算在"跪"里面。

㊹螯：螃蟹的大钳子。

㊺用心躁也：因为用心不专一。躁，浮躁，不专心。

思考与探究

一、学习古文的原则是"古为今用"。本文中精华都有哪些？它的局限又有哪些？荀子在《劝学》中的劝勉，在哪些方面对我们仍有借鉴意义？把那些可作为我们学习的座右铭的名句背诵下来。

二、下列句子中的加点字有的是通假字，有的是多音多义字，有的是现代汉语不常用的字。给下列加点的字注音，并能熟记。

1. 木直中绳，輮以为轮，其曲中规。（　　）

2. 虽有槁暴，不复挺者，輮使之然也。（　　）

3. 君子博学而日参省乎己，则知明而行无过矣。（　　）

4. 吾尝跂而望矣，不如登高之博见也。（　　）

5. 故不积跬步，无以致千里。（　　）

6. 锲而不舍，金石可镂。（　　）

7. 君子生非异也，善假于物也。（　　）

三、"而"字在文中出现了多次，指出下列各句中"而"字的不同用法。

1. 登高而招＿＿＿＿＿＿＿＿＿＿＿＿

2. 而神明自得＿＿＿＿＿＿＿＿＿＿＿＿

3. 蟹六跪而二螯＿＿＿＿＿＿＿＿＿＿＿＿

4. 锲而不舍＿＿＿＿＿＿＿＿＿＿＿＿

5. 取之于蓝，而青于蓝＿＿＿＿＿＿＿＿＿＿＿＿

6. 吾尝终日而思矣＿＿＿＿＿＿＿＿＿＿＿＿

四、背诵全文。

林黛玉进贾府① (节选)

曹雪芹

 课文导读

  《红楼梦》是中国古代小说史上成就最高的作品。它以贾、史、王、薛四大家族为背景,以贾宝玉、林黛玉的爱情悲剧为主要线索,真实而深刻地反映了中国封建社会后期日趋衰落的历史面貌。
  本文节选自《红楼梦》第三回:林黛玉初到贾府的情况,以她进贾府第一天的行踪为线索,介绍了贾府的主要人物和环境,是贾府主要人物的第一次公开亮相。黛玉的自尊与多虑,宝玉对功名利禄的蔑视,王熙凤的泼辣与虚伪……为整个《红楼梦》情节的展开做了精彩的铺垫。
  本文描写贾府特定社会环境的人物手法多样,绝不雷同,对细节的刻画细腻精准,使读者如临其境,如见其人。阅读课文时,请仔细揣摩并学习这一门艺术技巧。

  且说黛玉自那日弃舟登岸时,便有荣国府打发了轿子并拉行李的车辆久候了。这黛玉尝听得母亲说过,她外祖母家与别家不同。她近日所见的这几个三等仆妇,吃穿用度,已是不凡了,何况今至其家。因此步步留心,时时在意,不肯轻易多说一句话,多行一步路,恐被人耻笑了去。自上了轿,进入城中,从纱窗向外瞧了一瞧,其街市之繁华,人烟之阜盛,自与别处不同。又行了半日,忽见街北蹲着两个大石狮子,三间兽头大门,门前列坐着十来个华冠丽服之人。正门却不开,只有东西两角门有人出入。正门之上有一匾,匾上大书"敕造②宁国府"五个大字。黛玉想道:这必是外祖之长房了。想着,又往西行,不多远,照样也是三间大门,方是"荣国府"了。却不进正门,只进了西边角门。那轿夫抬进去,走了一射之地③,将转弯时,便歇下退出去了。后面的婆子们已都下了轿,赶上前来。另换了三四个衣帽周全十七八岁的小厮上来,复抬起轿子。众婆子步下围随至一垂花门前落下。众小厮退了去,众婆子上来打起轿帘,扶黛玉下轿。
  林黛玉扶着婆子的手,进了垂花门④,两边是抄手游廊⑤,当中是穿堂⑥,当地放着一个紫檀架子大理石的大插屏⑦。转过插屏,小小的三间厅,厅后就是后面的正房大院。正面五间上房,皆雕梁画栋,两边穿山游廊⑧厢房,挂着各色鹦鹉、画眉等鸟雀。台矶之上,坐着几个穿红着绿的丫头,一见他们来了,便忙都笑迎上来,说:"刚才老太太还念呢,可巧就来了。"于是三四人争着打起帘笼,一面听得人回话:"林姑娘到了。"

第一单元　古代文学

　　黛玉方进入房门时，只见两个人搀着一位鬓发如银的老母迎上来，黛玉便知是她外祖母。方欲拜见时，早被她外祖母一把搂入怀中，心肝儿肉叫着大哭起来。当下地下侍立之人，无不掩面涕泣，黛玉也哭个不住。一时众人慢慢解劝住了，黛玉拜见了外祖母。——此即冷子兴所云之史氏太君，贾赦贾政之母也。当下贾母一一指与黛玉："这是你大舅母；这是你二舅母；这是你先珠大哥的媳妇珠大嫂子⑨。"黛玉一一拜见过。贾母又说："请姑娘们来。今日远客才来，可以不必上学去了。"众人答应了一声，便去了两个。

　　不一时，只见三个奶嬷嬷并五六个丫鬟，簇拥着三个姊妹来了。第一个肌肤微丰，合中身材，腮凝新荔，鼻腻鹅脂，温柔沉默，观之可亲；第二个削肩细腰，长挑身材，鸭蛋脸面，俊眼修眉，顾盼神飞，文采精华，见之忘俗；第三个身量未足，形容⑩尚小。其钗环裙袄，三人皆是一样的妆饰。黛玉忙起身迎上来见礼，互相厮认过，大家归了座。丫鬟们斟上茶来。不过说些黛玉之母如何得病，如何请医服药，如何送死发丧。不免贾母又伤感起来，因说："我这些儿女，所疼者独有你母，今日一旦先舍我而去，连面也不能一见，今见了你，教我怎不伤心！"说着，搂了黛玉在怀，又呜咽起来。众人忙都宽慰解释，方略略止住。

　　众人见黛玉年貌虽小，其举止言谈不俗，身体面庞虽怯弱不胜，却有一段自然的风流⑪态度⑫，便知他有不足之症⑬。因问："常服何药，如何不急为疗治？"黛玉道："我自来是如此，从会吃饮食时便吃药，到今日未断，请了多少名医修方配药，皆不见效。那一年我三岁时，听得说来了一个癞头和尚，说要化我去出家，我父母固是不从。他又说：'既舍不得他，但只怕他的病一生也不能好的。若要好时，除非从此以后总不许见哭声；除了父母之外，凡有外姓亲友之人，一概不见，方可平安了此一世。'疯疯癫癫，说了这些不经之谈⑭，也没人理他。如今还是吃人参养荣丸。"贾母道："正好，我这里正配丸药呢。叫他们多配一料就是了。"

　　一语未了，只听后院中有人笑声，说："我来迟了，不曾迎接远客！"黛玉纳罕道："这些人个个皆敛声屏气，恭肃严整如此，这来者系谁，这样放诞⑮无礼？"心下想时，只见一群媳妇丫鬟围拥着一个人从后房门进来。这个人打扮与众姑娘不同，彩绣辉煌，恍若神妃仙子：头上戴着金丝八宝攒珠髻⑯，绾着朝阳五凤挂珠钗⑰；项上带着赤金盘螭（chi）璎珞圈⑱；裙边系着豆绿宫绦双鱼比目玫瑰佩⑲；身上穿着缕金百蝶穿花大红洋缎窄裉（kèn）袄，外罩五彩缂丝石青银鼠褂㉑；下着翡翠撒花洋绉裙㉒。一双丹凤三角眼㉓，两弯柳叶吊梢眉㉔，身量苗条，体格风骚㉕，粉面含春威不露，丹唇未启笑先闻。黛玉连忙起身接见。贾母笑道："你不认得她。他是我们这里有名的一个泼皮破落户儿㉖，南省俗谓作'辣子'，你只叫她'凤辣子'就是了。"黛玉正不知以何称呼，只见众姊妹都忙告诉他道："这是琏嫂子。"黛玉虽不识，也曾听见母亲说过，大舅贾赦之子贾琏，娶的就是二舅母王氏之内侄女，自幼假充男儿教养的，学名王熙凤。黛玉忙赔笑见礼，以"嫂"呼之。这熙凤携着黛玉的手，上下细细打量㉗了一回，仍送至贾母身边坐下，因笑道："天下真有这样标致的人物，我今儿才算见了！况且这通身的气派，竟不像老祖宗的外孙女儿，竟是个嫡亲的孙女，怨不得老祖宗天天口头心头一时不忘。只可怜我这妹妹这样命苦，怎么姑妈偏就去世了！"说着，便用帕拭泪。贾母笑道："我才好了，你倒来招我。你妹妹远路才来，身子又弱，也才劝住了，快再休提前话。"这熙凤听了，忙转悲为喜道："正是呢！我一见了妹妹，一心都在她身上了，又是喜欢，又是伤心，竟忘记了老祖宗。该打，该打！"又忙携黛玉之手，问："妹妹几岁了？可也上过学？现吃什么药？在这里不要想家，想要什么吃的、什么玩的，只管告诉我；丫头老婆子们不好了，也只管告诉我。"一面又问婆子们："林姑娘的行李东西可搬进来了？带了几个人来？你们赶早打扫两间下房，让他们去歇歇。"

  说话时，已摆了茶果上来。熙凤亲为捧茶捧果。又见二舅母问她："月钱②放过了不曾？"熙凤道："月钱已放完了。才刚带着人到后楼上找缎子，找了这半日，也并没有见昨日太太说的那样的，想是太太记错了？"王夫人道："有没有，什么要紧。"因又说道："该随手拿出两个来给你这妹妹去裁衣裳的，等晚上想着叫人再去拿罢，可别忘了。"熙凤道："这倒是我先料着了，知道妹妹不过这两日到的，我已预备下了，等太太回去过了目好送来。"王夫人一笑，点头不语。

  当下茶果已撤，贾母命两个老婆婆带了黛玉去见两个母舅。时贾赦之妻邢氏忙亦起身，笑回道："我带了外甥女过去，倒也便（biàn）宜③。"贾母笑道："正是呢，你也去罢，不必过来了。"邢夫人答头了一声"是"字，遂带了黛玉与王夫人作辞，大家送至穿堂前。出了垂花门，早有众小厮们拉过一辆翠幄（wò）青绸车③，邢夫人携了黛玉，坐在上面，众婆子们放下车帘，方命小厮们抬起，拉至宽处，方驾上驯骡，亦出了西角门，往东过荣府正门，便入一黑油大门中，至仪门⑤前方下来。众小厮退出，方打起车帘，邢夫人搀着黛玉的手，进入院中。黛玉度其房屋院宇，必是荣府中花园隔断过来的。进入三层仪门，果见正房厢庑（wǔ）⑥游廊，悉皆小巧别致，不似方才那边轩峻壮丽；且院中随处之树木山石皆在。一时进入正室，早有许多盛妆丽服之姬妾丫鬟迎着。邢夫人让黛玉坐了，一面命人到外面书房去请贾赦。一时人来回话说："老爷说了：'连日身上不好，见了姑娘彼此倒伤心，暂且不忍相见。劝姑娘不要伤心想家，跟着老太太和舅母，即同家里一样。姊妹们虽拙，大家一处伴着，亦可以解些烦闷。或有委屈之处，只管说得，不要外道才是。'"黛玉忙站起来，一一听了。再坐一刻，便告辞。邢夫人苦留吃过晚饭去，黛玉笑回道："舅母爱惜赐饭，原不应辞，只是还要过去拜见二舅舅，恐领了赐去不恭，异日再领，未为不可。望舅母容谅。"邢夫人听说，笑道："这倒是了。"遂令两三个嬷嬷用方才的车好生送了姑娘过去。于是黛玉告辞。邢夫人送至仪门前，又嘱咐了众人几句，眼看着车去了方回来。

  一时⑦黛玉进了荣府，下了车。众嬷嬷引着，便往东转弯，穿过一个东西的穿堂，向南大厅之后，仪门内大院落，上面五间大正房，两边厢房鹿顶耳房钻山⑧，四通八达，轩昂壮丽，比贾母处不同。黛玉便知这方是正经正内室，一条大甬路，直接出大门的。进入堂屋中，抬头迎面先看见一个赤金九龙青地大匾，匾上写着斗大的三个大字，是"荣禧堂"，后有一行小字："某年月日，书赐荣国公贾源"，又有"万几宸(chén)翰之宝"。大紫檀雕螭案上，设着三尺来高青绿古铜鼎，悬着待漏随朝墨龙大画，一边是金蜼(wěi)彝，一边是玻璃盒(hǎi)。地下两溜十六张楠木交椅，又有一副对联，乃乌木联牌，镶着錾(zàn)银的字迹，道是：

　　座上珠玑昭日月，堂前黼黻(fǔfú)焕烟霞。

下面一行小字，道是："同乡世教弟勋袭东安郡王穆莳拜手书。"

原来王夫人时常居坐宴息，亦不在这正室，只在这正室东边的三间耳房内。于是老嬷嬷引黛玉进东房门来。临窗大炕上铺着猩红洋罽(jì)，正面设着大红金钱蟒靠背，石青金钱蟒引枕，秋香色金钱蟒大条褥。两边设一对梅花式洋漆小几。左边几上文王鼎匙箸香盒；右边几上汝窑美人觚(gū)——觚内插着时鲜花卉，并茗碗痰盒等物。地下面西一溜四张椅上，都搭着银红撒花椅搭，底下四副脚踏。椅之两边，也有一对高几，几上茗碗瓶花具备。其余陈设，自不必细说。老嬷嬷们让黛玉炕上坐，炕沿上却有两个锦褥对设，黛玉度其位次，便不上炕，只向东边椅子上坐了。本房内的丫鬟忙捧上茶来。黛玉一面吃茶，一面打量这些丫鬟们，妆饰衣裙，举止行动，果亦与别家不同。

茶未吃了，只见一个穿红绫袄青缎掐牙背心的丫鬟走来笑说道："太太说，请林姑娘到那边坐罢。"老嬷嬷听了，于是又引黛玉出来，到了东廊三间小正房内。正房炕上横设一张炕桌，桌上磊着书籍茶具，靠东壁面西设着半旧的青缎背引枕。王夫人却坐在西边下首，亦是半旧的青缎靠背坐褥。见黛玉来了，便往东让。黛玉心中料定这是贾政之位。因见挨炕一溜三张椅子上，也搭着半旧的弹墨椅袱，黛玉便向椅上坐了。王夫人再三携他上炕，他方挨王夫人坐了。王夫人因说："你舅舅今日斋戒去了，再见罢。只是有一句话嘱咐你：你三个姊妹倒都极好，以后一处念书，认字，学针线，或是偶一顽笑，都有尽让的。但我不放心的最是一件：我有一个孽根祸胎，是家里的'混世魔王'，今日因庙里还愿去了，尚未回来，晚间你看见便知了。你只以后不要睬他，你这些姊妹都不敢沾惹他的。"

黛玉亦尝听得母亲说过，二舅母生的有个表兄，乃衔玉而诞，顽劣异常，极恶读书，最喜在内帏厮混；外祖母又极溺爱，无人敢管。今见王夫人如此说，便知说的是这表兄了。因赔笑道："舅母说的，可是衔玉所生的这位哥哥？在家时亦曾听见母亲常说，这位哥哥比我大一岁，小名就唤宝玉，虽极憨顽，说在姊妹情中极好的。况我来了，自然只和姊妹同处，兄弟们自是别院另室的，岂得去沾惹之理？"王夫人笑道："你不知道缘故：他与别人不同，自幼因老太太疼爱，原系同姊妹们一处娇养惯了的。若姊妹们有日不理他，他倒还安静些，纵然他没趣，不过出了二门，背地里拿着他两个小幺(yāo)儿出气，咕唧一会子就完了。若这一日姊妹们和他多说一句话，他心里一乐，便生出多少事来。所以嘱咐你别睬他。他嘴里一时甜言蜜语，一时有天无日，一时又疯疯傻傻，只休信他。"

　　黛玉一一的都答应着。只见一个丫鬟来回："老太太那里传晚饭了。"王夫人忙携黛玉从后房门由后廊往西，出了角门，是一条南北宽夹道。南边是倒座㉘三间小小的抱厦厅㉙，北边立着一个粉油大影壁，后有一半大门，小小一所房室。王夫人笑指向黛玉道："这是你凤姐姐的屋子，回来你好往这里找他来，少什么东西，你只管和他说就是了。"这院门上也有四五个才总角㉚的小厮，都垂手侍立。王夫人遂携黛玉穿过一个东西穿堂，便是贾母的后院了。于是，进入后房门，已有多人在此伺候，见王夫人来了，方安设桌椅。贾珠之妻李氏捧饭，熙凤安箸，王夫人进羹。贾母正面榻上独坐，两边四张空椅，熙凤忙拉了黛玉在左边第一张椅上坐了，黛玉十分推让。贾母笑道："你舅母你嫂子们不在这里吃饭。你是客，原应如此坐的。"黛玉方告了座，坐了。贾母命王夫人坐了。迎春姊妹三个告了座方上来。迎春便坐右手第一，探春左第二，惜春右第二。旁边丫鬟执着拂尘㉛、漱盂、巾帕。李、凤二人立于案旁布让㉜。外间伺候之媳妇丫鬟虽多，却连一声咳嗽不闻。寂然饭毕，各有丫鬟用小茶盘捧上茶来。当日林如海教女以惜福养身，云饭后务待饭粒咽尽，过一时再吃茶，方不伤胃。今黛玉见了这里许多事情不合家中之式，不得不随的，少不得一一改过来，因而接了茶。早见人又捧过漱盂来，黛玉也照样漱了口。盥手毕，又捧上茶来，这方是吃的茶。贾母便说："你们去罢，让我们自在说话儿。"王夫人听了，忙起身，又说了两句闲话，方引凤、李二人去了。贾母因问黛玉念何书。黛玉道：只刚念了《四书》。黛玉又问姊妹们读何书。贾母道："读的是什么书，不过是认得两个字，不是睁眼的瞎子（盲人）罢了！"

　　一语未了，只听外面一阵脚步响，丫鬟进来笑道："宝玉来了！"黛玉心中正疑惑着："这个宝玉，不知是怎生个惫（bèi）懒㉝人物，懵懂顽童？"倒不见那蠢物也罢了㉞。心中想着，忽见丫鬟话未报完，已进来了一位年轻的公子：头上戴着束发嵌宝紫金冠㉟，齐眉勒着二龙抢珠金抹额㊱；穿一件二色金百蝶穿花大红箭袖㊲，束着五彩丝攒花结长穗宫绦（tāo）㊳，外罩石青起花八团倭缎排穗褂㊴；蹬着青缎粉底小朝靴。面若中秋之月，色如春晓之花，鬓若刀裁，眉如墨画，面如桃瓣，目若秋波。虽怒时而若笑，即瞋视而有情。项上金螭璎珞，又有一根五色丝绦，系着一块美玉。黛玉一见，便吃一大惊，心下想道："好生奇怪，倒像在那里见过一般，何等眼熟到如此！"只见这宝玉向贾母请了安㊵，贾母便命："去见你娘来。"宝玉即转身去了。一时回来，再看已换了冠带：头上周围一转的短发，都结成小辫，红丝结束，共攒至顶中胎发，总编一根大辫，黑亮如漆，从顶至梢，一串四颗大珠，用金八宝坠角㊶；身上穿着银红撒花半旧大袄，仍旧带着项圈、宝玉、寄名锁㊷、护身符等物；下面半露松花撒花绫裤腿，锦边弹墨袜，厚底大红鞋。越显得面如敷粉，唇若施脂；转盼多情，语言常笑。天然一段风骚，全在眉梢；平生万种情思，悉堆眼角。看其外貌最是极好，却难知其底细。后人有《西江月》二词㊸，批宝玉极恰，其词曰：

　　　　无故寻愁觅恨，有时似傻如狂。纵然生得好皮囊㊹，腹内原来草莽。潦倒不通世务，愚顽怕读文章。行为偏僻⑳性乖张㉑，那（哪）管世人诽谤！

富贵不知乐业，贫穷难耐凄凉。可怜辜负好韶（sháo）光㉒，于国于家无望。天下无能第一，古今不肖无双。寄言纨袴与膏粱：莫效此儿形状㉓！

贾母因笑道："外客未见，就脱了衣裳，还不去见你妹妹！"宝玉早已看见多了一个姊妹，便料定是林姑妈之女，忙来作揖。厮见毕归坐，细看形容，与众各别：两弯似蹙非蹙罥烟眉，一双似喜非喜含情目。态生两靥（yè）之愁，娇袭一身之病㉔。泪光点点，娇喘微微。闲静时如姣花照水，行动处似弱柳扶风。心较比干多一窍，病如西子胜三分㉕。宝玉看罢，因笑道："这个妹妹我曾见过的。"贾母笑道："可又是胡说，你又何曾见过他？"宝玉笑道："虽然未曾见过他，然我看着面善，心里就算是旧相识，今日只作远别重逢，亦未为不可。"贾母笑道："更好，更好，若如此，更相和睦了。"宝玉便走近黛玉身边坐下，又细细打量一番，因问："妹妹可曾读书？"黛玉道："不曾读，只上了一年学，些须㉖认得几个字。"宝玉又道："妹妹尊名是那两个字？"黛玉便说了名。宝玉又问表字。黛玉道："无字。"宝玉笑道："我送妹妹一妙字，莫若'颦颦'二字极妙。"探春便问何出。宝玉道："《古今人物通考》㉗上说：'西方有石名黛，可代画眉之墨。'况这林妹妹眉尖若蹙，取这两个字，岂不两妙！"探春笑道："只恐又是你的杜撰。"宝玉笑道："除《四书》外，杜撰的太多，偏只我是杜撰不成？"又问黛玉："可也有玉没有？"众人不解其语，黛玉便忖度着因他有玉，故问我有也无，因答道："我没有那个。想来那玉是一件罕物，岂能人人有的。"宝玉听了，登时发作起痴狂病来，摘下那玉，就狠命摔去，骂道："什么罕物，连人之高低不择，还说'通灵'不'通灵'呢！我也不要这劳什子了！"吓得众人一拥争去拾玉。贾母急得搂了宝玉道："孽障！你生气，要打骂人容易，何苦摔那命根子！"宝玉满面泪痕泣道："家里姐姐妹妹都没有，单我有，我说没趣；如今来了这么一个神仙似的妹妹也没有，可知这不是个好东西。"贾母忙哄他道："你这妹妹原有这个来的，因你姑妈去世时，舍不得你妹妹，无法处，遂将她的玉带了去了：一则全殉葬之礼，尽你妹妹之孝心；二则你姑妈之灵，亦可权作见了女儿之意。因此他只说没有这个，不便自己夸张之意。你如今怎比得她？还不好生慎重带上，仔细㉘你娘知道了。"说着，便向丫鬟手中接来，亲与他带上。宝玉听如此说，想一想大有情理，也就不生别论了。

当下，奶娘来请问黛玉之房舍。贾母说："今将宝玉挪出来，同我在套间㉙暖阁㉚儿里，把你林姑娘暂安置碧纱橱㉛里。等过了残冬，春天再与他们收拾房屋，另作一番安置罢。"宝玉道："好祖宗，我就在碧纱厨外的床上很妥当，何必又出来闹的老祖宗不得安静。"贾母想了一想说："也罢了。"每人一个奶娘并一个丫头照管，余者在外间上夜听唤。一面早有熙凤命人送了一顶藕合色花帐，并几件锦被缎褥之类。

黛玉只带了两个人来：一个是自己的奶娘王嬷嬷，一个是十岁的小丫头，亦是自幼随身的，名唤作雪雁。贾母见雪雁甚小，一团孩气，王嬷嬷又极老，料黛玉皆不遂心省力的，便将自己身边的一个二等丫头，名唤鹦哥者与了黛玉。外亦如迎春等例，每人除自幼乳母外,另有四个教引嬷嬷②,除贴身掌管钗钏盥沐的两个丫鬟外,另有五六个洒扫房屋来往使役的小丫鬟。当下,王嬷嬷与鹦哥陪侍黛玉在碧纱橱内。宝玉之乳母李嬷嬷,并大丫鬟名唤袭人者,陪侍在外面大床上。

注释

①选自《红楼梦》第三回(人民文学出版社,1982年版)。曹雪芹(约1715—?1764年),名霑,字梦阮,号雪芹。《红楼梦》全书共一百二十回,前八十回为曹雪芹所作,后四十回一般认为是高鹗续作。

②敕(chì)造:奉皇帝之命建造。敕,本来是通用于长官对下属,长辈对晚辈的用语,南北朝以后作为皇帝发布诏令的专称。

③一射之地:就是一箭之地,大约150步。

④垂花门:旧式住宅在二门的上头修建像房屋顶样的盖,四角有下垂的短柱,柱端雕花彩绘,这种门叫作垂花门。

⑤抄手游廊:院门内两侧环抱的走廊。

⑥穿堂:宅院中,坐落在前后两个院落之间可以穿行的厅堂。

⑦大插屏:放在穿堂中的大屏风,除做装饰外,还可以遮蔽视线,以免进入穿堂就直见正房。

⑧穿山游廊:从山墙开门接起的游廊。山,指房子两侧的墙,形状如山,俗称山墙。

⑨先珠大哥的媳妇珠大嫂子:指贾政已去世的儿子贾珠之妻李纨。

⑩形容:形体容貌。

⑪风流:风韵。

⑫态度:言行举止所表现的神态。

⑬不足之症:中医指由身体虚弱引起的病症,如脾胃虚弱,叫作中气不足;气血虚弱,叫作正气不足。

⑭不经之谈:荒诞的,没有根据的语言。

⑮放诞:行为放纵,不守规矩。

⑯金丝八宝攒珠髻(jì):用金丝穿绕珍珠和镶嵌八宝制成的珠花发髻。

⑰朝阳五凤挂朱钗:一种长钗,钗上分出五股,每股一只凤凰,口衔一串珍珠。

⑱赤金盘螭璎珞圈:螭,古代传说中无角的龙。璎珞,连缀起来的珠玉。圈,项圈。

⑲双衡比目玫瑰佩:衡,佩玉上部的小横杠,用以系饰物。比目玫瑰佩,用玫瑰色的玉片雕琢成的双鱼形玉佩。

⑳缕金百蝶穿花大红洋缎窄裉袄:指在大红洋缎的衣面上用金线绣成百蝶穿花图案的紧身袄。

㉑五彩缂丝石青银鼠褂（guà）：石青色的衣面上有这种彩色缂丝，衣里是银鼠皮的褂子。缂丝，在丝织品上用丝平织成的图案，与凸出的绣花不同。

㉒翡翠撒花洋绉裙：翡翠，翠绿色。撒花，在绸缎上用散碎小花点组成的花样或图案。

㉓丹凤三角眼：俗称丹凤眼，眼角向上微翘。

㉔柳叶吊梢眉：形容眉梢斜飞入鬓的样子。

㉕风骚：指姿容俏丽。

㉖泼皮破落户儿：原指没有正当生活来源的无赖，这里形容凤姐的泼辣，是戏谑的称呼。

㉗打谅：同"打量"。

㉘月钱：旧时富户大家每月按等级发给家中人等的零用钱。

㉙便宜：这里是方便的意思。

㉚翠幄（wò）青绸车：用粗厚的绿色绸类作车帐，用青色绸作车帘的车桥。

㉛仪门：旧时官衙、府第的大门之内的门。一说旁门，也可称仪门。

㉜庑（wù）：正房对面和两侧的小屋子。

㉝一时：一会儿。

㉞耳房钻山：两边的厢房用钻山的方式与鹿顶的耳房相连接。鹿顶，单独用时指平屋顶。耳房，连接正房两侧的小房子。钻山，指山墙上开门或开洞，与相邻的房子或游廊相接。

㉟万几宸（chén）翰之宝：这是皇帝印章上的文字。万几，同"万机"，就是万事，形容皇帝政务繁多、日理万机的意思。宸翰，皇帝的笔迹。宸，北宸，即北极星，代指皇帝。翰，墨迹，书法。宝，皇帝的印玺。

㊱铜壶滴漏：古代计时器，代指时间。隋朝，按照大臣的班列朝见皇帝。墨龙大画，巨龙在云雾海潮中隐现的大幅水墨画，旧时以龙象征皇帝，画中之"潮"与朝见的"朝"谐音。隐喻朝见君王的意思。

㊲金蜼（wěi）彝：长尾猿。彝，古代青铜器中礼器的通称。

㊳錾（zàn）银：一种银雕工艺。錾，雕刻。

㊴座上珠玑昭日月，堂前黼黻（fǔfú）焕烟霞：形容座中人和堂上客的衣饰华贵，佩戴的珠玉如日月般光彩照人，衣服的图饰如烟霞般绚丽夺目。珠玑，珍珠。黼黻，古代官僚贵族礼服上绣的花纹。

㊵罽（jì）：毛织的毯子。

㊶引枕：坐时搭胳膊的一种圆墩形的倚枕。

㊷秋香色：淡黄绿色。

㊸文王鼎匙箸香盒：文王鼎，指周朝的传国宝鼎，这里是指小型仿古香炉，内烧粉状檀香之类的香料。匙箸，拨弄香灰的用具。香盒，盛香料的盒子。

㊹汝窑美人觚（gū）：宋代汝州（今河南临汝）窑烧制的一种仿古瓷器。觚，古代一种盛酒的器具。

㊺椅搭：搭在椅上的一种长方形的绣花绸缎饰物。

㊻掐牙：锦缎双叠成细条，嵌在衣服或者背心的夹边上，仅露少许，作为装饰。

㊼磊着：层叠地放着。磊，同“垒”。

㊽弹墨椅袱：弹墨，以纸剪镂空图案覆于织品上，用墨色或者其他颜色弹或喷成各种图案花样。椅袱：用棉、缎之类做成的椅套。

㊾内帏：内室，女子的居处。帏，幕帐。

㊿小幺（yāo）儿：身边使唤的小仆人。幺，幼小。

(51)倒座：与正房相对的坐南朝北的房子。

(52)抱厦厅：回绕堂屋后面的侧室。

(53)总角：把头发扎成髻。

(54)拂尘：一种拂拭尘土或者驱赶蝇蚊的用具，形如马尾，后有持柄，俗称“蝇甩子”。

(55)布让：宴席间向客人敬菜，劝餐。

(56)惫（bèi）懒：涎皮赖脸；调皮的意思。

(57)倒不见那蠢物也罢了：据俞平伯《脂砚斋红楼梦辑评》引言，这一句可能是混入正文的批语。

(58)嵌宝紫金冠：把头发束扎在顶部的一种髻冠，上面插戴各种饰物或者镶嵌珠玉。

(59)二龙抢珠金抹额：装饰着二龙抢珠图案的金抹额。抹额，围扎在额前，用以压发，束额的饰带。

(60)二色金百蝶穿大红箭袖：用两色金线绣成的百蝶穿花图案的大红窄袖衣服。箭袖，原为便于射箭穿的窄袖衣服，这里指男子穿的一种服饰。

(61)五彩丝攒花结长穗宫绦：五彩丝攒花结，用五彩丝攒聚成花朵的结子，指绦带上的装饰花样。长穗宫绦，指系在腰间的绦带。长穗，是绦带端部下垂的穗子。

(62)石青起花八团倭缎排穗卦：团，圆形团花。倭缎，又称东洋缎。排穗，排缀在衣服下面边缘的彩穗。

(63)青缎粉底小朝靴：指黑色缎面，白色厚底，半高筒的靴子。青缎，黑色的缎子。朝靴，古代百官穿的“乌皮履”。

(64)请了安：请安，即问安。清代的请安礼节，是在口称“请某人安”的同时，男子打千，女子双手扶左膝，右腿微屈，往下蹲身。

(65)坠角：置于朝珠房帐等下端起下垂作用的小饰品，这里指辫子梢部所坠的饰物。

(66)寄名锁：旧时怕幼儿夭亡，给寺院或者道观一定财物，让幼儿当“寄名”弟子，并在幼儿的项下系一小金锁，叫作“寄名锁”。

(67)护身符：从道观领来的一种符箓。迷信的人认为把它戴在身上，可以避祸免灾。

⑱《西江月》：词牌名，这两首词用似贬实褒的手法揭示了贾宝玉的性格。

⑲皮囊：指人的躯壳。佛教认为人的灵魂永世不灭，人的肉体只是为灵魂提供暂时住所，犹如皮口袋。

⑳偏僻：偏激，不端正。

㉑乖张：偏执，不驯顺，与众不同。

㉒可怜辜负好韶（sháo）光：可惜白白浪费了大好时光。可怜，这里是可惜的意思。辜负，本意是违背，对不起，这里有浪费的意思。

㉓寄言纨绔与膏粱：莫效此儿形状！即赠言公子哥儿一句话：别学这孩子的坏样子！寄言，赠言。膏粱，肥肉精米，这里借指富贵子弟。

㉔态生两靥（yè）生愁，娇袭一身之病：意思是妩媚的风韵生于含愁的面容，病弱娇美胜过西施。态，情态，风韵。靥，面颊上的酒窝。袭，承继，由⋯⋯而来。

㉕心较比干多一窍，病如西子胜三分：意思是林黛玉聪明颖悟胜过比干，病弱娇美胜过西施。比干，商殷朝纣王的叔父。《史记·殷本纪》载，纣王淫乱，"比干曰：'为人臣者，不得不以死争。'乃强谏纣。纣怒曰：'吾闻圣人心有七窍。'剖比干，观其心。"古人认为心窍越多越有智慧。

㉖些须：同"些许"，稍许，稍微。

㉗《古今人物通考》：从下文来看，可能是宝玉的杜撰。

㉘仔细：小心。

㉙套间：与正房相连的两侧房间。

㉚暖阁儿：在套间内再隔成小的房间，内设炕褥，两边安有隔扇，上有一横眉，形成床帐的样子，称暖阁。

㉛碧纱橱：也称隔扇门、格门。用以隔断房间，中间两扇可以开关。格心多灯笼框式样，灯笼心上常糊以纸，纸上画花或题字；宫殿或富贵人家常在格心处安装玻咯或糊各色纱，所以叫"碧纱橱"。"碧纱橱里"是指以碧纱橱隔开的里间。

㉜教引嬷嬷（mómo）：清代皇子一出生，就有保姆、乳母等八人；断乳后，增"谙达"（满语，伙伴、朋友的意思，这里指陪伴并有教导责任的人），"凡饮食，言语，行步，礼节皆教之"。（见《清稗类钞》）贵族家庭的"教引嬷嬷"，职务与皇宫的"谙达"相似。

思考与探究

一、请解释下列加点词语在文中的意思。

1. 却有一种自然的风流态度。＿＿＿＿＿＿＿＿＿＿

2. 身量苗条，体格风骚。＿＿＿＿＿＿＿＿＿＿

3. 行为偏僻性乖张。＿＿＿＿＿＿＿＿＿＿

4. 我带了外甥女过去倒也便宜。

二、通读课文，画出林黛玉进贾府的行踪及其所到位置的图表。

三、作者是如何运用多种手法刻画林黛玉这一人物形象的？从课文中找出描写林黛玉性格的语句，说一说她的性格特征。

四、王熙凤的出场与贾宝玉的出场有什么不同？请与同学讨论为什么会有这些不同。

窦娥冤①（节选）

关汉卿

课文导读

　　《窦娥冤》是我国元代著名戏曲家关汉卿的代表作之一，也是中国著名悲剧之一，还是一出具有较高文化价值和广泛群众基础的传统名剧。《窦娥冤》讲述的是妇女窦娥的冤案。全剧四折一楔子，本文节选的是《窦娥冤》剧本的第三折，描写窦娥被押赴刑场问斩的经过，也是全剧的高潮。本文通过窦娥的不幸遭遇，尤其是蒙受的千古奇冤，揭露了当时社会的黑暗与丑恶，同时歌颂了窦娥不畏邪恶、敢于反抗的精神。

　　这折戏，语言质朴，生动感人，人物性格鲜明突出。窦娥临刑前发的"血染白绫、天降大雪、大旱三年"三桩誓愿，感天动地，具有震撼人心的力量。这种超现实的情节设计，寄托了作者鲜明的爱憎情感，反映了广大人民伸张正义、惩治邪恶的愿望。

　　阅读剧本时，要准确把握人物的性格和戏曲语言的特点。

　　〔外②扮监斩官上，云〕下官③监斩官是也。今日处决犯人，着④做公的⑤把住巷口，休放往来人闲走。〔净⑥扮公人，鼓三通、锣三下科⑦，刽子磨旗⑧、提刀、押正旦⑨带枷上，刽子云〕行动些⑩，行动些，监斩官去法场上多时了。〔正旦唱〕

　　【正宫⑪】【端正好⑫】没来由犯王法，不提防遭刑宪⑬，叫声屈动地惊天！顷刻间游魂先赴森罗殿⑭，怎不将天地也生埋怨⑮。

　　【滚绣球】有日月朝暮悬，有鬼神掌着生死权。天地也！只合⑯把清浊分辨，可怎生糊突了盗跖颜渊⑰？为善的受贫穷更命短，造恶的享富贵又寿延⑱。天地也！做得个怕硬欺软，却原来也这般顺水推船！地也，你不分好歹何为地！天也，你错勘⑲贤愚枉做天！哎，只落得两泪涟涟。

　　〔刽子云〕快行动些，误了时辰也。〔正旦唱〕

　　【倘秀才】则⑳被这枷纽㉑的我左侧右偏，人拥得我前合后偃㉒。我窦娥向哥哥行㉓有句言。〔刽子云〕你有甚么㉔话说？〔正旦唱〕前街里去心怀恨，后街里去死无冤，休推辞路远。

　　〔刽子云〕你如今到法场上面，有什么亲眷要见的，可教他过来，见你一面也好。〔正旦唱〕

　　【叨叨令】可怜我孤身只影无亲眷，则落的吞声忍气空嗟怨。〔刽子云〕难道你爷娘家也没的？〔正旦云〕只有个爹爹，十三年前上朝取应㉕去了，至今杳无音信。〔唱〕

早已是十年多不睹爹爹面。〔刽子云〕你适才要我往后街里去，是甚么主意？〔正旦唱〕怕则怕前街里被我婆婆见。〔刽子云〕你的性命也顾不得，怕她见怎的？〔正旦云〕俺婆婆若见我披枷带锁赴法场餐刀㉖去呵，〔唱〕枉将她气杀也么哥㉗，枉将她气杀也么哥。告哥哥，临危好与人行方便。

〔卜儿㉘哭上科，云〕天那，兀的㉙不是我媳妇儿！〔刽子云〕婆子靠后。〔正旦云〕既是俺婆婆来了，叫她来，待我嘱咐她几句话咱㉚。〔刽子云〕那婆子，近前来，你媳妇要嘱咐你话哩。〔卜儿云〕孩儿，痛杀我也。〔正旦云〕婆婆，那张驴儿把毒药放在羊肚儿汤里，实指望药死了你，要霸占我为妻。不想婆婆让与他老子吃，倒把他老子药死了。我怕连累婆婆，屈招了药死公公，今日赴法场典刑㉛。婆婆，此后遇着冬时年节，月一十五㉜，有㲚不了的浆水饭，㲚㉝半碗儿与我吃；烧不了的纸钱，与窦娥烧一陌儿㉞。则是㉟看你死的孩儿面上。〔唱〕

【快活三】念窦娥葫芦提当罪愆㊱，念窦娥身首不完全，念窦娥从前已往干家缘㊲，婆婆也，你只看窦娥少爷无娘面。

【鲍老儿】念窦娥服侍婆婆这几年，遇时节将碗凉浆奠；你去那受刑法尸骸上烈㊳些纸钱，只当把你亡化的孩儿荐㊴。〔卜儿哭科，云〕孩儿放心，这个老身都记得。天那，兀的㊵不痛杀我也。〔正旦唱〕婆婆也，再也不要啼啼哭哭，烦烦恼恼，怨气冲天。这都是我做窦娥的没时没运，不明不暗㊶，负屈衔冤。

〔刽子做喝科，云〕兀那婆子靠后，时辰到了也。〔正旦跪科〕〔刽子开枷科〕〔正旦云〕窦娥告监斩大人，有一事肯依窦娥，便死而无怨。〔监斩官云〕你有什么事？你说。〔正旦云〕要一领净席，等我窦娥站立，又要丈二白练，挂在旗枪㊷上。若是我窦娥委实冤枉，刀过处头落，一腔热血休半点儿沾在地下，都飞在白练上者㊸。〔监斩官云〕这个就依你，打什么不紧㊹。〔刽子做取席，站㊺科，又取白练挂旗上科〕〔正旦唱〕

【耍孩儿】不是我窦娥罚㊻下这等无头愿，委实的冤情不浅。若没些儿灵圣与世人传，也不见得湛湛青天㊼。我不要半星热血红尘洒㊽，都只在八尺旗枪素练悬。等他四下里皆瞧见，这就是咱苌弘化碧㊾，望帝啼鹃㊿。

〔刽子云〕你还有甚的说话，此时不对监斩大人说，几时说那？〔正旦再跪科，云〕大人，如今是三伏天道㉛，若窦娥委实冤枉，身死之后，天降三尺瑞雪，遮掩了窦娥尸首。〔监斩官云〕这等三伏天道，你便有冲天的怨气，也召㉜不得一片雪来，可不胡说！〔正旦唱〕

【二煞】你道是暑气暄㉝，不是那下雪天；岂不闻飞霜六月因邹衍㉞？若果有一腔怨气喷如火，定感的六出冰花㉟滚似锦，免着我尸骸现；要什么素车白马㊱，断送出㊲古陌荒阡？

〔正旦再跪科，云〕大人，我窦娥死得委实冤枉，从今以后，着这楚州㊳亢旱㊴三年。〔监斩官云〕打嘴！哪有这等说话！〔正旦唱〕

【一煞】你道是天公不可期，人心不可怜，不知皇天也肯从人愿。做甚么三年不见甘霖降,也只为东海曾经孝妇冤㉑。如今轮到你山阳县,这都是官吏每㉒无心正法,使百姓有口难言。

〔刽子做磨旗科,云〕怎么这一会儿天色阴了也?〔内㉒做风科,刽子云〕好冷风也!〔正旦唱〕

【煞尾】浮云为我阴,悲风为我旋,三桩儿誓愿明提遍。〔做哭科,云〕婆婆也,直等待雪飞六月,亢旱三年呵,〔唱〕那期间才把你个屈死的冤魂这窦娥显。

〔刽子做开刀,正旦倒科〕〔监斩官惊云〕呀,真个下雪了,有这等异事!〔刽子云〕我也道平日杀人,满地都是鲜血,这个窦娥的血,都飞在那丈二白练上,并无半点落地,委实奇怪。〔监斩官云〕这死罪必有冤枉,早两桩儿应验了,不知亢旱三年的说话,准也不准?且看后来如何。左右,也不必等待雪晴,便与我抬她尸首,还了那蔡婆婆去罢。〔众应科,抬尸下〕

注释

①选自《关汉卿戏剧集》,人民文学出版社,1976年出版。关汉卿,号已斋叟,金末元初大都(现北京市)人,元代戏曲作家,生卒年不详。

元杂剧是用北曲(北方的曲调)演唱的一种戏曲形式。它是在金院本基础上以及诸宫调的影响下发展起来的,是一种新型的完整的戏剧形式。元杂剧有其自身的特点和严格的体制,形成了歌唱、说白、舞蹈等有机结合的戏曲艺术形式,并且产生了韵文和散文相结合的、结构完整的文学剧本。

②外:角色名,这里是"外末"的简称,扮演老年男性。

③下官:官吏自称的谦辞。

④着:命令。

⑤做公的:公人,官府的公差。

⑥净:角色名,俗称"花脸",扮演性格刚烈或粗暴的男性人物。

⑦科:杂剧剧本中指示角色动作、表情和舞台效果的用语,又称"介"。

⑧磨旗:摇旗。

⑨正旦:角色名,扮演女主角。

⑩行动些:走快些,表示催促。

⑪正宫:宫调之一。曲子分许多宫调,表示声音的高低。

⑫端正好:与下文的"滚绣球""倘秀才""叨叨令""快活三""鲍老儿""耍孩儿""二煞""一煞""煞尾"都是曲牌名。

⑬不提防遭刑宪:没想到遭受刑罚。

⑭森罗殿:迷信传说中的"阎罗殿"。

⑮怎不将天地也生埋怨:怎么不把天地呀深深地埋怨。生,深。

⑯合：应该。

⑰可怎生糊突了盗跖颜渊：可是怎么混淆了坏人和好人？

⑱寿延：寿长。

⑲错勘：错误地判断。

⑳则：助词，用于句首，无义。

㉑纽：通"扭"，"拘束"的意思。

㉒前合后偃：指身体晃动，站立不稳的样子。

㉓哥哥行：哥哥那边。哥哥，对一般男子的客气称呼。

㉔甚么：同"什么"。

㉕上朝取应：到京城去应考。取应，参加科举考试。

㉖餐刀：吃刀，挨刀。

㉗也么哥：元曲中常用的句尾助词，没有实在意义。

㉘卜儿：角色名，扮演老妇人。

㉙兀的："这"的意思，带有惊讶的语气。

㉚咱：元曲中常用于句尾，表示祈使语气，相当于"吧"。同类词"罢"，相当于"吧"。

㉛典刑：这里指受死刑。

㉜冬时年节，月一十五：冬至和过年，初一和十五。

㉝㳨（jiǎn）：泼，倒。

㉞一陌儿：一叠。陌，量词，用于祭奠所烧的纸钱，相当于"叠"。

㉟则是：只当是。

㊱念窦娥葫芦提当罪愆（qiān）：可怜我窦娥被官府糊里糊涂地判了死罪。葫芦提，当时的口语，糊涂的意思。愆，罪过。

㊲干家缘：操劳家务。

㊳烈：烧。

㊴荐：祭；超度亡灵。

㊵兀的：怎的。这里是语气助词，与"不"连用，表示反问。

㊶不明不暗：糊里糊涂。

㊷旗枪：旗杆头。

㊸者：语气助词，用在句末。

㊹打什么不紧：有什么要紧。

㊺站：这里指让窦娥站在席上。

㊻罚：同"发"，罚愿，发愿。

㊼也不见得湛（zhàn）湛青天：也显不出天理昭彰。湛湛，清明澄澈的样子。

㊽红尘洒：洒在红尘上。红尘，尘土。

㊾苌弘化碧：形容刚直忠正，为正义事业而蒙冤抱恨。苌弘，周朝的贤臣。传说他无罪被杀，他的血被蜀人藏起来，后来变成了美玉。碧，青绿色的美玉。

㊿望帝啼鹃：望帝，古代神话中蜀王杜宇的称号。传说他因为水灾让位给他的臣子，自己隐居山中，死后化为杜鹃，日夜悲鸣，啼到血出才停止。

(51)三伏天道：三伏天气。

(52)召：呼唤。

(53)暄：这里指炎热。

(54)飞霜六月因邹衍：邹衍，战国时期人。相传他对燕惠王很忠心，燕惠王却听信谗言把他囚禁了。他入狱时仰天大哭，正当夏天，竟然下起霜来。常用“六月飞霜”来表示冤狱。

(55)六出冰花：指雪花。雪的结晶一般有六角，所以说“六出”。

(56)素车白马：指送葬的车马。

(57)断送出：发送往。断送，发送，指殡葬。

(58)楚州：窦娥的家乡。下文的山阳县（现今江苏淮安）是当时楚州府治所。

(59)亢旱：大旱。亢，极。

(60)东海曾经孝妇冤：《汉书》记东海孝妇蒙冤被杀，郡口大旱三年。

(61)每：同“们”。

(62)内：指后台。

思考与探究

一、窦娥临刑前发的三桩誓愿都应验了，但从常理上看来皆不大可能，作者这样写的意图是什么？

二、从窦娥临刑前敢发三桩誓愿，她与婆婆的对话等情节分析窦娥的性格。

廉颇蔺相如列传①（节选）

司马迁

**课文导读**

  《史记》是中国历史上第一部纪传体通史，被列为"二十四史"之首，记载了上至上古传说中的黄帝时代，下至汉武帝太初四年共三千多年的历史。《史记》与后来的《汉书》《后汉书》《三国志》合称"前四史"。它既是历史著作，又是杰出的传记文学。
  司马迁是西汉史学家、文学家，他十分擅长刻画人物性格，寥寥几笔就能把人物的性格刻画得淋漓尽致，使人物形象栩栩如生。本文讲述在战国后期秦赵两国发生矛盾的背景下，浓墨重彩地表现了历史人物廉颇、蔺相如的事迹。对蔺相如深明大义、顾全大局、大智大勇的精神品格；对廉颇坦率真诚、英勇爱国的品格均做了生动的描绘。
  本文重点展开对"完璧归赵""渑池之会""将相和"三个故事的描写，再现了当时的场景。本文对材料的组织、结构的安排以及对人物历史的素材详略取舍上有独到之处。

  廉颇者，赵之良将也。赵惠文王②十六年，廉颇为赵将，伐齐，大破之，取阳晋③，拜为上卿④，以勇气⑤闻于诸侯。
  蔺⑥相如者，赵人也。为赵宦者令⑦缪贤舍人。
  赵惠文王时，得楚和氏璧⑧。秦昭王⑨闻之，使人遗（wèi）⑩赵王书，愿以十五城请易⑪璧。赵王与大将军廉颇诸大臣谋：欲予秦，秦城恐不可得，徒⑫见欺；欲勿予，即患秦兵之来。计未定，求人可使报秦者，未得。
  宦者令缪贤曰："臣舍人蔺相如可使⑬。"王问："何以知之？"对曰："臣尝有罪，窃计⑭欲亡走燕。臣舍人相如止⑮臣曰：'君何以知燕王？'臣语曰，臣尝从大王与燕王会境上⑯，燕王私握臣手曰：'愿结友。'以此知之，故欲往。相如谓臣曰：'夫赵强而燕弱，而君幸⑰于赵王，故燕王欲结于君。今君乃亡赵走燕⑱，燕畏赵，其势必不敢留君，而束君归赵⑲矣。君不如肉袒⑳伏斧质请罪，则幸㉑得脱矣。'臣从其计，大王亦幸赦臣。臣窃以为其人勇士，有智谋，宜可使。"
  于是王召见，问蔺相如曰："秦王以十五城请易寡人㉒之璧，可予不（fǒu）？"相如曰："秦强而赵弱，不可不许。"王曰："取吾璧，不予我城，奈何？"相如曰："秦以城求璧而赵不许，曲㉓在赵；赵予璧而秦不予赵城，曲在秦。均之二策㉔，宁许以负秦曲㉕。"王曰："谁可使者？"相如曰："王必㉖无人，臣愿奉璧往使。城入赵而璧留秦；

城不入，臣请完璧归赵。"赵王于是遂遣相如奉㉘璧西入秦。

秦王坐章台㉙见相如，相如奉璧奏㉚秦王。秦王大喜，传以示美人及左右，左右皆呼万岁。相如视秦王无意偿赵城，乃前曰："璧有瑕㉛，请指示王。"王授璧。相如因持璧却立㉜，倚柱，怒发上冲冠㉝，谓秦王曰："大王欲得璧，使人发书㉞至赵王，赵王悉㉟召群臣议，皆曰：'秦贪，负㊱其强，以空言求璧，偿城恐不可得。'议不欲予秦璧。臣以为布衣之交㊲尚不相欺，况大国乎？且以一璧之故逆㊳强秦之欢，不可。于是赵王乃斋戒㊴五日，使臣奉璧，拜送书于庭㊵。何者？严㊶大国之威以修敬也。今臣至，大王见臣列观㊷，礼节甚倨㊸，得璧，传之美人，以戏弄臣。臣观大王无意偿赵王城邑，故臣复取璧。大王必欲急㊹臣，臣头今与璧俱碎于柱矣！"

相如持其璧睨㊺（nì）柱，欲以击柱。秦王恐其破璧，乃辞谢㊻，固请，召有司㊼案图，指从此以往十五都㊽予赵。

相如度㊾秦王特以诈佯为予赵城，实不可得，乃谓秦王曰："和氏璧，天下所共传㊿宝也。赵王恐，不敢不献。赵王送璧时斋戒五日。今大王亦宜斋戒五日，设九宾㉛于廷，臣乃敢上璧。"秦王度之，终不可强夺，遂许斋五日，舍㉜相如广成传（zhuàn）舍。

相如度秦王虽斋，决负约㉝不偿城，乃使其从者衣褐㉞，怀其璧，从径道㉟亡，归璧于赵。

秦王斋五日后，乃设九宾礼于庭，引赵使者蔺相如。相如至，谓秦王曰："秦自缪（mù）公㉞以来二十余君，未尝有坚明约束㉟者也。臣诚恐见欺于王而负赵，故令人持璧归，间㊱至赵矣。且秦强而赵弱，大王遣一介之使㊲至赵，赵立奉璧来。今以秦之强而先割十五都予赵，赵岂敢留璧而得罪于大王乎？臣知欺大王之罪当诛，臣请就汤镬（huò）㊳。唯㊴大王与群臣孰计议之。"

秦王与群臣相视而嘻㊵。左右或欲引相如去，秦王因㊶曰："今杀相如，终不能得璧也，而绝秦赵之欢。不如因而厚遇之，使归赵。赵王岂以一璧之故欺秦邪（yé）？"卒廷见㊷相如毕礼而归之㊸。

相如既归，赵王以为贤大夫，使不辱于诸侯，拜相如为上大夫㊹。

秦亦不以城予赵，赵亦终不予秦璧。

其后秦伐赵，拔石城㊺。明年复攻赵，杀二万人。

秦王使使者㊻告赵王，欲与王为好㊼，会于西河㊽外渑（miǎn）池。赵王畏秦，欲毋（wú）行㊾。廉颇蔺相如计㊿曰："王不行，示赵弱且怯也。"赵王遂行。相如从。廉颇送至境，与王诀曰："王行，度道里㉛会遇之礼毕，还，不过三十日。三十日不还，则请立太子为王，以绝秦望㉜。"王许之。遂与秦王会渑池。

秦王饮酒酣，曰："寡人窃闻赵王好㉝音，请奏瑟㉞。"赵王鼓㉟瑟。秦御史㊱前书曰："某年月日，秦王与赵王会饮，令赵王鼓瑟。"蔺相如前曰："赵王窃闻秦王善为秦声㊲，请奉盆缻㊳秦王，以相娱乐。"秦王怒，不许。于是相如前进缶，因跪请秦王。

秦王不肯击缶。相如曰："五步之内，相如请得以颈血溅大王矣！"左右欲刃相如，相如张目叱之，左右皆靡。于是秦王不怿，为一击缶。相如顾召赵御史书曰："某年月日，秦王为赵王击缻。"秦之群臣曰："请以赵十五城为秦王寿。"蔺相如亦曰："请以秦之咸阳为赵王寿。"

秦王竟酒，终不能加胜于赵。赵亦盛设兵以待秦，秦不敢动。

既罢，归国，以相如功大，拜为上卿，位在廉颇之右。

廉颇曰："我为赵将，有攻城野战之大功，而蔺相如徒以口舌为劳，而位居我上。且相如素贱人，吾羞，不忍为之下！"宣言曰："我见相如，必辱之。"相如闻，不肯与会。相如每朝时，常称病，不欲与廉颇争列。已而相如出，望见廉颇，相如引车避匿。

于是舍人相与谏曰："臣所以去亲戚而事君者，徒慕君之高义也。今君与廉颇同列，廉君宣恶言，而君畏匿之，恐惧殊甚。且庸人尚羞之，况于将相乎？臣等不肖，请辞去。"蔺相如固止之，曰："公之视廉将军孰与秦王？"曰："不若也。"相如曰："夫以秦王之威，而相如廷叱之，辱其群臣。相如虽驽，独畏廉将军哉？顾吾念之，强秦之所以不敢加兵于赵者，徒以吾两人在也。今两虎共斗，其势不俱生。吾所以为此者，以先国家之急而后私仇也。"

廉颇闻之，肉袒负荆，因宾客至蔺相如门谢罪，曰："鄙贱之人，不知将军宽之至此也！"

卒相与欢，为刎颈之交。

注释

①节选自《史记·廉颇蔺相如列传》（中华书局，1959年出版）。列传，古代纪传体史书中的人物传记，用以记述天子、王侯以外人的事迹。

②赵惠文王：赵武灵王的儿子，赵国第七个君主，在位三十三年（公元前298—前266年）。惠王十六年即公元前283年。

③阳晋：齐国齐邑，在今山东省菏泽市西北四十七里。别本多作晋阳误。晋阳原属赵国非从齐国攻取得来，在今山西省太原市。

④拜：授官。卿：周天子及诸侯所属高级官职的通称，分上、中、下三级。上卿相当于后来的宰相。

⑤以勇气：《后汉书》李贤注引《战国策》："廉颇为人勇鸷而爱士。"

⑥蔺（lìn）：姓。

⑦宦者令：宦官的首领。缪贤：宦者令的姓名。舍人：派有职事的门客。

⑧和氏璧：楚人卞和在山中得到一块玉璞（含有玉的石块）献给楚厉王。楚厉王派去的玉工鉴别说是石。楚厉王以为卞和诈骗，下令截去他的左足。楚武王令卞和又

去献玉璞,玉工仍说是石,再截去他的右足。卞和抱着玉璞在山中号哭。楚文王知道后派玉工剖璞,果然得到宝玉,因称为"和氏璧"。和氏璧具有侧而视之色碧,正而视之色白的变彩特征。据今地质专家考证,称和氏璧产地在神农架海拔三千米高处的板仓坪、阴峪海地带。今月光石与和氏璧相吻合。

⑨秦昭王:即昭襄王在位五十六年(公元前306—前251年)。

⑩遗(wèi):送。

⑪易:交换。

⑫徒:白白地。见欺:被欺。

⑬使:出使。

⑭窃计:暗中打算。亡走燕,逃到燕国去。

⑮止:劝阻。

⑯会境上:在赵燕两国的边境上相会。

⑰幸:得宠。

⑱亡赵走燕:逃离赵国投奔燕国。

⑲束君归赵:捆绑您送回赵国。

⑳肉袒(tǎn):解衣露体。伏斧质请罪:斧质腰斩犯人的刑具。质:同"锧",承斧的砧板,《汉书·项籍传》颜师古注:"质谓砧也。古者斩人加于砧上而斫之也。"

㉑幸:幸而。得到赦免。

㉒寡人:寡德的人,旧时君主自称的谦辞。不(fǒu):通"否"。

㉓曲:理亏。

㉔均之二策:衡量予璧不予璧两个计策。均:同"钧",权衡。

㉕负秦曲:使秦担负理亏的责任。

㉖必:确实。

㉗奉:同"捧"。

㉘章台:秦离宫中的台观之一,故址在今陕西省西安市长安区故城西南角的渭水边。

㉙奏:进献。

㉚瑕:小斑点。

㉛却立:倒退几步站立。

㉜怒发上冲冠:头发因怒竖起顶起帽子。形容极其愤怒。

㉝发书:发信。

㉞悉:全都。

㉟负:凭仗。

㊱布衣之交:百姓之间的交往。古代平民以麻布、葛布为衣,故称。

㊲逆:触犯。

㊳斋戒：一种礼节，古人在举行典礼或祭祀之前须先沐浴更衣，不吃荤酒，静居戒欲，以示虔诚庄敬，称斋戒。

㊴书：国书。庭：通“廷”，朝廷。

㊵严：尊重。修敬：表示敬慕。此谓斋戒、拜送、修敬，皆是临时设辞以斥责秦王之倨。

㊶列观（guàn）：一般的台观，此指章台。秦对赵使不尊重，故不在朝廷接见。

㊷倨（jù）：傲慢。

㊸急：逼迫。

㊹睨（nì）：斜视。

㊺辞谢：婉言道歉。固请：坚决请求。

㊻有司：官吏的通称。古时设官分职各有专司，因称官吏为有司，此指专管国家疆域图的官吏。案图：查明地图。

㊼都：城。

㊽度（duó）：忖度推测。特：只是。诈：诡计。佯：假装作。

㊾共传：公认。

㊿设九宾：古时外交上最隆重的礼仪。《史记集解》引韦昭曰：“九宾则《周礼》九仪。”索隐：“《周礼》大行人别九宾谓九服之宾客也。”朝会大典由傧相九人依次传呼接迎宾客上殿。宾：同“傧”。傧相：赞礼官。

(51)舍：安置留宿。广成宾馆名。传（zhuàn）：宾馆。

(52)决负约：必然违背信约。

(53)衣（yì）褐（hè）：穿上粗麻布短衣。

(54)径道：小路。

(55)缪公：即秦穆公。

(56)坚明约束：坚守信约。

(57)间（jiàn）：间道，小路。这里用作“至”的状语，“从小路”的意思。

(58)一介之使：一个小小的使臣。

(59)就：承受。汤镬（huò）：煮汤的大锅。就汤镬：意谓愿受烹刑。

(60)唯：希望。熟：仔细、再三之意。

(61)嘻：惊怪之声。

(62)因：由此，趁此。

(63)廷见：在朝廷上正式接见。

(64)归之：使之归送相如回去。

(65)大夫：官名分上、中、下三等。相如奉命使秦，按照当时外交上的通例，当已取得大夫之衔。

(66)拔石城：攻取石城。石城，古址在今河南林州西南。此段以上写“完璧归赵”。

⑥⑦使使者：派遣使者。

⑥⑧为好：结好。

⑥⑨西河：黄河以西，指今陕西省渭南地区黄河以西之地。渑（miǎn）池：战国时韩邑，后属秦，即今河南省渑池县。故址与渑池水发源处南北相对，渑池在西河之南，就赵国的方位而称"外"。渑池之会时在赵惠文王二十年（公元前279年）。

⑦⓪欲毋行：想不去。

⑦①计：商议。

⑦②诀：辞别，告别。

⑦③道里：行程。会遇之礼：相见会谈的仪式。

⑦④绝秦望：断绝秦国的奢望。

⑦⑤好（hào）音：爱好音乐。

⑦⑥瑟：同琴相似的一种乐器，通常有二十五弦。

⑦⑦鼓：弹奏。

⑦⑧御史：战国时史官称谓，专管图籍、记载国家大事。

⑦⑨秦声：秦国乡土乐曲。

⑧⓪盆缻（fǒu）：均瓦器。缻：同"缶"。《史记集解》引《风俗通义》："缶者：瓦器，所以盛酒浆，秦人鼓之以节歌也。"李斯《谏逐客书》："夫击瓮叩缻，弹筝搏髀，而歌呼呜呜，快耳目者，真秦之声也。"

⑧①五步之内：言距离近。请得：请求许可。本是委婉之辞，此处表示态度强硬。意思是与秦王拼命。

⑧②刃：刀锋，此意为杀。

⑧③靡：倒退吓倒。

⑧④怿（yì）：高兴。

⑧⑤顾：回头。

⑧⑥寿：祝福。

⑧⑦咸阳：秦国都城，在今陕西省咸阳市东。

⑧⑧竟酒：直到酒宴完毕。

⑧⑨加胜：施以取胜之计。

⑨⓪盛设兵：多布置军队。此段以上写"渑池之会"，蔺相如折服秦王，维护赵国的尊严。

⑨①既罢：会晤已经结束。

⑨②右：古代席位以左为尊，军中以右为尊。

⑨③徒以口舌为劳：只不过因为能说会道立了功劳。

⑨④贱人：指蔺相如出身微贱。

⑨⑤宣言：对外扬言。

⑯争列：争位次的上下。
⑰已而：不久，过些时。
⑱相与：共同，一起。谏：下对上的劝告。
⑲去：离开。
⑳同列：指二人同为上卿。
㉑不肖：不贤不才。
㉒固止之：一再劝阻他们。
㉓公：敬称对方之词。孰与秦王：比秦王怎样。孰与：意为"何如"。
㉔驽：劣马，比喻庸碌无能。
㉕顾：但是。
㉖不俱生：必有一死。
㉗负荆：背着荆条，表示愿受鞭打。
㉘因宾客：通过自家的宾客引导。
㉙鄙贱之人：鄙陋卑贱的人，自责之词。将军：古时上卿职兼将相，故蔺相如也可称将军。
㉚卒：终于。刎颈之交：生死之交。此段以上写廉颇与蔺相如释嫌交好的始末。

思考与探究

一、本文是《史记》列传中的名篇，人物形象个性鲜明，栩栩如生。品读文中对人物的语言、动作和细节的描写，说说这些描写的表达效果。

二、本文记述的三个故事是怎样从不同的角度表现蔺相如思想性格的？"将相和"的故事对我们有哪些启示？

三、廉颇、蔺相如的故事在历史上影响深远，从节选的课文内容和语句来看，有哪些已经作为成语广为流传并使用？背诵与其相关的句子。

第二单元　现代文学

单元导语

　　阅读，是对语言材料的连续感知，进而摄取其内在信息的过程。简而言之，阅读就是对语言文字做信息处理，学会"科学阅读"，即循序推进，由此及彼，由表入里，由浅至深，分阶段、有层次的阅读。从一般信息中筛选出重要信息，透过表层信息求索到本质信息。

　　本单元选取了现代文学时期不同风格的文学佳作。《再别康桥》用委婉细腻的语言描绘了极美的意象，承载了青年徐志摩"彩虹"似的梦，抒发了他对康桥依依惜别的深情，全诗巧妙地将情、景融汇为意境，达到景中有情、情中有景的意境；《我爱这土地》中，诗人艾青以无论生死都眷恋土地的鸟自喻，抒发了其深沉而真挚的爱国情怀。

　　阅读诗歌时，还要学会找关键句，把握文章中心，而文章的重要信息总是蕴含在关键句里。《荷塘月色》开篇的"这几天心里颇不宁静"就是文章的文眼，是提纲挈领的句子。《荷塘月色》是一篇借景抒情、情景交融的佳作。作者描写的月下荷塘，如诗如画、情远韵幽，为内心"颇不宁静"的人创造出感觉是个"自由的人"的境界；《阿Q正传》充分体现了鲁迅小说"民族自我批判"的特点，刻画出了"沉默的国民的魂灵"，也使我们领悟到阿Q式的"精神胜利法"是当时中华民族觉醒与振兴受到的最严重的思想阻力之一；戏剧《雷雨》通过周朴园与鲁侍萍两家错综复杂的矛盾冲突，鲜明地展现了剧中人物的思想与性格，具有深刻的社会意义；选读部分小说《祝福》，在如泣如诉的血泪控诉中，作者对旧社会劳动人民的苦难，特别是对封建礼教，给予了强烈的鞭挞。

现代诗歌二首

课文导读

　　康桥，即英国著名的剑桥大学所在地。1928 年，徐志摩来到康桥找他的英国朋友从而故地重游。1928 年 11 月 6 日，在途经中国南海时，他吟成了这首传世之作。也可以说，"康桥情节"贯穿在徐志摩一生的诗文中，而《再别康桥》无疑是其中最有名的一篇。《再别康桥》是一首优美的抒情诗，宛如一曲优雅动听的轻音乐。诗歌中鲜明的意境、流动的画面无不给人以美的享受。

　　这首诗歌以离别康桥时感情起伏为线索，抒发了诗人对康桥依依惜别的深情。诗人以"轻轻的""走""来""招手""作别云彩"起笔，用虚实相间的手法，描绘了一幅幅流动的画面，构成了一处处美妙的意境，细致入微地将诗人对康桥的爱恋，对往昔生活的怀念，对眼前离愁的无可奈何，表现得真挚、浓郁、隽永。

　　诗歌中的意象独具特色，用以寄情的物象是"云彩""金柳""柔波""青荇""水草""星辉"等自然物，创造出一种清新优美的意境。

　　这首诗歌四行一节，每一节诗行的排列两两错落有致，每句的字数基本上是六七字（间有八字句），于参差变化中见整齐；每节押韵，逐节换韵，追求音节的波动和旋律感。另外，"轻轻""悄悄"等叠字的反复运用，增强了诗歌轻盈的节奏。诗歌的尾节与首节句式相似，遥相呼应，给人一种梦幻般的感觉。

　　《再别康桥》是对现代诗歌所提倡的"音乐美""绘画美""建筑美"的践行，堪称徐志摩诗作中的经典。

再别康桥①

徐志摩

轻轻的我走了，
　正如我轻轻的来；
我轻轻的招手，
　作别西天的云彩。

那河畔的金柳，
　是夕阳中的新娘；

波光里的艳影，
在我的心头荡漾。

软泥上的青荇②，
油油的在水底招摇；
在康河的柔波里，
我甘心做一条水草！

那榆荫下的一潭，
不是清泉，是天上虹；
揉碎在浮藻间，
沉淀着彩虹似的梦。

寻梦？撑一支长篙，
向青草更青处漫溯；
满载一船星辉，
在星辉斑斓里放歌。

但我不能放歌，
悄悄是别离的笙箫；
夏虫也为我沉默，
沉默是今晚的康桥！

悄悄的我走了，
正如我悄悄的来；
我挥一挥衣袖，
不带走一片云彩。

注释

①《再别康桥》最初发表于1928年12月10日《新月》月刊第1卷第10号上，后收入诗集《猛虎集》。这是诗人徐志摩重游康桥之后，在归国途中写下的一首绝版之作。徐志摩（1896—1931年），浙江海宁人。1920年曾留学英国。1923年加入新月社，成为新月社诗派的代表诗人。

②青荇（xìng）：即荇菜。见于宋代曾巩的诗《鸿雁》："鸿雁此时俦侣多，乱下沙

汀恣栖宿。群依青荇唼且鸣,暖浴蒲根戏相逐。"

课文导读

　　1938年10月,武汉失守,日本侵略者的铁蹄猖狂地践踏中国大地。作者目睹了祖国河山惨遭践踏、人民蒙受苦难的景象,满怀对祖国的热爱和对侵略者的仇恨便写下了这首诗歌。诗歌以"假如"开头,有凝神沉思之感,继而借助一只鸟对土地表达至死不渝的感情,向祖国献出一颗赤子之心。

　　诗人在"土地""河流""风""黎明"等中心词语前面加上"悲愤的""激烈的""温柔的"等修饰语,展现了描写对象的神采风貌,形成了一种特殊的立体感和雕塑感,破折号之后的巨大转折,突出"我死了",让身躯肥沃土地的愿景。于是,生前和死后,形成了强烈的对比,而在这强烈的对比和反差中一以贯之的乃是"鸟"对土地执着的爱,至死不渝。

我爱这土地①

艾青

假如我是一只鸟,
我也应该用嘶哑的喉咙歌唱:
这被暴风雨所打击着的土地,
这永远汹涌着我们的悲愤的河流,
这无止息地吹刮着的激怒的风,
和那来自林间的无比温柔的黎明……
——然后我死了,
连羽毛也腐烂在土地里面。

为什么我的眼里常含泪水?
因为我对这土地爱得深沉……

1938年11月17日

注释

①选自《艾青诗选》（人民文学出版社，1979年出版）。艾青（1910—1996年），原名蒋海澄，浙江金华人，我国现代著名诗人。

练习与思考

一、请给《再别康桥》这首诗歌划分节奏，标出韵脚，反复朗读，体会其音乐性。并找出这首诗歌体现"音乐美""绘画美""建筑美"的诗句，并讨论其特点。

二、《我爱这土地》中，为什么"我"要用"嘶哑的喉咙"歌唱？诗歌中的"土地""河流""风""黎明"四组意象包含了哪些内容？具有什么象征意义？

三、背诵这两首诗。

荷塘月色①

朱自清

课文导读

　　《荷塘月色》是朱自清先生于1927年7月创作的一篇散文，当时他正在清华大学中文系任教。正值"四·一二"蒋介石背叛革命时期，富有爱国正义感的朱自清，如同中国大地上所有正直的知识分子一样，对黑暗现实不满，而又幻想超脱现实，思想处于矛盾苦闷状态。作者心里"颇不宁静"，为排遣这种心情而在荷塘边漫步。

　　《荷塘月色》描写的是月夜观赏荷塘的经过。月下的荷塘如画如歌，荷塘的月色似梦似诗。这般良辰美景在这特定的时刻特定的氛围中，也未能使作者的心情平复。

　　作者把复杂的心绪寄寓于荷塘与月色的描写中，情与景交融。阅读本文，感知那些语意丰富、蕴有内涵的关键语句，作为领会作者思想感情的信息依据。在行文中，比喻、通感修辞手法的运用，使文章韵味无穷。

　　这几天心里颇不宁静。今晚在院子里坐着乘凉，忽然想起日日走过的荷塘，在这满月的光里，总该另有一番样子吧。月亮渐渐地升高了，墙外马路上孩子们的欢笑，已经听不见了；妻在屋里拍着闰儿②，迷迷糊糊地哼着眠歌。我悄悄地披了大衫，带上门出去。

　　沿着荷塘，是一条曲折的小煤屑路。这是一条幽僻的路；白天也少人走，夜晚更加寂寞。荷塘四面，长着许多树，蓊蓊郁郁③的。路的一旁，是些杨柳，和一些不知道名字的树。没有月光的晚上，这路上阴森森的，有些怕人。今晚却很好，虽然月光也还是淡淡的。

　　路上只我一个人，背着手踱④着。这一片天地好像是我的；我也像超出了平常的自己，到了另一个世界里。我爱热闹，也爱冷静；爱群居，也爱独处。像今晚上，一个人在这苍茫的月下，什么都可以想，什么都可以不想，便觉是个自由的人。白天里一定要做的事，一定要说的话，现在都可不理。这是独处的妙处，我且受用这无边的荷香月色好了。

　　曲曲折折的荷塘上面，弥望⑤的是田田⑥的叶子。叶子出水很高，像亭亭的舞女的裙。层层的叶子中间，零星地点缀着些白花，有袅娜⑦地开着的，有羞涩地打着朵儿的；正如一粒粒的明珠，又如碧天里的星星，又如刚出浴的美人。微风过处，送来缕缕清香,仿佛远处高楼上渺茫的歌声似的。这时候叶子与花也有一丝的颤动,像闪电般,霎时传过荷塘的那边去了。叶子本是肩并肩密密地挨着,这便宛然有了一道凝碧的波痕。叶子底下是脉脉⑧的流水,遮住了,不能见一些颜色;而叶子却更见风致⑨了。

月光如流水一般,静静地泻在这一片叶子和花上。薄薄的青雾浮起在荷塘里。叶子和花仿佛在牛乳中洗过一样;又像笼着轻纱的梦。虽然是满月,天上却有一层淡淡的云,所以不能朗照;但我以为这恰是到了好处——酣眠固不可少,小睡也别有风味的。月光是隔了树照过来的,高处丛生的灌木,落下参差的斑驳的黑影;弯弯的杨柳的稀疏的倩影,却又像是画在荷叶上。塘中的月色并不均匀;但光与影有着和谐的旋律,如梵婀玲⑩上奏着的名曲。

荷塘的四面,远远近近,高高低低都是树,而杨柳最多。这些树将一片荷塘重重围住;只在小路一旁,漏着几段空隙,像是特为月光留下的。树色一例是阴阴的,乍看像一团烟雾;但杨柳的丰姿⑪,便在烟雾里也辨得出。树梢上隐隐约约的是一带远山,只有些大意罢了。树缝里也漏着一两点路灯光,没精打采的,是渴睡人的眼。这时候最热闹的,要数树上的蝉声与水里的蛙声;但热闹是它们的,我什么也没有。

忽然想起采莲的事情来了。采莲是江南的旧俗,似乎很早就有,而六朝时为盛;从诗歌里可以约略知道。

于是又记起,《西洲曲》⑫里的句子:

采莲南塘秋,莲花过人头;低头弄莲子,莲子清如水。

今晚若有采莲人,这儿的莲花也算得"过人头"了;只不见一些流水的影子,是不行的。这令我到底惦着江南了。——这样想着,猛一抬头,不觉已是自己的门前;轻轻地推门进去,什么声息也没有,妻已睡熟好久了。

一九二七年七月,北京清华园

注释

①选自《朱自清文集》第1卷(江苏教育出版社,1988年出版),略有删节。朱自清(1898—1948年),浙江绍兴人,现代著名散文家、诗人、学者、民主战士。

②闰儿:指朱闰生,朱自清第二子。

③蓊蓊(wěngwěng)郁郁:树木茂盛的样子。

④踱(duó):慢慢地走。

⑤弥望:满眼。弥:满。

⑥田田:形容荷叶相连的样子。古乐府《江南曲》中有"莲叶何田田"之句。

⑦袅娜(niǎonuó):柔美的样子。

⑧脉脉(mòmò):这里形容水没有声音,好像饱含深情的样子。

⑨风致:美的姿态。
⑩梵婀铃:violin,小提琴的音译。
⑪丰姿:风度,仪态,一般指美好的姿态。也写作"风姿"。
⑫《西洲曲》:南朝乐府民歌中的一首五言情歌,因首句"忆梅下西洲"而得名。

练习与思考

一、找出文中直接表现作者感情的语句。这种感情与文中的景物描写是如何交融在一起的?这种感情在作品中有没有发展变化?

二、文末注明的写作日期,是否具有传达重要信息的作用?试分析其作用。

三、文中哪几处用通感的修辞手法来描写景物特点?将典型的句子写出来,并熟记名句。

四、融情于景是本文写作的主要特色。请谈一谈作者情绪随着景物的转换发生了怎样的变化。

五、背诵课文第4~6自然段。

阿Q正传① （节选）

鲁 迅

**课文导读**

《阿Q正传》是鲁迅先生于1921—1922年撰写的中篇小说。小说最初发表于北京《晨报副刊》，后收入小说集《呐喊》。《阿Q正传》是鲁迅唯一一部中篇小说，共九章，是采用章回体的形式写成的。这篇小说以辛亥革命前后的农村未庄为背景，塑造了阿Q这样一个饱受旧社会沉重压迫而精神被扭曲变形的人物形象。阿Q精神已成了精神胜利法的代名词，向人们展现了辛亥革命前后一个畸形的中国社会和一群畸形的中国人的真面貌。《阿Q正传》的发表，有着特定的政治、经济和文化背景。鲁迅以思想家的冷静和深邃思考，以文学家的敏感和专注，观察、分析着所经历所思考的一切，感受着时代的脉搏，逐步认识自己所经历的革命、所处的社会和所接触的人们的精神状态。

辛亥革命之后，封建统治者采取暴力镇压和精神奴役的方法，利用封建礼教、封建迷信和愚民政策维护自己的统治。在阿Q身上，可以看出封建精神奴役的"业绩"和被奴役者严重的精神"内伤"。

第一章　序

我要给阿Q做正传，已经不止一两年了。但一面要做，一面又往回想，这足见我不是一个"立言"②的人，因为从来不朽之笔，须传不朽之人，于是人以文传，文以人传——究竟谁靠谁传，渐渐的不甚了然起来，而终于归结到传阿Q，仿佛思想里有鬼似的。

然而要做这一篇速朽的文章，才下笔，便感到万分的困难了。第一是文章的名目。孔子曰，"名不正则言不顺。"这原是应该极注意的。传的名目很繁多：列传，自传，内传③，外传，别传，家传，小传，……而可惜都不合。"列传"么，这一篇并非和许多阔人排在"正史"里；"自传"么，我又并非就是阿Q。说是"外传"，"内传"在哪里呢？倘用"内传"，阿Q又绝不是神仙。"别传"呢，阿Q实在未曾有大总统上谕宣付国史馆立"本传"④——虽说英国正史上并无"博徒列传"，而文豪迭更司（狄更斯）也做过《博徒别传》这一部书，但文豪则可，在我辈却不可。其次是"家传"，则我既不知与阿Q是否同宗,也未曾受他子孙的拜托;或"小传",则阿Q又更无别的"大传"了。总而言之,这一篇也便是"本传",但从我的文章着想,因为文体卑下,是"引车卖浆者流"所用的话,所以不敢僭称,便从不入三教九流的小说家所谓"闲话休提言归正传"这一句套话里,取出"正传"两个字来,作为名目,即使与古人所撰《书法正传》⑤的"正传"字面上很相混,也顾不得了。

第二,立传的通例,开首大抵该是"某,字某,某地人也",而我并不知道阿Q姓什么。有一回,他似乎是姓赵,但第二日便模糊了。那是赵太爷的儿子进了秀才的时候,锣声镗镗的报到村里来,阿Q正喝了两碗黄酒,便手舞足蹈地说,这于他也很光彩,因为他和赵太爷原来是本家,细细的排起来他还比秀才长三辈呢。其时几个旁听人倒也肃然的有些起敬了。哪知道第二天,地保便叫阿Q到赵太爷家里去;太爷一见,满脸溅朱,喝道:"阿Q,你这浑小子!你说我是你的本家么?"

阿Q不开口。

赵太爷愈看愈生气了,抢进几步说:"你敢胡说!我怎么会有你这样的本家?你姓赵么?"

阿Q不开口,想往后退了;赵太爷跳过去,给了他一个嘴巴。

"你怎么会姓赵!——你哪里配姓赵!"

阿Q并没有抗辩他确凿姓赵,只用手摸着左颊,和地保退出去了;外面又被地保训斥了一番,谢了地保二百文酒钱。知道的人都说阿Q太荒唐,自己去招打;他大约未必姓赵,即使真姓赵,有赵太爷在这里,也不该如此胡说的。此后便再没有人提起他的氏族来,所以我终于不知道阿Q究竟什么姓。

第三,我又不知道阿Q的名字是怎么写的。他活着的时候,人都叫他阿Quei,死了以后,便没有一个人再叫阿Quei了,哪里还会有"著之竹帛"⑥的事。若论"著之竹帛",这篇文章要算第一次,所以先遇着了这第一个难关。我曾仔细想:阿Quei,阿桂还是阿贵呢?倘使他号月亭,或者在八月间做过生日,那一定是阿桂了;而他既没有号——也许有号,只是没有人知道他,——又未尝散过生日征文的帖子:写作阿桂,是武断的。又倘使他有一位老兄或令弟叫阿富,那一定是阿贵了;而他又只是一个人:写作阿贵,也没有佐证的。其余音Quei的偏僻字样,更加凑不上了。先前,我也曾问过赵太爷的儿子茂才先生,谁料博雅如此公,竟也茫然,但据结论说,是因为陈独秀办了《新青年》提倡洋字,所以国粹沦亡,无可查考了。我的最后的手段,只有托一个同乡去查阿Q犯事的案卷,八个月之后才有回信,说案卷里并无与阿Quei的声音相近的人。我虽不知道是真没有,还是没有查,然而也再没有别的方法了。生怕注音字母还未通行,只好用了"洋字",照英国流行的拼法写他为阿Quei,略作阿Q。这近于盲从《新青年》,自己也很抱歉,但茂才公尚且不知,我还有什么好办法呢。

第四,是阿Q的籍贯了。倘他姓赵,则据现在好称郡望的老例,可以照《郡名百家姓》⑦上的注解,说是"陇西天水人也",但可惜这姓是不甚可靠的,因此籍贯也就有些决不定。他虽然多住未庄,然而也常常宿在别处,不能说是未庄人,即使说是"未庄人也",也仍然有乖史法的。

我所聊以自慰的,是还有一个"阿"字非常正确,绝无附会假借的缺点,颇可以就正于通人。至于其余,却都非浅学所能穿凿,只希望有"历史癖与考据癖"的胡适之先生的门人们,将来或者能够寻出许多新端绪来,但是我这《阿Q正传》到那时却又怕早经消灭了。

以上可以算是序。

第二章　优胜记略

阿Q不独是姓名籍贯有些渺茫,连他先前的"行状"也渺茫。因为未庄的人们之于阿Q,只要他帮忙,只拿他玩笑,从来没有留心他的"行状"的。而阿Q自己也不说,独有和别人口角的时候,间或瞪着眼睛道:"我们先前——比你阔的多啦!你算是什么东西!"

阿Q没有家,住在未庄的土谷祠里;也没有固定的职业,只给人家做短工,割麦便割麦,舂米便舂米,撑船便撑船。工作略长久时,他也或住在临时主人的家里,但一完就走了。所以,人们忙碌的时候,也还记起阿Q来,然而记起的是做工,并不是"行状";一闲空,连阿Q都早忘却,更不必说"行状"了。只是有一回,有一个老头子颂扬说:"阿Q真能做!"这时阿Q赤着膊,懒洋洋的瘦伶仃的正在他面前,别人也摸不着这话是真心还是讥笑,然而阿Q很喜欢。

阿Q又很自尊,所有未庄的居民,全不在他眼神里,甚而至于对于两位"文童"也有以为不值一笑的神情。夫文童者,将来恐怕要变秀才者也;赵太爷、钱太爷大受居民的尊敬,除有钱之外,就因为都是文童的爹爹,而阿Q在精神上独不表格外的崇奉,他想:我的儿子会阔得多啦!加以进了几回城,阿Q自然更自负,然而他又很鄙薄城里人,譬如用三尺三寸宽的木板做成的凳子,未庄人叫"长凳",他也叫"长凳",城里人却叫"条凳",他想:这是错的,可笑!油煎大头鱼,未庄都加上半寸长的葱叶,城里却加上切细的葱丝,他想:这也是错的,可笑!然而未庄人真是不见世面的可笑的乡下人呵,他们没有见过城里的煎鱼!

阿Q"先前阔",见识高,而且"真能做",本来几乎是一个"完人"了,但可惜他体质上还有一些缺点。最恼人的是在他头皮上,颇有几处不知于何时的癞疮疤。这虽然也在他身上,而看阿Q的意思,倒也似乎以为不足贵的,因为他讳说"癞"以及一切近于"赖"的音,后来推而广之,"光"也讳,"亮"也讳,再后来,连"灯""烛"都讳了。一犯讳,不问有心与无心,阿Q便全疤通红的发起怒来,估量了对手,口讷的他便骂,气力小的他便打;然而不知怎么一回事,总还是阿Q吃亏的时候多。于是他渐渐的变换了方针,大抵改为怒目而视了。

谁知道阿Q采用怒目主义之后,未庄的闲人们便愈喜欢玩笑他。一见面,他们便假作吃惊地说:"哙,亮起来了。"

阿Q照例的发了怒，他怒目而视了。

"原来有保险灯在这里！"他们并不怕。

阿Q没有法，只得另外想出报复的话来："你还不配……"这时候，又仿佛在他头上的是一种高尚的光荣的癞头疮，并非平常的癞头疮了；但上文说过，阿Q是有见识的，他立刻知道和"犯忌"有点抵触，便不再往底下说。

闲人还不完，只撩他，于是终而至于打。阿Q在形式上打败了，被人揪住黄辫子，在壁上碰了四五个响头，闲人这才心满意足的得胜地走了，阿Q站了一刻，心里想，"我总算被儿子打了，现在的世界真不像样……"于是也心满意足的得胜地走了。

阿Q想在心里的，后来每每说出口来，所以凡是和阿Q玩笑的人们，几乎全知道他有这一种精神上的胜利法，此后每逢揪住他黄辫子的时候，人就先一着对他说："阿Q，这不是儿子打老子，是人打畜生。自己说：人打畜生！"

阿Q两只手都捏住了自己的辫根，歪着头，说道："打虫豸，好不好？我是虫豸——还不放么？"

但虽然是虫豸，闲人也并不放，仍旧在就近什么地方给他碰了五六个响头，这才心满意足的得胜地走了，他以为阿Q这回可遭了瘟。然而不到十秒钟，阿Q也心满意足的得胜地走了，他觉得他是第一个能够自轻自贱的人，除了"自轻自贱"不算外，余下的就是"第一个"。状元不也是"第一个"么？"你算是什么东西"呢！？

阿Q以如是等等妙法克服怨敌之后，便愉快地跑到酒店里喝几碗酒，又和别人调笑一通，口角一通，又得了胜，愉快地回到土谷祠，放倒头睡着了。假使有钱，他便去押牌宝，一堆人蹲在地面上，阿Q即汗流满面地夹在这中间，声音他最响："青龙四百！"

"咳……开……啦！"庄家揭开盒子盖，也是汗流满面地唱。"天门啦……角回啦……人和穿堂空在那里啦……阿Q的铜钱拿过来……"

"穿堂一百——一百五十！"

阿Q的钱便在这样的歌吟之下，渐渐地输入别个汗流满面的人物的腰间。他终于只好挤出堆外，站在后面看，替别人着急，一直到散场，然后恋恋地回到土谷祠，第二天，肿着眼睛去工作。

但真所谓"塞翁失马安知非福"罢，阿Q不幸而赢了一回，他倒几乎失败了。

这是未庄赛神的晚上。这晚上照例有一台戏，戏台附近，也照例有许多的赌摊。做戏的锣鼓，在阿Q耳朵里仿佛在十里之外；他只听得庄家的歌唱了。他赢而又赢，铜钱变成角洋，角洋变成大洋，大洋又成了叠。他兴高采烈得非常："天门两块！"

他不知道谁和谁为什么打起架来了。骂声打声脚步声，昏头昏脑的一大阵，他才爬起来，赌摊不见了，人们也不见了，身上有几处很似乎有些痛，似乎也挨了几拳几脚似的，几个人诧异地对他看。他如有所失地走进土谷祠，定一定神，知道他的一堆洋钱不见了。赶赛会的赌摊多不是本村人，还到哪里去寻根底呢？

很白很亮的一堆洋钱！而且是他的——现在不见了！说是算被儿子拿去了罢，总还是忽忽不乐；说自己是虫豸罢，也还是忽忽不乐；他这回才有些感到失败的苦痛了。

但他立刻转败为胜了。他擎起右手，用力地在自己脸上连打了两个嘴巴，热剌剌（辣辣）的有些痛；打完之后，便心平气和起来，似乎打的是自己，被打的是别一个自己，不久也就仿佛是自己打了别个一般，——虽然还有些热剌剌（辣辣），——心满意足的得胜地躺下了。

他睡着了。

第三章　续优胜记略

然而阿Q虽然常优胜，却直待蒙赵太爷打他嘴巴之后，这才出了名。

他谢过地保二百文酒钱，愤愤地躺下了，后来想："现在的世界太不成话，儿子打老子……"于是忽而想到赵太爷的威风，而现在是他的儿子了，便自己也渐渐的得意起来，爬起身，唱着《小孤孀上坟》到酒店去。这时候，他又觉得赵太爷高人一等了。

说也奇怪，从此之后，果然大家也仿佛格外尊敬他。这在阿Q，或者以为因为他是赵太爷的父亲，而其实也不然。未庄通例，倘如阿七打阿八，或者李四打张三，向来本不算口碑。一上口碑，则打的既有名，被打的也就托庇有了名。至于错在阿Q，那自然是不必说。所以者何？就因为赵太爷是不会错的。但他既然错，为什么大家又仿佛格外尊敬他呢？这可难解，穿凿起来说，或者因为阿Q说是赵太爷的本家，虽然挨了打，大家也还怕有些真，总不如尊敬一些稳当。否则，也如孔庙里的太牢一般，虽然与猪羊一样，同是畜生，但既经圣人下箸，先儒们便不敢妄动了。

阿Q此后倒得意了许多年。

有一年的春天，他醉醺醺地在街上走，在墙根的日光下，看见王胡在那里赤着膊捉虱子，他忽然觉得身上也痒起来了。这王胡，又癞又胡，别人都叫他王癞胡，阿Q却删去了一个癞字，然而非常蔑视他。阿Q的意思，以为癞是不足为奇的，只有这一部络腮胡子，实在太新奇，令人看不上眼。他于是并排坐下去了。倘是别的闲人们，阿Q本不敢大意坐下去。但这王胡旁边，他有什么怕呢？老实说：他肯坐下去，简直还是抬举他。

阿Q也脱下破夹袄来，翻检了一回，不知道因为新洗呢还是因为粗心，许多工夫，只捉到三四个。他看那王胡，却是一个又一个，两个又三个，只放在嘴里毕毕剥剥地响。

阿Q最初是失望，后来却不平了：看不上眼的王胡尚且那么多，自己倒反这样少，这是怎样的大失体统的事呵！他很想寻一两个大的，然而竟没有，好容易才捉到一个中的，恨恨的（狠狠地）塞在厚嘴唇里，狠命一咬，劈的一声，又不及王胡的响。

他癞疮疤块块通红了，将衣服摔在地上，吐一口唾沫，说："这毛虫！"

"癞皮狗，你骂谁？"王胡轻蔑地抬起眼来说。

阿Q近来虽然比较的受人尊敬，自己也更高傲些，但和那些打惯的闲人们见面还胆怯，独有这回却非常武勇了。这样满脸胡子的东西，也敢出言无状么？

"谁认便骂谁！"他站起来，两手叉在腰间说。

"你的骨头痒了么？"王胡也站起来，披上衣服说。

阿Q以为他要逃了，抢进去就是一拳。这拳头还未打到身上，已经被他抓住了，只一拉，阿Q跄跄踉踉地跌进去，立刻又被王胡扭住了辫子，要拉到墙上照例去碰头。

"'君子动口不动手'！"阿Q歪着头说。

王胡似乎不是君子，并不理会，一连给他碰了五下，又用力地一推，至于阿Q跌出六尺多远，这才满足地去了。

在阿Q的记忆上，这大约要算是生平第一件的屈辱，因为王胡以络腮胡子的缺点，向来只被他奚落，从没有奚落他，更不必说动手了。而他现在竟动手，很意外，难道真如市上所说，皇帝已经停了考⑪，不要秀才和举人了，因此赵家减了威风，因此他们也便小觑了他么⑫？

阿Q无所适从地站着。

远远的走来了一个人，他的对头又到了。这也是阿Q最厌恶的一个人，就是钱太爷的大儿子。他先前跑上城里去进洋学堂，不知怎么又跑到东洋去了，半年之后他回到家里来，腿也直了，辫子也不见了，他的母亲大哭了十几场，他的老婆跳了三回井。后来，他的母亲到处说，"这辫子是被坏人灌醉了酒剪去了。本来可以做大官，现在只好等留长再说了。"然而阿Q不肯信，偏称他"假洋鬼子"，也叫作"里通外国的人"，一见他，一定在肚子里暗暗地咒骂。

阿Q尤其"深恶而痛绝之"的，是他的一条假辫子。辫子而至于假，就是没了做人的资格；他的老婆不跳第四回井，也不是好女人。

这"假洋鬼子"近来了。

"秃儿。驴……"阿Q历来本只在肚子里骂，没有出过声，这回因为正气愤，因为要报仇，便不由地轻轻地说出来了。

不料这秃儿却拿着一支黄漆的棍子——就是阿Q所谓哭丧棒——大踏步走了过来。阿Q在这刹那，便知道大约要打了，赶紧抽紧筋骨，耸了肩膀等候着，果然，啪的一声，似乎确凿打在自己头上了。

"我说他！"阿Q指着近旁的一个孩子，分辩说。

啪！啪啪！

在阿Q的记忆上，这大约要算是生平第二件的屈辱。幸而啪啪地响了之后，于他倒似乎完结了一件事，反而觉得轻松些，而且"忘却"这一件祖传的宝贝也发生了效力，他慢慢地走，将到酒店门口，早已有些高兴了。

但对面走来了静修庵里的小尼姑。阿Q便在平时，看见伊也一定要唾骂，而况在屈辱之后呢？他于是发生了回忆，又发生了敌忾了。

"我不知道我今天为什么这样晦气，原来就因为见了你！"他想。

他迎上去,大声地吐一口唾沫:

"咳,呸!"

小尼姑全不睬,低了头只是走。阿Q走近伊身旁,突然伸出手去摩着伊新剃的头皮,呆笑着,说:"秃儿!快回去,和尚等着你……"

"你怎么动手动脚……"尼姑满脸通红地说,一面赶快走。

酒店里的人大笑了。阿Q看见自己的勋业得了赏识,便愈加兴高采烈起来。

"和尚动得,我动不得?"他扭住伊的面颊。

酒店里的人大笑了。阿Q更得意,而且为了满足那些赏鉴家起见,再用力地一拧,才放手。

他这一战,早忘却了王胡,也忘却了假洋鬼子,似乎对于今天的一切"晦气"都报了仇;而且奇怪,又仿佛全身比啪啪地响了之后轻松,飘飘然的似乎要飞去了。

"这断子绝孙的阿Q!"远远地听得小尼姑的带哭的声音。

"哈哈哈!"阿Q十分得意地笑。

"哈哈哈!"酒店里的人也九分得意地笑。

注释

①《阿Q正传》:鲁迅(1881—1936年),原名周树人,浙江绍兴人。现代文学家、思想家、革命家。

②立言:我国古代所谓"三不朽"之一。《左传》襄公二十四年载鲁国大夫叔孙豹的话:"太上有立德,其次有立功,其次有立言,虽久不废,此之谓不朽。"

③内传:小说体传记的一种。鲁迅在1931年3月3日给《阿Q正传》日译者山上正义的校释中说:"昔日道士写仙人的事多以'内传'题名。"

④宣付国史馆立"本传":旧时效忠于统治阶级的重要人物或所谓名人,死后由政府明令褒扬,令文末常有"宣付国史馆立传"的语句。国史馆:历代编纂史书的机构,名称不一,清朝叫作国史馆。辛亥革命后,北洋军阀及国民党政府都曾沿用这一名称。

⑤《书法正传》:一部关于书法的书,清朝冯武著,共十卷。这里的"正传"是"正确的传授"的意思。

⑥"著之竹帛":语出《吕氏春秋·仲春纪》:"著乎竹帛,传乎后世。"竹:竹简。帛:绢绸。我国古代未发明造纸前曾用来书写文字。

⑦《郡名百家姓》:《百家姓》是以前学塾所用的识字课本之一,宋初人编纂。为便于诵读,将姓氏连缀为四言韵语。《郡名百家姓》则在每一姓上都附注郡(古代地方区域的名称)名,表示某姓望族曾居古代某地,如赵为"天水"、钱为"彭城"之类。

⑧押牌宝:一种赌博。赌局中为主的人叫作"庄家";下文的"青龙""天门""穿堂"等都是押牌宝的用语,指押赌注的位置;"四百""一百五十"是押赌注的钱数。

⑨赛神：即迎神赛会，旧时的一种迷信习俗。以鼓乐仪仗和杂戏等迎神出庙，周游街巷，以酬神祈福。

⑩《小孤孀上坟》：当时流行的一出绍兴地方戏。

⑪皇帝已经停了考：光绪三十一年（1905年），清朝政府下令自丙午科起，废止科举考试。

⑫么：同"吗"。

练习与思考

一、仔细阅读小说，谈一谈阿Q是怎样的一个人？根据小说情节，概括阿Q的性格特征。

二、在现实生活中，人们需要一点儿阿Q精神吗？请以小组为单位，展开讨论，并形成独特的观点。

三、试分角色表演小说中的几个片段。

雷 雨(节选)

曹 禺

课文导读

　　《雷雨》是剧作家曹禺先生的代表作之一,发表于 1934 年 7 月的《文学季刊》。

　　此剧以 1925 年前后的中国社会为背景,描写了一个带有浓厚封建色彩的资产阶级家庭的悲剧。剧中以两个家庭、八个人物、三十年的恩怨为主线,描写了伪善的资本家大家长周朴园,受新思想影响单纯的少年周冲,被冷漠的家庭逼疯了和被爱情伤得体无完肤的女人繁漪,对过去所作所为充满了罪恶感、企图逃离的周萍,还有意外归来的鲁妈,单纯地爱与被爱的四凤,受压迫的工人鲁大海,贪得无厌的管家鲁贵等。不论是家庭秘密还是身世秘密,所有的矛盾都在雷雨之夜爆发,在叙述家庭矛盾纠葛、怒斥封建家庭腐朽顽固的同时,反映了更为深层的社会与时代问题。

　　该剧情节扣人心弦、语言精练含蓄,人物各具特色,是"中国话剧现实主义的基石",中国现代话剧成熟的里程碑。

　　欣赏课文,要注意分析这段话剧展示的主要矛盾冲突,在冲突中表现了怎样的人物性格。

【午饭后,天气更阴沉,更郁热。低压潮湿的空气,使人异常烦躁。】
……

周朴园　(点着一支吕宋烟,看见桌上的雨衣,向侍萍)这是太太找出来的雨衣吗?

鲁侍萍　(看着他)大概是的。

周朴园　(拿起看看)不对,不对,这都是新的。我要我的旧雨衣,你回头跟太太说。

鲁侍萍　嗯。

周朴园　(看她不走)你不知道这间房子底下人不准随便进来么?

鲁侍萍　(看着他)不知道,老爷。

周朴园　你是新来的下人?

鲁侍萍　不是的,我找我的女儿来的。

周朴园　你的女儿?

鲁侍萍　四凤是我的女儿。

周朴园　那你走错屋子了。

鲁侍萍　哦。老爷没有事了？

周朴园　（指窗）窗户谁叫打开的？

鲁侍萍　哦。（很自然地走到窗户，关上窗户，慢慢地走向中门）

周朴园　（看她关好窗门，忽然觉得她很奇怪）你站一站，（侍萍停）你，你贵姓？

鲁侍萍　我姓鲁。

周朴园　姓鲁。你的口音不像北方人。

鲁侍萍　对了，我不是，我是江苏的。

周朴园　你好像有点无锡口音。

鲁侍萍　我自小就在无锡长大的。

周朴园　（沉思）无锡？嗯，无锡，（忽而）你在无锡是什么时候？

鲁侍萍　光绪二十年，离现在有三十多年了。

周朴园　哦，三十年前你在无锡？

鲁侍萍　是的，三十多年前呢，那时候我记得我们还没有用洋火（火柴）呢。

周朴园　（沉思）三十多年前，是的，很远啦，我想想，我大概是二十多岁的时候。那时候我还在无锡呢。

鲁侍萍　老爷是那个地方的人？

周朴园　嗯，（沉吟）无锡是个好地方。

鲁侍萍　哦，好地方。

周朴园　你三十年前在无锡么？

鲁侍萍　是，老爷。

周朴园　三十年前，在无锡有一件很出名的事情——

鲁侍萍　哦。

周朴园　你知道么？

鲁侍萍　也许记得，不知道老爷说的是哪一件？

周朴园　哦，很远的，提起来大家都忘了。

鲁侍萍　说不定，也许记得的。

周朴园　我问过许多那个时候到过无锡的人，我想打听打听。可是那个时候在无锡的人，到现在不是老了就是死了，活着的多半是不知道的，或者忘了。

鲁侍萍　如若老爷想打听的话，无论什么事，无锡那边我还有认识的人，虽然许久不通音信，托他们打听点事情总还可以的。

周朴园　我派人到无锡打听过。——不过也许凑巧你会知道。三十年前在无锡有一家姓梅的。

鲁侍萍　姓梅的？

周朴园　梅家的一个年轻小姐，很贤惠，也很规矩，有一天夜里，忽然地投水死了，后来，后来，——你知道么？

鲁侍萍　不敢说。

周朴园　哦。

鲁侍萍　我倒认识一个年轻的姑娘姓梅的。

周朴园　哦？你说说看。

鲁侍萍　可是她不是小姐，她也不贤惠，并且听说是不大规矩的。

鲁侍萍　这个梅姑娘倒是有一天晚上跳的河，可是不是一个，她手里抱着一个刚生下三天的男孩。听人说她生前是不规矩的。

周朴园　（苦痛）哦！

鲁侍萍　这是个下等人，不很守本分的。听说她跟那时周公馆的少爷有点不清白，生了两个儿子。生了第二个，才过三天，忽然周少爷不要了她，大孩子就放在周公馆，刚生的孩子抱在怀里，在年三十夜里投河死的。

周朴园　（汗涔涔地）哦。

鲁侍萍　她不是小姐，她是无锡周公馆梅妈的女儿，她叫侍萍。

周朴园　（抬起头来）你姓什么？

鲁侍萍　我姓鲁，老爷。

周朴园　（喘出一口气，沉思地）侍萍，侍萍，对了。这个女孩子的尸首，说是有一个穷人见着埋了。你可以打听得她的坟在哪儿么？

鲁侍萍　老爷问这些闲事干什么？

周朴园　这个人跟我们有点亲戚。

鲁侍萍　亲戚？

周朴园　嗯——我们想把她的坟墓修一修。

鲁侍萍　哦——那用不着了。

周朴园　怎么？

鲁侍萍　这个人现在还活着。

周朴园　（惊愕）什么？

鲁侍萍　她没有死。

周朴园　她还在？不会吧？我看见她河边上的衣服，里面有她的绝命书。

鲁侍萍　不过她被一个慈善的人救活了。

周朴园　哦，救活啦？

鲁侍萍　以后无锡人是没见着她，以为她那夜晚死了。

周朴园　那么，她呢？

鲁侍萍　一个人在外乡活着。

周朴园　那个小孩呢？

鲁侍萍　也活着。

周朴园　（忽然立起）你是谁？

鲁侍萍　我是这儿四凤的妈，老爷。

周朴园　哦。

鲁侍萍　她现在老了，嫁给一个下等人，又生了个女孩，境况很不好。

周朴园　你知道她现在在哪儿？

鲁侍萍　我前几天还见着她！

周朴园　什么？她就在这儿？此地？

鲁侍萍　嗯，就在此地。

周朴园　哦！

鲁侍萍　老爷，你想见一见她么？

周朴园　（连忙）不，不，谢谢你。

鲁侍萍　她的命很苦。离开了周家，周家少爷就娶了一位有钱有门第的小姐。她一个单身人，无亲无故，带着一个孩子在外乡什么事都做，讨饭，缝衣服，当老妈，在学校里伺候人。

周朴园　她为什么不再找到周家？

鲁侍萍　大概她是不愿意吧？为着她自己的孩子，她嫁过两次。

周朴园　以后她又嫁过两次？

鲁侍萍　嗯，都是很下等的人。她遇人都很不如意，老爷想帮一帮她么？

周朴园　好，你先下去。让我想一想。

鲁侍萍　老爷，没有事了？（望着周朴园，眼泪要涌出）

周朴园　你去告诉四凤，叫她把我樟木箱子里那件旧雨衣拿出来，顺便把那箱子里的几件旧衬衣也拣出来。

鲁侍萍　旧衬衣？

周朴园　你告诉她在我那顶老的箱子里，纺绸的衬衣，没有领子的。

鲁侍萍　老爷那种纺绸衬衣不是一共有五件？您要哪一件？

周朴园　要哪一件？

鲁侍萍　不是有一件，在右袖襟上有个烧破的窟窿，后来用丝线绣成一朵梅花补上的？还有一件，——

周朴园　（惊愕）梅花？

鲁侍萍　旁边还绣着一个萍字。

周朴园　（徐徐立起）哦，你，你，你是——

鲁侍萍　我是从前伺候过老爷的下人。

周朴园　哦，侍萍！（低声）怎么，是你？

鲁侍萍　你自然想不到，侍萍的相貌有一天也会老得连你都不认识了。

周朴园　你——侍萍？（不觉地望望柜上的相片，又望侍萍）

周朴园　（半晌，严厉地）你来干什么？

鲁侍萍　不是我要来的。

周朴园　谁指使你来的？

鲁侍萍　（悲愤）命！不公平的命指使我来的。

周朴园　（冷冷地）三十年的工夫你还是找到这儿来了。

鲁侍萍　（愤怨）我没有找你，我没有找你，我以为你早死了。我今天没想到到这儿来，这是天要我在这儿又碰见你。

周朴园　你可以冷静点。现在你我都是有子女的人，如果你觉得心里有委屈，这么大年纪，我们先可以不必哭哭啼啼的。

鲁侍萍　哭？哼，我的眼泪早哭干了，我没有委屈，我有的是恨，是悔，是三十年一天一天我自己受的苦。你大概已经忘了你做的事了！三十年前，大年三十的晚上我生下你的第二个儿子才三天，你为了要赶紧娶那位有钱、有门第的小姐，你们逼着我冒着大雪出去，要我离开你们周家的门。

周朴园　从前的恩怨，过了几十年，又何必再提呢？

鲁侍萍　那是因为周大少爷一帆风顺，现在也是社会上的好人物。可是自从我被你们家赶出来以后，我没有死成，我把我的母亲可给气死了，我亲生的两个孩子你们家里逼着我留在你们家里。

周朴园　你的第二个孩子你不是已经抱走了么？

鲁侍萍　那是你们老太太看着孩子快死了，才叫我抱走的。（自语）哦，天哪，我觉得我像在做梦。

周朴园　我看过去的事不必再提起来吧。

鲁侍萍　我要提，我要提，我闷了三十年了！你结了婚，就搬了家，我以为这一辈子也见不着你了；谁知道我自己的孩子个个命定要跑到周家来，又做我从前在你们家做过的事。

周朴园　怪不得四凤这样像你。

鲁侍萍　我伺候你，我的孩子再伺候你生的少爷们。这是我的报应，我的报应。

周朴园　你静一静。把脑子放清醒点。你不要以为我的心是死了，你以为一个人做了一件于心不忍的事就会忘了么？你看这些家具都是你从前顶喜欢的东西，多少年我总是留着，为着纪念你。

鲁侍萍　（低头）哦。

周朴园　你的生日——四月十八——每年我总记得。一切都照着你是正式嫁过周家的人看，甚至于你因为生萍儿，受了病，总要关窗户，这些习惯我都保留着，为的是不忘你，弥补我的罪过。

鲁侍萍　（叹一口气）现在我们都是上了年纪的人，这些傻话请你不必说了。

周朴园　那更好了。那么我们可以明明白白地谈一谈。

鲁侍萍　不过我觉得没有什么可谈的。

周朴园　话很多。我看你的性情好像没有大改，——鲁贵像是个很不老实的人。

鲁侍萍　你不要怕。他永远不会知道的。

周朴园　那双方面都好。再有，我要问你的，你自己带走的儿子在哪儿？

鲁侍萍　他在你的矿上做工。

周朴园　我问，他现在在哪儿？

鲁侍萍　就在门房等着见你呢。

周朴园　什么？鲁大海？他！我的儿子？

鲁侍萍　就是他！他现在跟你完完全全是两样的人。

周朴园　（冷笑）这么说，我自己的骨肉在矿上鼓励罢工，反对我！

鲁侍萍　你不要以为他还会认你做父亲。

周朴园　（忽然）好！痛痛快快的！你现在要多少钱吧？

鲁侍萍　什么？

周朴园　留着你养老。

鲁侍萍　（苦笑）哼，你还以为我是故意来敲诈你，才来的么？

周朴园　也好，我们暂且不提这一层。那么，我先说我的意思。你听着，鲁贵我现在要辞退的，四凤也要回家。不过——

鲁侍萍　你不要怕，你以为我会用这种关系来敲诈你么？你放心，我不会的。大后天我就会带四凤回到我原来的地方。这是一场梦，这地方我绝对不会再住下去。

周朴园　好得很，那么一切路费，用费，都归我担负。

鲁侍萍　什么？

周朴园　这于我的心也安一点。

鲁侍萍　你？（笑）三十年我一个人都过了，现在我反而要你的钱？

周朴园　好，好，好，那么你现在要什么？

鲁侍萍　（停一停）我，我要点东西。

周朴园　什么？说吧？

鲁侍萍　（泪满眼）我——我只要见见我的萍儿。

周朴园　你想见他？

鲁侍萍　嗯，他在哪儿？

周朴园　他现在在楼上陪着他的母亲看病。我叫他，他就可以下来见你。不过是——

鲁侍萍　不过是什么？

周朴园　他很大了。

鲁侍萍　（追忆）他大概是二十八了吧？我记得他比大海大一岁。

周朴园　并且他以为他母亲早就死了的。

鲁侍萍　哦，你以为我会哭哭啼啼地叫他认母亲么？我不会那么傻的。我难道不知道这样的母亲只给自己的儿子丢人么？我明白他的地位，他的教育，不容他承认这样的母亲。这些年我也学乖了，我只想看看他，他究竟是我生的孩子。你不要怕，我就是告诉他，白白地增加他的烦恼，他自己也不愿意认我的。

周朴园　那么，我们就这样解决了。我叫他下来，你看一看他，以后鲁家的人永远不许再到周家来。

鲁侍萍　好，希望这一生不至于再见你。

周朴园　（由衣内取出皮夹的支票签好）很好，这是一张五千块钱的支票，你可以先拿去用。算是弥补我一点罪过。

【侍萍接过支票，慢慢撕碎支票。】

周朴园　侍萍。

鲁侍萍　我这些年的苦不是你那钱就算得清的。

周朴园　可是你——

【外面争吵声。鲁大海的声音："放开我，我要进去。"三四个男仆声："不成，不成，老爷睡觉呢。"门外有男仆等与鲁大海的挣扎声。】

周朴园　（走至中门）来人！（仆人由中门进）谁在吵？

仆　人　就是那个工人鲁大海！他不讲理，非见老爷不可。

周朴园　哦。（沉吟）那你叫他进来吧。等一等，叫人到楼上请大少爷下楼，我有话问他。

仆　人　是，老爷。

【仆人由中门下。】

周朴园　（向侍萍）侍萍，你不要太固执。这一点钱你不收下，将来你会后悔的。

鲁侍萍　（望着他，一句话也不说）

【仆人领着鲁大海进，鲁大海站在左边，三四个仆人立一旁。】

鲁大海　（见侍萍）妈，您还在这儿？

周朴园　（打量大海）你叫什么名字？

鲁大海　你不要向我摆架子，你难道不知道我是谁么？

周朴园　你？我只知道你是罢工闹得最凶的工人。

鲁大海　对了，一点儿也不错，所以才来拜望拜望你。

周朴园　你有什么事吧？

鲁大海　董事长当然知道我是为什么来的。

周朴园　（摇头）我不知道。

鲁大海　我们老远从矿上来，今天我又在你府上门房里从早上六点钟一直等到现在，我就是要问问董事长，对于我们工人的条件，究竟是允许不允许？

周朴园　哦，那么——那么，那三个代表呢？

鲁大海　我跟你说吧，他们现在正在联络旁的工会呢。

周朴园　哦，——他们没告诉旁的事情么？

鲁大海　告诉不告诉于你没有关系。——我问你，你的意思，忽而软，忽而硬，究竟是怎么回事？

【周萍由饭厅上，见有人，即想退回。】

周朴园　（看萍）不要走，萍儿！（望了一下侍萍）

周　萍　是，爸爸。

周朴园　（指身侧）萍儿，你站在这儿。（向鲁大海）你这么只凭意气是不能交涉事情的。

鲁大海　哼，你们的手段，我都明白。你们这样拖延时候不过是想去花钱收买少数不要脸的败类，暂时把我们骗在这儿。

周朴园　你的见地也不是没有道理。

鲁大海　可是你完全错了。我们这次罢工是有团结的，有组织的。我们代表这次来并不是来求你们。你听清楚，不求你们。你们允许就允许；不允许，我们一直罢工到底，我们知道你们不到两个月整个地就要关门的。

周朴园　你以为你们那些代表们，那些领袖们都可靠吗？

鲁大海　至少比你们只认识洋钱的结合要可靠得多。

周朴园　那么我给你一件东西看。

【周朴园在桌上找电报，仆人递给他；此时周冲偷偷由左书房进，在旁偷听。】

周朴园　（给鲁大海电报）这是昨天从矿上来的电报。

鲁大海　（拿过去看）什么？他们又上工了。（放下电报）不会，不会。

周朴园　矿上的工人已经在昨天早上复工，你当代表的反而不知道么？

鲁大海　（惊，怒）怎么矿上警察开枪打死三十个工人就白打了么？（又看电报，忽然笑起来）哼，这是假的。你们自己假作的电报来离间我们的。（笑）哼，你们这种卑鄙无赖的行为！

周　萍　（忍不住）你是谁？敢在这儿胡说？

周朴园　萍儿！没有你的话。（低声向鲁大海）你就这样相信你那同来的代表么？

鲁大海　你不用多说，我明白你这些话的用意。

周朴园　好，那我把那复工的合同给你瞧瞧。

鲁大海　（笑）你不要骗小孩子，复工的合同没有我们代表的签字是不生效力的。

周朴园　哦，（向仆人）合同！（仆人由桌上拿合同递他）你看，这是他们三个人签字的合同。

鲁大海　（看合同）什么？（慢慢地，低声）他们三个人签了字。他们怎么会不告诉我就签了字呢？他们就这样把我不理啦？

周朴园　对了，傻小子，没有经验只会胡喊是不成的。

鲁大海　那三个"代表"呢？

周朴园　昨天晚车就回去了。

鲁大海　（如梦初醒）他们三个就骗了我了，这三个没有骨头的东西，他们就把矿上的工人们卖了。哼，你们这些不要脸的董事长，你们的钱这次又灵了。

周　萍　（怒）你混账！

周朴园　不许多说话。（回头向鲁大海）鲁大海，你现在没有资格跟我说话——矿上已经把你开除了。

鲁大海　开除了？

周　冲　爸爸，这是不公平的。

周朴园　（向冲）你少多嘴，出去！（冲由中门走下）

鲁大海　哦，好，好，（切齿）你的手段我早就领教过，只要你能弄钱，你什么都做得出来。你叫警察杀了矿上许多工人，你还——

周朴园　你胡说！

鲁侍萍　（至鲁大海前）别说了，走吧。

鲁大海　哼，你的来历我都知道，你从前在哈尔滨包修江桥，故意再叫江堤出险——

周朴园　（厉声）下去！

【仆人等拉他，说"走！走！"】

鲁大海　（对仆人）你们这些混账东西，放开我。我要说，你故意淹死了二千二百个小工，每一个小工的性命你扣三百块钱！姓周的，你发的是绝子绝孙的昧心财！你现在还——

周　萍　（忍不住气，走到鲁大海面前，重重地打了他两个嘴巴）你这种混账东西！（鲁大海立刻要还手，倒是被周宅的仆人们拉住）打他！

鲁大海　（向周萍高声）你，你！

【正要骂，仆人一起打鲁大海。大海头流了血。侍萍哭喊着护鲁大海。】

周朴园　（厉声）不要打人！（仆人们停止打鲁大海，仍拉着大海的手）

鲁大海　放开我，你们这一群强盗！

周　萍　（向仆人）把他拉下去。

鲁侍萍　（大哭起来）哦，这真是一群强盗！（走至周萍面前，抽咽）你是萍，——凭，——凭什么打我的儿子？

周　萍　你是谁？

鲁侍萍　我是你的——你打的这个人的妈。

鲁大海　妈，别理这东西，您小心吃了他们的亏。

鲁侍萍 （呆呆地看着周萍的脸，忽而又大哭起来）大海，走吧，我们走吧。（抱着鲁大海受伤的头哭）

【大海为仆人们拥下，侍萍随下。】

练习与思考

一、分组活动：分角色排演剧本。（用心体会课文的每句台词所表达的思想感情，要进入角色，传达出人物的感情。）

二、结合整个剧情，分析下面三句话中所包含的复杂的思想。

鲁侍萍 （走至周萍面前，抽咽）你是萍，——凭，——凭什么打我的儿子？

周　萍 你是谁？

鲁侍萍 我是你的——你打的这个人的妈。

三、关于周朴园对鲁侍萍的"怀念"，历来有"真情"与"假意"两种说法。周朴园对鲁侍萍究竟有没有感情？请查阅资料，谈一谈你的看法。

祝 福①

鲁 迅

**课文导读**

  20 世纪 20 年代，正是中国新文化运动的发展时期。鲁迅以极大的热情欢呼辛亥革命的爆发，可是不久他看到辛亥革命以后，帝制政权虽被推翻，但取而代之的却是地主阶级的军阀官僚的统治，封建社会的基础并没有被彻底摧毁，中国的广大人民，尤其是农民，他们依然过着饥寒交迫的生活，宗法观念、封建礼教仍然是压在人民头上的精神枷锁。在这种社会背景下和个人对社会的责任感驱使下，1924 年 2 月 7 日，鲁迅先生创作了这篇小说。

  作品叙写一个离开故乡的知识分子"我"在旧历年底回到故乡后寄寓在本家四叔（鲁四老爷）家里准备过"祝福"时，见证了四叔家先前的女仆祥林嫂猝死的悲剧。小说通过描述祥林嫂悲剧的一生，表现了作者对受压迫妇女的同情和对封建思想封建礼教的无情揭露。小说也阐述了如文中"我"一样的启蒙知识分子，因当时人们自私自利和世态炎凉的社会现状的无动于衷而不知所措。

  阅读本文，梳理小说的情节，找到环境描写的语句在文章中的位置，思考作者为什么把祥林嫂的悲剧集中放在鲁镇"祝福"的特定场景中。分析祝福的典型环境，讨论这样的社会环境对主人公的人生和命运有何影响。

  旧历的年底毕竟最像年底，村镇上不必说，就在天空中也显出将到新年的气象来。灰白色的沉重的晚云中间时时发出闪光，接着一声钝响②，是送灶③的爆竹；近处燃放的可就更强烈了，震耳的大音还没有息，空气里已经散满了幽微的火药香。我是正在这一夜回到我的故乡鲁镇的。虽说故乡，然而已没有家，所以只得暂寓在鲁四老爷的宅子里。他是我的本家，比我长一辈，应该称之曰"四叔"，是一个讲理学④的老监生⑤。他比先前并没有什么大改变，单是老了些，但也还未留胡子，一见面是寒暄⑥，寒暄之后说我"胖了"，说我"胖了"之后即大骂其新党⑦。但我知道，这并非借题在骂我：因为他所骂的还是康有为。但是，谈话是总不投机的了，于是不多久，我便一个人剩在书房里。

  第二天我起得很迟，午饭之后，出去看了几个本家和朋友；第三天也照样。他们也都没有什么大改变，单是老了些；家中却一律忙，都在准备着"祝福"。这是鲁镇年终的大典,致敬尽礼,迎接福神,拜求来年一年中的好运气的。杀鸡、宰鹅、买猪肉,用心细细地洗,女人的臂膊都在水里浸得通红,有的还带着绞丝银镯子⑩。煮熟之后,横七竖八地插些筷子在这类东西上,可就称为"福礼"了,五更天陈列起来,并且点上香烛,恭请福神们来享用,拜的却只限于男人,拜完自然仍然是放爆竹。年年如此,家家如此,——只要买得起福礼和爆竹之类的,——今年自然也如此。天色愈阴暗了,下午竟下起雪来,雪花大的有梅花那么大,满天飞舞,夹着烟霭⑪和忙碌的气色,将鲁镇乱成一团糟。我回到四叔的书房里时,瓦楞上已经雪白,房里也映得较光明,极分明地显出壁上挂着的朱拓⑫的大"寿"字,陈抟老祖⑬写的,一边的对联已经脱落,松松的卷了放在长桌上,一边的还在,道是"事理通达心气和平⑭"。我又无聊赖⑮的到窗下的案头去一翻,只见一堆似乎未必完全的《康熙字典》⑯、一部《近思录集注》⑰和一部《四书衬》⑱。无论如何,我明天决计要走了。

况且,一直到昨天遇见祥林嫂的事,也就使我不能安住。那是下午,我到镇的东头访过一个朋友,走出来,就在河边遇见她;而且见她瞪着的眼睛的视线,就知道明明是向我走来的。我这回在鲁镇所见的人们中,改变之大,可以说无过于她的了:五年前花白的头发,即今已经全白,全不像四十上下的人;脸上瘦削不堪,黄中带黑,而且消尽了先前悲哀的神色,仿佛是木刻似的;只有那眼珠间或一轮,还可以表示她是一个活物。她一手提着竹篮,内中一个破碗,空的;一手拄着一支比她更长的竹竿,下端开了裂:她分明已经纯乎是一个乞丐了。

我就站住,豫⑲备她来讨钱。

"你回来了?"她先这样问。

"是的。"

"这正好。你是识字的,又是出门人,见识得多。我正要问你一件事——"她那没有精彩的眼睛忽然发光了。

我万料不到她却说出这样的话来,诧异地站着。

"就是——"她走近两步,放低了声音,极秘密似的切切地说,"一个人死了之后,究竟有没有魂灵的?"

我很悚然,一见她的眼盯着我的,背上也就遭了芒刺一般,比在学校里遇到不及预防的临时考,教师又偏是站在身旁的时候,惶急得多了。对于魂灵的有无,我自己是向来毫不介意的;但在此刻,怎样回答她好呢?我在极短期的踌蹰中,想,这里的人照例相信鬼,然而她,却疑惑了,——或者不如说希望:希望其有,又希望其无……人何必增添末路的人的苦恼,为她起见,不如说有罢。

"也许有吧——我想。"我于是吞吞吐吐地说。

"那么,也就有地狱了?"

"啊!地狱?"我很吃惊,只得支梧⑳着,"地狱?——论理,就该也有。——然而也未必,……谁来管这等事……"

"那么，死掉的一家的人，都能见面的？"

"唉唉，见面不见面呢？……"这时我已知道自己也还是完全一个愚人，什么踌躇，什么计划，都挡不住三句问。我即刻胆怯起来了，便想全翻过先前的话来，"那是，……实在，我说不清……其实，究竟有没有魂灵，我也说不清。"

我乘她不再紧接地问，迈开步便走，匆匆地逃回四叔的家中，心里很觉得不安逸。自己想，我这答话怕于她有些危险。她大约因为在别人的祝福时候，感到自身的寂寞了，然而会不会含有别的什么意思的呢？——或者是有了什么预感了？倘有别的意思，又因此发生别的事，则我的答话委实该负若干的责任……但随后也就自笑，觉得偶尔的事，本没有什么深意义，而我偏要细细推敲，正无怪教育家要说是生着神经病；而况明明说过"说不清"，已经推翻了答话的全局，即使发生什么事，与我也毫无关系了。

"说不清"是一句极有用的话。不更事①的勇敢的少年，往往敢于给人解决疑问，选定医生，万一结果不佳，大抵反成了怨府②，然而一用这说不清来做结束，便事事逍遥自在了。我在这时，更感到这一句话的必要，即使和讨饭的女人说话，也是万不可省的。

但是我总觉得不安，过了一夜，也仍然时时记忆起来，仿佛怀着什么不祥的预感；在阴沉的雪天里，在无聊的书房里，这不安愈加强烈了。不如走吧，明天进城去。福兴楼的清炖鱼翅，一元一大盘，价廉物美，现在不知增价了否？往日同游的朋友，虽然已经云散，然而鱼翅是不可不吃的，即使只有我一个……无论如何，我明天决计要走了。

我因为常见些但愿不如所料，以为未必竟如所料的事，却每每恰如所料得起来，所以很恐怕这事也一律。果然，特别的情形开始了。傍晚，我竟听到有些人聚在内室里谈话，仿佛议论什么事似的，但不一会，说话声也就止了，只有四叔且走而且高声地说：

"不早不迟，偏偏要在这时候——这就可见是一个谬种③！"

我先是诧异，接着是很不安，似乎这话于我有关系。试望门外，谁也没有。好容易待到晚饭前他们的短工来冲茶，我才得了打听消息的机会。

"刚才，四老爷和谁生气呢？"我问。

"还不是和祥林嫂？"那短工简捷地说。

"祥林嫂？怎么了？"我又赶紧地问。

"老了。"

"死了？"我的心突然紧缩，几乎跳起来，脸上大约也变了色，但他始终没有抬头，所以全不觉。我也就镇定了自己，接着问："什么时候死的？"

"什么时候？——昨天夜里，或者就是今天罢。——我说不清。"

"怎么死的？"

"怎么死的？——还不是穷死的？"他淡然②地回答，仍然没有抬头向我看，出去了。

然而我的惊惶却不过暂时的事，随着就觉得要来的事，已经过去，并不必仰仗我自己的"说不清"和他之所谓"穷死的"的宽慰，心地已经渐渐轻松；不过偶然之间，还似乎有些负疚。晚饭摆出来了，四叔俨然③地陪着。我也还想打听些关于祥林嫂的消息，但知道他虽然读过"鬼神者二气之良能也④"，而忌讳仍然极多，当临近祝福时候，是万不可提起死亡疾病之类的话的；倘不得已，就该用一种替代的隐语，可惜我又不知道，因此屡次想问，而终于中止了。我从他俨然的脸色上，又忽而疑他正以为我不早不迟，偏要在这时候来打搅他，也是一个谬种，便立刻告诉他明天要离开鲁镇，进城去，趁早放宽了他的心。他也不很留。这样闷闷的吃完了一餐饭。

冬季日短，又是雪天，夜色早已笼罩了全市镇。人们都在灯下匆忙，但窗外很寂静。雪花落在积得厚厚的雪褥上面，听去似乎瑟瑟有声，使人更加感到沉寂。我独坐在发出黄光的菜油灯下，想，这百无聊赖的祥林嫂，被人们弃在尘芥堆⑤中的，看得厌倦了的陈旧的玩物，先前还将形骸⑥露在尘芥里，从活得有趣的人们看来，恐怕要怪讶（怪罪）她何以还要存在，现在总算被无常⑦打扫得干干净净了。魂灵的有无，我不知道；然而在现世，则无聊生者不生，即使厌见者不见，为人为己，也还都不错⑧。我静听着窗外似乎瑟瑟作响的雪花声，一面想，反而渐渐的舒畅起来。

然而先前所见所闻的她的半生事迹的断片，至此也连成一片了。

她不是鲁镇人。有一年的冬初，四叔家里要换女工，做中人⑨的卫老婆子带她进来了，头上扎着白头绳，乌裙，蓝夹袄，月白⑩背心，年纪大约二十六七，脸色青黄，但两颊却还是红的。卫老婆子叫她祥林嫂，说是自己母家的邻舍，死了当家人，所以出来做工了。四叔皱了皱眉，四婶已经知道了他的意思，是在讨厌她是一个寡妇。但是她模样还周正⑪，手脚都壮大，又只是顺着眼，不开一句口，很像一个安分耐劳的人，便不管四叔的皱眉，将她留下了。试工期内，她整天地做，似乎闲着就无聊，又有力，简直抵得过一个男子，所以第三天就定局⑫，每月工钱五百文。

大家都叫她祥林嫂；没问她姓什么，但中人是卫家山人，既说是邻居，那大概也就姓卫了。她不很爱说话，别人问了才回答，答的也不多。直到十几天之后，这才陆续地知道她家里还有严厉的婆婆，一个小叔子，十多岁，能打柴了；她是春天没了丈夫的；他本来也打柴为生，比她小十岁；大家所知道的就只是这一点。

日子很快地过去了，她的做工却丝毫没有懈怠，食物不论，力气是不惜的。人们都说鲁四老爷家里雇着了女工，实在比勤快的男人还勤快。到年底，扫尘，洗地，杀鸡，宰鹅，彻夜地煮福礼，全是一人担当，竟没有添短工。然而她反满足，口角边渐渐地有了笑影，脸上也白胖了。

新年才过，她从河边淘米回来时，忽而失了色，说刚才远远地看见几个男人在对岸徘徊，很像夫家的堂伯，恐怕是正在寻她而来的。四婶很惊疑，打听底细，她又不说。四叔一知道，就皱一皱眉，道："这不好。恐怕她是逃出来的。"

她诚然是逃出来的，不多久，这推想就证实了。

此后大约十几天，大家正已渐渐忘却了先前的事，卫老婆子忽而带了一个三十多岁的女人进来了，说那是祥林嫂的婆婆。那女人虽是山里人模样，然而应酬很从容，说话也能干，寒暄之后，就赔罪，说她特来叫她的儿媳回家去，因为开春事务忙，而家中只有老的和小的，人手不够了。

"既是她的婆婆要她回去，那有什么话可说呢。"四叔说。

于是算清了工钱，一共一千七百五十文，她全存在主人家，一文也还没有用，便都交给她的婆婆。那女人又取了衣服，道过谢，出去了。其时已经是正午。

"啊呀，米呢？祥林嫂不是去淘米的么？……"好一会，四婶这才惊叫起来。她大约有些饿，记得午饭了。

于是大家分头寻淘箩③。她先到厨下，次到堂前，后到卧房，全不见淘箩的影子。四叔踱出门外，也不见，一直到河边，才见平平正正地放在岸上，旁边还有一株菜。

看见的人报告说，河里面上午就泊了一只白篷船，篷是全盖起来的，不知道什么人在里面，但事前也没有人去理会他。待到祥林嫂出来淘米，刚刚要跪下去，那船里便突然跳出两个男人来，像是山里人，一个抱住她，一个帮着，拖进船去了。祥林嫂还哭喊了几声，此后便再没有什么声息，大约给用什么堵住了罢。接着就走上两个女人来，一个不认识，一个就是卫婆子。窥探舱里，不很分明，她像是捆了躺在船板上。

"可恶！然而……"四叔说。

这一天是四婶自己煮中饭；他们的儿子阿牛烧火。

午饭之后，卫老婆子又来了。

"可恶！"四叔说。

"你是什么意思？亏你还会再来见我们。"四婶洗着碗，一见面就愤愤地说，"你自己荐她来，又合伙劫她去，闹得沸反盈天④的，大家看了成个什么样子？你拿我们家里开玩笑么？"

"啊呀啊呀，我真上当。我这回，就是为此特地来说说清楚的。她来求我荐地方，我哪里料得到是瞒着她的婆婆的呢。对不起，四老爷，四太太。总是我老发昏不小心，对不起主顾。幸而府上是向来宽宏大量，不肯和小人计较的。这回我一定荐一个好的来折罪⑤……"

"然而……"四叔说。

于是祥林嫂事件便告终结，不久也就忘却了。

只有四婶，因为后来雇用的女工，大抵非懒即馋，或者馋而且懒，左右不如意，所以也还提起祥林嫂。每当这些时候，她往往自言自语，"她现在不知道怎么样了？"意思是希望她再来。但到第二年的新正⑥，她也就绝了望。

新正将尽，卫老婆子来拜年了，已经喝得醉醺醺的，自说因为回了一趟卫家山的娘家，住下几天，所以来得迟了。她们问答之间，自然就谈到祥林嫂。

"她么？"卫老婆子高兴地说，"现在是交了好运了。她婆婆来抓她回去的时候，是早已许给了贺家墺的贺老六的，所以回家之后不几天，也就装在花轿里抬去了。"

"啊呀，这样的婆婆！……"四婶惊奇地说。

"啊呀，我的太太！你真是大户人家的太太的话。我们山里人，小户人家，这算得什么？她有小叔子，也得娶老婆。不嫁了她，哪有这一注钱⑰来做聘礼？她的婆婆倒是精明强干的女人呵，很有打算，所以就将她嫁到里山⑱去。倘许给本村人，财礼就不多；唯独肯嫁进深山野墺里去的女人少，所以她就到手了八十千⑲。现在第二个儿子的媳妇也娶进了，财礼花了五十，除去办喜事的费用，还剩十多千。吓⑳，你看，这多么好打算？……"

"祥林嫂竟肯依？……"

"这有什么依不依。——闹是谁也总要闹一闹的，只要用绳子一捆，塞在花轿里，抬到男家，捺上花冠，拜堂，关上房门，就完事了。可是祥林嫂真出格㉑，听说那时实在闹得厉害，大家还都说大约因为在念书人家做过事，所以与众不同呢。太太，我们见得多了：回头人㉒出嫁，哭喊的也有，说要寻死觅活的也有，抬到男家闹得拜不成天地的也有，连花烛都砸了的也有。祥林嫂可是异乎寻常，他们说她一路只是嚎，骂，抬到贺家墺，喉咙已经全哑了。拉出轿来，两个男人和她的小叔子使劲地捺住她也还拜不成天地。他们一不小心，一松手，啊呀，阿弥陀佛，她就一头撞在香案角上，头上碰了一个大窟窿，鲜血直流，用了两把香灰，包上两块红布还止不住血呢。直到七手八脚地将她和男人反关在新房里，还是骂，阿呀呀，这真是……"她摇一摇头，顺下眼睛，不说了。

"后来怎么样呢？"四婶还问。

"听说第二天也没有起来。"她抬起眼来说。

"后来呢？"

"后来？——起来了。她到年底就生了一个孩子，男的，新年就两岁了。我在娘家这几天，就有人到贺家墺去，回来说看见他们娘儿俩，母亲也胖，儿子也胖；上头又没有婆婆，男人有的是力气，会做活；房子是自家的。——唉唉，她真是交了好运了。"

从此之后，四婶也就不再提起祥林嫂。

但有一年的秋季，大约是得到祥林嫂好运的消息之后又过了两个新年，她竟又站在四叔家的堂前了。桌上放着一个荸荠㉓式的圆篮，檐下一个小铺盖。她仍然头上扎着白头绳，乌裙，蓝夹袄，月白背心，脸色青黄，只是两颊上已经消失了血色，顺着眼，眼角上带些泪痕，眼光也没有先前那样精神了。而且仍然是卫老婆子领着，显出慈悲模样，絮絮㉔地对四婶说：

"……这实在是叫作'天有不测风云'，她的男人是坚（老）实人，谁知道年纪轻轻，就会断送在伤寒上？本来已经好了的，吃了一碗冷饭，复发了。幸亏有儿子；她又能做，打柴摘茶养蚕都来得，本来还可以守着，谁知道那孩子又会给狼衔去的呢？春天快完了，村上倒反来了狼，谁料到？现在她只剩了一个光身了。大伯来收屋，又赶她。她真是走投无路了，只好来求老主人。好在她现在已经再没有什么牵挂，太太家里又凑巧要换人，所以我就领她来。——我想，熟门熟路，比生手实在好得多……"

"我真傻，真的，"祥林嫂抬起她没有神采的眼睛来，接着说，"我单知道下雪的时候野兽在山坳里没有食吃，会到村里来；我不知道春天也会有。我一清早起来就开了门，拿小篮盛了一篮豆，叫我们的阿毛坐在门槛上剥豆去。他是很听话的，我的话句句听；他出去了。我就在屋后劈柴，淘米，米下了锅，要蒸豆。我叫阿毛，没有应，出去一看，只见豆撒得一地，没有我们的阿毛了。他是不到别家去玩的；各处去一问，果然没有。我急了，央人出去寻。直到下半天，寻来寻去寻到山坳里，看见刺柴上挂着一只他的小鞋。大家都说，糟了，怕是遭了狼了。再进去；他果然躺在草窠里，肚里的五脏已经都给吃空了，手上还紧紧地捏着那只小篮呢。……"她接着但是⑯呜咽，说不出成句的话来。

四婶起刻还踌躇，待到听完她自己的话，眼圈就有些红了。她想了一想，便教拿圆篮和铺盖到下房去。卫老婆子仿佛卸了一肩重担似的嘘一口气；祥林嫂比初来时候神气舒畅些，不待指引，自己驯熟⑯地安放了铺盖。她从此又在鲁镇做女工了。

大家仍然叫她祥林嫂。

然而这一回，她的境遇却改变得非常大。上工之后的两三天，主人们就觉得她手脚已没有先前一样灵活，记性也坏得多，死尸似的脸上又整日没有笑影，四婶的口气上，已颇有些不满了。当她初到的时候，四叔虽然照例皱过眉，但鉴于向来雇用女工之难，也就并不大反对，只是暗暗地告诫四婶说，这种人虽然似乎很可怜，但是败坏风俗的，用她帮忙还可以，祭祀时候可用不着她沾手，一切饭菜，只好自己做，否则，不干不净，祖宗是不吃的。

四叔家里最重大的事件是祭祀，祥林嫂先前最忙的时候也就是祭祀，这回她却清闲了。桌子放在堂中央，系上桌帏⑰，她还记得照旧地去分配酒杯和筷子。

"祥林嫂，你放着罢！我来摆。"四婶慌忙地说。

她讪讪⑱地缩了手，又去取烛台。

"祥林嫂，你放着罢！我来拿。"四婶又慌忙地说。

她转了几个圆圈，终于没有事情做，只得疑惑的走开。她在这一天可做的事是不过坐在灶下烧火。

镇上的人们也仍然叫她祥林嫂，但音调和先前很不同；也还和她讲话，但笑容却冷冷的了。她全不理会那些事，只是直着眼睛，和大家讲她自己日夜不忘的故事：

"我真傻，真的，"她说，"我单知道雪天是野兽在深山里没有食吃，会到村里来；我不知道春天也会有。我一大早起来就开了门，拿小篮盛了一篮豆，叫我们的阿毛坐在门槛上剥豆去。他是很听话的孩子，我的话句句听；他就出去了。我就在屋后劈柴，淘米，米下了锅，打算蒸豆。我叫，'阿毛！'没有应。出去一看，只见豆撒得满地，没有我们的阿毛了。各处去一问，都没有。我急了，央人去寻去。直到下半天，几个人寻到山坳里，看见刺柴上挂着一只他的小鞋。大家都说，完了，怕是遭了狼了；再进去；果然，他躺在草窠里，肚里的五脏已经都给吃空了，可怜他手里还紧紧地捏着那只小篮呢。……"她于是淌下眼泪来，声音也呜咽了。

这故事倒颇有效，男人听到这里，往往敛起笑容，没趣地走了开去；女人们却不独宽恕了她似的，脸上立刻改换了鄙薄的神气，还要陪出许多眼泪来。有些老女人没有在街头听到她的话，便特意寻来，要听她这一段悲惨的故事。直到她说到呜咽，她们也就一齐流下那停在眼角上的眼泪，叹息一番，满足地去了，一面还纷纷地评论着。

她就只是反复地向人说她悲惨的故事，常常引住了三五个人来听她。但不久，大家也都听得纯熟了，便是最慈悲的念佛的老太太们，眼里也再不见有一点泪的痕迹。后来全镇的人们几乎都能背诵她的话，一听到就烦厌得头痛。

"我真傻，真的，"她开首说。

"是的，你是单知道雪天野兽在深山里没有食吃，才会到村里来的。"他们立即打断她的话，走开去了。

她张着口怔怔㊾地站着，直着眼睛看他们，接着也就走了，似乎自己也觉得没趣。但她还妄想，希图从别的事，如小篮、豆、别人的孩子上，引出她的阿毛的故事来。倘一看见两三岁的小孩子，她就说："唉唉，我们的阿毛如果还在，也就有这么大了……"

孩子看见她的眼光就吃惊，牵着母亲的衣襟催她走。于是又只剩下她一个，终于没趣的也走了，后来大家又都知道了她的脾气，只要有孩子在眼前，便似笑非笑地先问她，道："祥林嫂，你们的阿毛如果还在，不是也就有这么大了么？"

她未必知道她的悲哀经大家咀嚼赏鉴㊿了许多天，早已成为渣滓，只值得烦厌和唾弃；但从人们的笑影上，也仿佛觉得这又冷又尖，自己再没有开口的必要了。她单是一瞥他们，并不回答一句话。

鲁镇永远是过新年，腊月二十以后就火起来了。四叔家里这回须雇男短工，还是忙不过来，另叫柳妈做帮手，杀鸡，宰鹅；然而柳妈是善女人(51)，吃素，不杀生的，只肯洗器皿。祥林嫂除烧火之外，没有别的事，却闲着了，坐着只看柳妈洗器皿。微雪点点地下来了。

"唉唉，我真傻，"祥林嫂看了天空，叹息着，独语似的说。

"祥林嫂，你又来了。"柳妈不耐烦地看着她的脸，说。"我问你：你额角上的伤痕，不就是那时撞坏的么？"

"唔唔。"她含糊地回答。

"我问你：你那时怎么后来竟依了呢？"

"我么？……"

"你呀。我想:这总是你自己愿意了,不然……"

"啊啊,你不知道他力气多么大呀。"

"我不信。我不信你这么大的力气,真会拗⑩他不过。你后来一定是自己肯了,倒推说他力气大。"

"啊啊,你……你倒自己试试看。"她笑了。

柳妈打皱的脸也笑起来,使她蹙缩⑪得像一个核桃,干枯的小眼睛一看祥林嫂的额角,又钉住她的眼。祥林嫂似很局促了,立刻敛了笑容,旋转眼光,自去看雪花。

"祥林嫂,你实在不合算。"柳妈诡秘地说,"再一强⑫,或者索性撞一个死,就好了。现在呢,你和你的第二个男人过活不到两年,倒落了一件大罪名。你想,你将来到阴司⑬去,那两个死鬼的男人还要争,你给了谁好呢?阎罗大王只好把你锯开来,分给他们。我想,这真是……"

她脸上就显出恐怖的神色来,这是在山村里所未曾知道的。

"我想,你不如及早抵当。你到土地庙里去捐一条门槛,当作你的替身⑭,给千人踏,万人跨,赎了这一世的罪名,免得死了去受苦。"

她当时并不回答什么话,但大约非常苦闷了,第二天早上起来的时候,两眼上便都围着大黑圈。早饭之后,她便到镇的西头的土地庙里去求捐门槛,庙祝⑮起初执意不允许,直到她急得流泪,才勉强答应了。价目是大钱十二千。

她久已不和人们交口,因为阿毛的故事是早被大家厌弃了的;但自从和柳妈谈了天,似乎又即传扬开去,许多人都发生了新趣味,又来逗她说话了。至于题目,那自然是换了一个新样,专在她额上的伤疤。

"祥林嫂,我问你:你那时怎么竟肯了?"一个说。

"唉,可惜,白撞了这一下。"一个看着她的疤,应和道。

她大约从他们的笑容和声调上,也知道是在嘲笑她,所以总是瞪着眼睛,不说一句话,后来连头也不回了。她整日紧闭了嘴唇,头上带着大家以为耻辱的记号的那伤痕,默默地跑街、扫地、洗菜、淘米。快够一年,她才从四婶手里支取了历来积存的工钱,换算了十二元鹰洋⑯,请假到镇的西头去。但不到一顿饭时候,她便回来,神气很舒畅,眼光也分外有神,高兴似的对四婶说,自己已经在土地庙捐了门槛了。

冬至的祭祖时节,她做得更出力,看四婶装好祭品,和阿牛将桌子抬到堂屋中央,她便坦然地去拿酒杯和筷子。

"你放着吧,祥林嫂!"四婶慌忙大声说。

她像是受了炮烙⑰似的缩手,脸色同时变作灰黑,也不再去取烛台,只是失神地站着。直到四叔上香的时候,教她走开,她才走开。这一回她的变化非常大,第二天,不但眼睛窈陷⑱下去,连精神也更不济了。而且很胆怯,不独怕暗夜,怕黑影,即使看见人,虽是自己的主人,也总惴惴的,有如在白天出穴游行的小鼠,否则呆坐着,直是一个木偶人。不半年,头发也花白起来了,记性尤其坏,甚而至于常常忘却了去淘米。

"祥林嫂怎么这样了？倒不如那时不留她。"四婶有时当面就这样说，似乎是警告她。

然而她总如此，全不见有怜俐①起来的希望。他们于是想打发她走了，教她回到卫老婆子那里去。但当我还在鲁镇的时候，不过单是这样说；看现在的情状，可见后来终于实行了。然而她是从四叔家出去就成了乞丐的呢，还是先到卫老婆子家然后再成乞丐的呢？那我可不知道。

我给那些因为在近旁而极响的爆竹声惊醒，看见豆一般大的黄色的灯火光，接着又听得毕毕剥剥的鞭炮，是四叔家正在"祝福"了；知道已是五更将近时候。我在朦胧中，又隐约听到远处的爆竹声连绵不断，似乎合成一天音响的浓云，夹着团团飞舞的雪花，拥抱了全市镇。我在这繁响（亲热）的拥抱中，也懒散而且舒适，从白天以至初夜②的疑虑，全给祝福的空气一扫而空了，只觉得天地圣众歆享了牲醴和香烟③，都醉醺醺地在空中蹒跚，豫备给鲁镇的人们以无限的幸福。

一九二四年二月七日

注释

① 《祝福》是民国时期文学家鲁迅的小说代表作之一，是鲁迅短篇小说集《彷徨》的第一篇。《祝福》最初发表于1924年3月25日出版的上海《东方杂志》半月刊第二十一卷第6号上，后收入《鲁迅全集》第二卷。

② 钝响：沉闷的响声。

③ 送灶：旧时把农历腊月二十三（或二十四）作为"灶神"升天"奏事"的日子，在这一天祭送灶神，叫作送灶。

④ 理学：宋明儒家的哲学，明清统治者特别提倡。

⑤ 监生：明、清两代进国子监读书的人叫作监生。清乾隆以后，国子监只存空名，地主豪绅等可以凭祖先"功业"或捐钱取得监生资格。

⑥ 寒暄：问寒问暖。指人们见面时说些客套话。暄：太阳的温暖。

⑦ 新党：也叫作"维新党"，指清朝末年参加戊戌变法的人物康有为、梁启超等。辛亥革命前后，也用它称呼革命党人和拥护革命的新派人物。

⑧ 绞丝银镯子：用银丝拧成的一种套在手腕上的环形装饰品。

⑨ 烟霭（ǎi）：云雾。

⑩ 朱拓：用朱红色的颜料从碑刻上印下文字或图形。

⑪ 陈抟（tuán）老祖：五代时期的道士，被当作神仙崇拜。

⑫ "事理通达心气和平"：见朱熹《论语集注》中对《论语·季氏》的注解。意思是理解了孔孟之道，待人接物就能通情达理，心气和平。这是理学家所宣扬的自我修养的标准。

⑬无聊赖：与下文的"百无聊赖"都是指生活上、感情上没有寄托。

⑭《康熙字典》：清朝康熙年间，张玉书、陈廷敬等奉皇帝命令编纂的一部字典。

⑮《近思录集注》：《近思录》是依据朱熹、吕祖谦选编的宋朝几个理学家的文章和语录，是一部理学的入门书。清初茅星来和江永先后为其编过集注，即《近思录集注》。

⑯《四书衬》：清代骆培解说"四书"的一部书。"四书"：宋代朱熹抽取《礼记》中的《大学》《中庸》两篇，与《论语》《孟子》编在一起，称为"四书"。

⑰豫：通"预"。

⑱支梧：现在写作"支吾"。

⑲不更事：经历世事不多，即缺乏社会经验，不懂世故人情。更：经历。

⑳怨府：怨恨集中的所在。这里指埋怨的对象。

㉑谬（miù）种：坏东西，错误的言论。

㉒淡然：漠不关心的样子。

㉓俨然：这里指摆出十分庄重、整齐的样子。

㉔鬼神者二气之良能也：这是《近思录》里的语句。意思是鬼神是阴阳二气变化而成的。良能：生来就具有的能力。

㉕尘芥堆：垃圾堆。芥：小草。

㉖形骸（hái）：人的形体。

㉗无常：鬼名，佛教认为人将死时有"无常鬼"来勾魂。

㉘然而在现世……也还都不错：然而在现在这样的人世间，无所依靠而活不下去的人，不如干脆死去，就使讨厌见他的人不再见到他了，这对别人或对他自己，也还都不错。这是"我"的愤激而沉痛的反语，表现"我"对黑暗社会的憎恨。

㉙中人：介绍职业、联系买卖的中间人，有些人以此为职业，从中牟利。

㉚月白：浅蓝色，接近白色。

㉛周正：端正。

㉜定局：事情搞定。这里指雇佣关系确定。

㉝淘箩：江南一带用竹篾编成的淘米用具。

㉞沸反盈天：形容人声喧闹杂乱。沸反：像沸水一样翻腾。

㉟折罪：抵罪，赎罪。

㊱新正（zhēng）：农历新年正月。

㊲一注钱：一笔钱。

㊳里山：深山。

㊴八十千：即八十吊钱。旧时称一千文钱为一贯、一吊或一串。

㊵吓：这里念"hè"。

㊶出格：超出一般，与众不同。

㊷回头人：旧时对再嫁寡妇的轻蔑称呼。

㊸荸荠（bíqi）：年生草本植物，通常栽培在水田里，地下茎扁圆形，皮褐色或黑褐色，肉白色，可以吃或制成淀粉。

㊹絮絮：说话唠叨。

㊺但是：只是。

㊻驯熟：很顺从，很熟悉。

㊼桌帏（wéi）：办婚丧事或祭祀时，悬挂在桌子前面用来遮挡的东西，多用布或绸缎制成。

㊽讪讪（shànshàn）：难为情的样子。

㊾怔怔（zhèngzhèng）：因吃惊而失神呆住的样子。

㊿咀嚼鉴赏：细细地体会和欣赏。

㈤善女人：指信神吃斋念佛的女人。

㈥拗（niù）：这里当作"扭"的意思。原意为固执，不随和、不驯服。

㈦蹙（cù）缩：皱缩。

㈧强（jiàng）：固执，不服劝导。

㈨阴司：迷信传说中的阴间官府。

㈩替身：旧社会的迷信说法，认为人死后到阴间还有鬼魂，人活着时有什么罪，可以用人或者物代替赎罪，这人或物叫替身。

㊼庙祝：旧时庙里管香火祭祀的人。

㊽鹰洋：墨西哥银圆，币面铸有鹰的图案。鸦片战争后，大量流入我国，曾与我国自铸的银圆同在市场上流通。

㊾炮烙（luò）：古代的一种酷刑，把人绑到烧红的铜柱上烫死。

㊿窈（yǎo）陷：深陷。窈：幽深。

㉑伶俐：即"伶俐"。

㉒初夜：上半夜。

㉓天地圣众歆（xīn）享了牲醴（lǐ）和香烟：意思是（祝福的时候）天地间的众神享用了祭祀的酒肉和香火。歆：指享用祭品。牲：原指祭祀用的牛、羊、猪三牲，后来泛指祭祀用的肉类。醴：甜酒。香烟：香烛的烟火。

练习与思考

一、语言是作者表现小说所塑造人物性格的途径。阅读本文并分析作者是如何把握人物的身份、个性的，在什么场合让人物说出什么样的话来。联系课文内容，分析下列语言是如何体现出人物的性格特征的。

1. 那是，……实在，我说不清……其实，究竟有没有灵魂，我也说不清。

2. 祥林嫂,你放着吧!

3. "祥林嫂,你实在不合算。"柳妈诡秘地说。"再一强,或者索性撞一个死,就好了。"

二、电影《祝福》的结尾对小说做了改编:祥林嫂捐了门槛"赎罪"后却仍被鲁镇的人鄙夷,她愤然举起菜刀,砍向自己曾寄予无限希望的门槛。你认为这种改编是否符合小说中祥林嫂的思想性格?试从文中找出依据并说明理由。

第三单元　当代文学

单元导语

中国当代文学，是指1949年之后的中国文学。在这个异彩纷呈的新时期，涌现出了许多优秀的作家及其作品。各种新思想的汇入、新形势的变革、新题材的创造，使中国当代文学呈现出了"百花齐放，百家争鸣"的姿态。本单元选取了中国当代文学中具有代表性的，优秀的诗歌、散文、小说、戏剧作品，帮助学生更全面、更直观地感受中国当代文学的魅力。

《面朝大海，春暖花开》是诗人海子的代表作品，他在短暂的一生中写下了无数令世人赞叹的美好作品。这首诗歌语言清丽质朴、纯真明朗，表现了诗人对于自由、简单、纯真的精神之乡的向往和渴求；《致橡树》是女诗人舒婷创作的一首爱情诗歌。诗人通过诗中木棉树对橡树的"告白"，传达出了新时期女性要求独立、平等的全新爱情观；《我与地坛》是作者史铁生在北京的地坛公园冥想思考的产物，文章用娓娓道来的方式讲述了自己瘫痪之后的心路历程和对于母亲的感激与愧疚；《哦，香雪》是女作家铁凝创作的一篇小说，故事由一列火车驶进闭塞的小山村——台儿沟开始，展现了新旧文明的碰撞和特殊时期人们对于美好生活的向往；《窝头会馆》是作家刘恒创作的一部为庆祝中华人民共和国成立六十周年献礼的话剧。故事由北京城一个名为窝头会馆的平民小院儿展开，塑造了形形色色有血有肉的人物形象，剧中通过窝头会馆中几户老百姓的悲与欢、离与合、希望与绝望，展现了老北京各色人等的生活历程；选读课文《目送》是中国台湾女作家龙应台的散文作品，作者在这篇文章中思考了母与子、父与女、上一代人与下一代人之间的深切情感，正如作者所说："我慢慢地、慢慢地了解到，所谓父女、母子一场，只不过意味着，你和他的缘分就是今生今世不断地在目送他的背影渐行渐远。你站在小路的这一端，看着他逐渐消失在小路转弯的地方，而且，他用背影默默地告诉你，不用追。"《暗恋桃花源》是中国台湾导演赖声川创作的一部话剧，通过两个毫不相干的剧组因为租约原因不得不轮流在同一个舞台上彩排而引发出的看似荒诞实则有着千丝万缕联系的故事，表现了其对于话剧结构新的尝试。

在学习本单元时，要熟悉各个文体的特点，了解作品的创作背景，了解作者的创作初衷。多利用网络资源，查找自己感兴趣的资料，在课堂上与老师、同学们分享你的读书心得。也可以去剧场看一部话剧，培养自己对于文学和艺术的兴趣。

面朝大海，春暖花开①

海子②

**课文导读**

《面朝大海，春暖花开》是海子于1989年所写的一首抒情诗歌。全文分为三节，第一节表现了作者对于平凡、质朴而又充满烟火气的自由生活的无限憧憬和向往；第二节表现了作者寻找到幸福后激动的心情；第三节表现作者对于世间陌生人的美好祝愿。全诗语言清丽自然、活泼明朗，构建了一个诗人理想中充满生气、清新可爱的世界。

这首诗歌作于海子卧轨自杀两个月前。有人评价说，这首诗歌是海子的诗中风格最明朗、最温暖的一首，诗歌中仿佛处处充满着希望。但是在这希望中，也隐隐有着伤感、悲凉的气息——所有美好的起点都是"明天"，所有尘世的幸福的拥有者都是"陌生人"，作者将祝福送给每一个陌生人却唯独剩下了自己，所谓的"春暖花开"只是作者的临别赠言。

在阅读诗歌时，我们要充分体会作者对世俗生活的渴望和疏离，对人世间的留恋和超脱，在诗歌语言上的畅达和含蓄……

从明天起，做一个幸福的人
喂马、劈柴，周游世界
从明天起，关心粮食和蔬菜
我有一所房子，面朝大海，春暖花开

从明天起，和每一个亲人通信
告诉他们我的幸福

---

①选自《海子的诗》，人民文学出版社，1999年12月出版。
②海子（1964—1989年），原名查海生，出生于安徽省怀宁县高河镇查湾村，当代青年诗人。代表作有《面朝大海，春暖花开》《五月的麦地》《以梦为马》。

那幸福的闪电告诉我的
我将告诉每一个人

给每一条河每一座山取一个温暖的名字
陌生人，我也为你祝福
愿你有一个灿烂的前程
愿你有情人终成眷属
愿你在尘世获得幸福
我只愿面朝大海，春暖花开

练习与思考

一、给加点的字注音。

劈（　）柴　　蔬（　）菜　　陌（　）生　　终成眷（　）属

二、"从明天起，做一个幸福的人"，为什么作者要说"从明天起"？这说明了什么？

三、"那幸福的闪电告诉我的"，为什么是"闪电"？

四、诗歌最后"我只愿面朝大海，春暖花开"，"只愿"表达了作者怎样的情感？

致橡树①

舒 婷②

课文导读

《致橡树》是中国当代著名女诗人舒婷创作的一首爱情诗歌，是朦胧诗派的代表作之一。在诗歌中，作者借用木棉对橡树的深情"告白"，对传统的、世俗的爱情观进行了大胆的否定。同时，也传达出了诗人作为新时期的女性对于平等自由、风雨同舟、携手并进的新的爱情观的勇敢歌颂。

阅读这首诗歌时，我们要充分理解诗歌中运用的象征手法，体会诗歌中意象的内涵，了解朦胧诗派的创作特点，从而理解诗人的爱情观以及她对爱情的憧憬与向往。

我如果爱你——
绝不像攀援③的凌霄花，
借你的高枝炫耀自己；
我如果爱你——
绝不学痴情的鸟儿，
为绿荫重复单调的歌曲；
也不止像泉源，
常年送来清凉的慰藉④；
也不止像险峰，
增加你的高度，衬托你的威仪。
甚至日光，
甚至春雨。

---

①选自《致橡树》，江苏文艺出版社，2003年10月出版。
②舒婷，原名龚佩瑜，女，1952年出生于福建，中国当代女诗人，朦胧诗派的代表人物之一。
③攀援：抓住或依附他物而移动、延伸。这里比喻依靠有钱有势的人往上爬。
④慰藉（wèijiè）：安慰、抚慰。

不,这些都还不够!
我必须是你近旁的一株木棉,
作为树的形象和你站在一起。
根,紧握在地下;
叶,相触在云里。
每一阵风过,
我们都互相致意,
但没有人,
听懂我们的言语。
你有你的铜枝铁干,
像刀,像剑,也像戟①;
我有我红硕的花朵,
像沉重的叹息,
又像英勇的火炬。

我们分担寒潮、风雷、霹雳;
我们共享雾霭②、流岚③、虹霓④。
仿佛永远分离,
却又终身相依。
这才是伟大的爱情,
坚贞就在这里:
爱——
不仅爱你伟岸的身躯,
也爱你坚持的位置,
足下的土地。

---

①戟(jǐ):古代兵器,在长柄的一端装有青铜或铁制成的枪尖,旁边附有月牙形锋刃。
②雾霭(wùǎi):雾气。
③流岚(liúlán):山间流动的雾气。
④虹霓:同"虹蜺",指彩虹。

练习与思考

一、请给下列加点字注音。

攀援（　）　炫耀（　）　慰藉（　）　戟（　）　红硕（　）
霹雳（　）　雾霭（　）　流岚（　）　虹霓（　）

二、思考诗歌的第一部分有哪些意象？分别代表了怎样的爱情观？"木棉"和"橡树"含义是什么？

三、这首诗表现了诗人怎样的爱情观？你赞同诗人的爱情观吗？

四、有感情地朗诵并背诵全诗。

我与地坛[①]（节选）

史铁生[②]

课文导读

《我与地坛》是史铁生创作的一篇长篇抒情散文。本文选自《我与地坛》第一、二节。史铁生在1969年作为知青到陕西延安插队，1972年因病瘫痪回到北京，对于一个二十一岁的青年人来说，双腿残疾无疑是致命的打击。在这种看不到出路、看不到未来的迷茫与痛苦之下，作者走进了地坛，开始了对于生命、母爱、命运、苦难的一系列思考。这篇散文饱含了作者对于人生的种种感悟和对于母爱的深情讴歌。

简洁质朴而又形象感人是这篇散文的语言特点。作者用平白如话的文字将人生的意义和苦难中的思考以及对于母亲的感激与愧疚之情娓娓道来，文笔不加半点修饰但却字字触及我们心底最柔软的地方，让读者感到自己仿佛也坐在这地坛里，坐在作者的身边，一同在这静谧的环境中思考着生命的价值。

在学习本文时，要细细品读并感受作者独特的语言魅力和哲理性的人生感悟。

一

我在好几篇小说中都提到过一座废弃的古园，实际就是地坛。许多年前旅游业还没有开始，园子荒芜冷落得如同一片野地，很少被人记起。

地坛离我家很近。或者说我家离地坛很近。总之，只好认为这是缘分。地坛在我出生前四百多年就坐落在那儿了，而自从我的祖母年轻时带着我父亲来到北京，就一

[①] 选自《我与地坛》，人民文学出版社，2002年5月出版。地坛，又称方泽坛，是古都北京五坛中的第二大坛。地坛位于北京市东城区安定门外大街，占地37.4公顷。地坛公园始建于明代嘉靖九年，是明清两朝帝王祭祀"皇地祇神"的场所，也是中国现存的最大的祭地之坛。

[②] 史铁生（1951—2010年），中国作家、散文家。历任中国作家协会全国委员会委员，北京作家协会副主席，中国残疾人联合会副主席。

直住在离它不远的地方——五十多年间搬过几次家,可搬来搬去总是在它周围,而且是越搬离它越近了。我常觉得这中间有着宿命的缘分:仿佛这古园就是为了等我,而历尽沧桑在那儿等待了四百多年。

它等待我出生,然后又等待我活到最狂妄的年龄上忽地残废了双腿。四百多年里,它一面剥蚀了古殿檐头浮夸的琉璃,淡褪了门壁上炫耀的朱红,坍圮①了一段段高墙又散落了玉砌雕栏,祭坛四周的老柏树愈见苍幽,到处的野草荒藤也都茂盛得自在坦荡。

这时候想必我是该来了。十五年前的一个下午,我摇着轮椅进入园中,它为一个失魂落魄的人把一切都准备好了。那时,太阳循着亘古不变②的路途正越来越大,也越红。在满园弥漫的沉静光芒中,一个人更容易看到时间,并看见自己的身影。

自从那个下午我无意中进了这园子,就再没长久地离开过它。

我一下子就理解了它的意图。正如我在一篇小说中所说的:"在人口密聚的城市里,有这样一个宁静的去处,像是上帝的苦心安排。"

两条腿残废后的最初几年,我找不到工作,找不到去路,忽然间几乎什么都找不到了,我就摇了轮椅总是到它那儿去,仅为着那儿是可以逃避一个世界的另一个世界。我在那篇小说中写道:"没处可去我便一天到晚耗在这园子里。跟上班下班一样,别人去上班我就摇了轮椅到这儿来。园子无人看管,上下班时间有些抄近路的人们从园中穿过,园子里活跃一阵,过后便沉寂下来。""园墙在金晃晃的空气中斜切下一溜荫凉,我把轮椅开进去,把椅背放倒,坐着或是躺着,看书或者想事,撅③一杈树枝左右拍打,驱赶那些和我一样不明白为什么要来这世上的小昆虫。""蜂儿如一朵小雾稳稳地停在半空;蚂蚁摇头晃脑捋着触须,猛然间想透了什么,转身疾行而去;瓢虫爬得不

---

①坍圮:(tānpǐ),这里是坍塌的意思。
②亘(gèn)古不变:从古至今永远也不会改变。
③撅(juē):折断。

耐烦了，累了祈祷一回便支开翅膀，忽悠一下升空了；树干上留着一只蝉蜕，寂寞如一间空屋；露水在草叶上滚动、聚集，压弯了草叶轰然坠地摔开万道金光。""满园子都是草木竞相生长弄出的响动，窸窸窣窣窸窸窣窣片刻不息。"这都是真实的记录，园子荒芜但并不衰败。

除去几座殿堂我无法进去，除去那座祭坛我不能上去而只能从各个角度张望它，地坛的每一棵树下我都去过，差不多它的每一米草地上都有过我的车轮印。无论是什么季节，什么天气，什么时间，我都在这园子里待过。有时候待一会儿就回家，有时候就待到满地上都亮起月光。记不清都是在它的哪些角落里了。我一连几小时专心致志地想关于死的事，也以同样的耐心和方式想过我为什么要出生。这样想了好几年，最后事情终于弄明白了：一个人，出生了，这就不再是一个可以辩论的问题，而只是上帝交给他的一个事实；上帝在交给我们这件事实的时候，已经顺便保证了它的结果，所以死是一件不必急于求成的事，死是一个必然会降临的节日。这样想过之后我安心多了，眼前的一切不再那么可怕。比如你起早熬夜准备考试的时候，忽然想起有一个长长的假期在前面等待你，你会不会觉得轻松一点？并且庆幸并且感激这样的安排？

剩下的就是怎样活的问题了，这却不是在某一个瞬间就能完全想透的、不是一次性能够解决的事，怕是活多久就要想它多久了，就像是伴你终生的魔鬼或恋人。所以，十五年了，我还是总得到那古园里去，去它的老树下或荒草边或颓墙旁，去默坐，去呆想，去推开耳边的嘈杂理一理纷乱的思绪，去窥看自己的心魂。

十五年中，这古园的形体被不能理解它的人肆意雕琢，幸好有些东西是任谁也不能改变它的。譬如祭坛石门中的落日，寂静的光辉平铺的一刻，地上的每一个坎坷都被映照得灿烂；譬如在园中最为落寞的时间，一群雨燕便出来高歌，把天地都叫喊得苍凉；譬如冬天雪地上孩子的脚印，总让人猜想他们是谁，曾在哪儿做过些什么，然后又都到哪儿去了；譬如那些苍黑的古柏，你忧郁的时候它们镇静地站在那儿，你欣喜的时候它们依然镇静地站在那儿，它们没日没夜地站在那儿，从你没有出生一直站到这个世界上又没了你的时候；譬如暴雨骤临园中，激起一阵阵灼烈①而清纯的草木和泥土的气味，让人想起无数个夏天的事件；譬如秋风忽至，再有一场早霜，落叶或飘摇歌舞或坦然安卧，满园中播散着熨帖②而微苦的味道。味道是最说不清楚的。味道不能写只能闻，要你身临其境去闻才能明了。味道甚至是难于记忆的，只有你又闻到它你才能记起它的全部情感和意蕴。所以我常常要到那园子里去。

二

我才想到，当年我总是独自跑到地坛去，曾经给母亲出了一个怎样的难题。

她不是那种光会疼爱儿子而不懂得理解儿子的母亲。她知道我心里的苦闷，知道

---

① 灼（zhuó）烈：鲜明而热烈。这儿形容气味浓烈。
② 熨（yù）帖：妥帖，舒服。

不该阻止我出去走走，知道我要是老待在家里结果会更糟，但她又担心我一个人在那荒僻的园子里整天都想些什么。我那时脾气坏到极点，经常是发了疯一样地离开家，从那园子里回来又中了魔似的什么话都不说。母亲知道有些事不宜问，便犹犹豫豫地想问而终于不敢问，因为她自己心里也没有答案。她料想我不会愿意她跟我一同去，所以她从未这样要求过，她知道得给我一点独处的时间，得有这样一段过程。她只是不知道这过程得要多久，和这过程的尽头究竟是什么。每次我要动身时，她便无言地帮我准备，帮助我上了轮椅车，看着我摇车拐出小院；这以后她会怎样，当年我不曾想过。

有一回我摇车出了小院；想起一件什么事又返身回来，看见母亲仍站在原地，还是送我走时的姿势，望着我拐出小院去的那处墙角，对我的回来竟一时没有反应。待她再次送我出门的时候，她说："出去活动活动，去地坛看看书，我说这挺好。"许多年以后我才渐渐听出，母亲这话实际上是自我安慰，是暗自的祷告，是给我的提示，是恳求与嘱咐。只是在她猝然①去世之后，我才有余暇设想。当我不在家里的那些漫长的时间，她是怎样心神不定坐卧难宁，兼着痛苦和惊恐与一个母亲最低限度的祈求。我可以断定，以她的聪慧和坚忍，在那些空落的白天后的黑夜，在那不眠的黑夜后的白天，她思来想去最后准是对自己说："反正我不能不让他出去，未来的日子是他自己的，如果他真的要在那园子里出了什么事，这苦难也只好我来承担。"在那段日子里——那是好几年长的一段日子，我想我一定使母亲做过了最坏的准备了，但她从来没有对我说过："你为我想想。"事实上我也真的没为她想过。那时她的儿子，还太年轻，还来不及为母亲想，他被命运击昏了头，一心以为自己是世上最不幸的一个，不知道儿子的不幸在母亲那儿总是要加倍的。她有一个长到二十岁上忽然截瘫了的儿子，这是她唯一的儿子；她情愿截瘫的是自己而不是儿子，可这事无法代替；她想，只要儿子能活下去哪怕自己去死呢也行，可她又确信一个人不能仅仅是活着，儿子得有一条路走向自己的幸福；而这条路呢，没有谁能保证她的儿子终于能找到。——这样一个母亲，注定是活得最苦的母亲。

有一次与一个作家朋友聊天，我问他学写作的最初动机是什么？他想了一会说："为我母亲。为了让她骄傲。"我心里一惊，良久无言。回想自己最初写小说的动机，虽不似这位朋友的那般单纯，但如他一样的愿望我也有，且一经细想，发现这愿望也在全部动机中占了很大比重。这位朋友说："我的动机太低俗了吧？"我光是摇头，心想低俗并不见得低俗，只怕是这愿望过于天真了。他又说："我那时真就是想出名，出了名让别人羡慕我母亲。"我想，他比我坦率。我想，他又比我幸福，因为他的母亲还活着。而且我想，他的母亲也比我的母亲运气好，他的母亲没有一个双腿残废的儿子，否则事情就不这么简单。

在我的头一篇小说发表的时候，在我的小说第一次获奖的那些日子里，我真是多

---

①猝（cù）然：陡然地、让人感到意外。

么希望我的母亲还活着。我便又不能在家里待了，又整天整天独自跑到地坛去，心里是没头没尾的沉郁和哀怨，走遍整个园子却怎么也想不通：母亲为什么就不能再多活两年？为什么在她儿子就快要碰撞开一条路的时候，她却忽然熬不住了？莫非她来此世上只是为了替儿子担忧，却不该分享我的一点点快乐？她匆匆离我去时才只有四十九呀！有那么一会，我甚至对世界对上帝充满了仇恨和厌恶。后来我在一篇题为"合欢树"的文章中写道："我坐在小公园安静的树林里，闭上眼睛，想，上帝为什么早早地召母亲回去呢？很久很久，迷迷糊糊的我听见了回答：'她心里太苦了，上帝看她受不住了，就召她回去。'我似乎得了一点安慰，睁开眼睛，看见风正从树林里穿过。"小公园，指的也是地坛。

只是到了这时候，纷纭的往事才在我眼前幻现得清晰，母亲的苦难与伟大才在我心中渗透得深彻。上帝的考虑，也许是对的。

摇着轮椅在园中慢慢走，又是雾罩的清晨，又是骄阳高悬的白昼，我只想着一件事：母亲已经不在了。在老柏树旁停下，在草地上在颓墙边停下，又是处处虫鸣的午后，又是鸟儿归巢的傍晚，我心里只默念着一句话：可是母亲已经不在了。把椅背放倒，躺下，似睡非睡挨到日没，坐起来，心神恍惚①，呆呆地直坐到古祭坛上落满黑暗然后再渐渐浮起月光，心里才有点明白，母亲不能再来这园中找我了。

曾有过好多回，我在这园子里待得太久了，母亲就来找我。她来找我又不想让我发觉，只要见我还好好地在这园子里，她就悄悄转身回去，我看见过几次她的背影。我也看见过几回她四处张望的情景，她视力不好，端着眼镜像在寻找海上的一条船，她没看见我时我已经看见她了，待我看见她也看见我了我就不去看她，过一会我再抬头看她就又看见她缓缓离去的背影。我单是无法知道有多少回她没有找到我。有一回我坐在矮树丛中，树丛很密，我看见她没有找到我；她一个人在园子里走，走过我的身旁，走过我经常待的一些地方，步履②茫然又急迫。我不知道她已经找了多久还要找多久，我不知道为什么我决意不喊她——但这决不是小时候的捉迷藏，这也许是出于长大了的男孩子的倔强或羞涩？但这倔只留给我痛悔，丝毫也没有骄傲。我真想告诫所有长大了的男孩子，千万不要跟母亲来这套倔强，羞涩就更不必，我已经懂了可我已经来不及了。

儿子想使母亲骄傲，这心情毕竟是太真实了，以致使"想出名"这一声名狼藉的念头也多少改变了一点形象。这是个复杂的问题，且不去管它了罢。随着小说获奖的激动逐日暗淡，我开始相信，至少有一点我是想错了：我用纸笔在报刊上碰撞开的一条路，并不就是母亲盼望我找到的那条路。年年月月我都到这园子里来，年年月月我都要想，母亲盼望我找到的那条路到底是什么。母亲生前没给我留下过什么隽永的哲言，或要我恪守的教诲，只是在她去世之后，她艰难的命运，坚忍的意志和毫不张扬

---

①恍惚：神志不清，精神不集中。形容精神不集中或神志不清楚。
②步履（lǚ）：指脚步。

的爱，随光阴流转，在我的印象中愈加鲜明深刻。

有一年，十月的风又翻动起安详的落叶，我在园中读书，听见两个散步的老人说："没想到这园子有这么大。"我放下书，想，这么大一座园子，要在其中找到她的儿子，母亲走过了多少焦灼的路。多年来我头一次意识到，这园中不单是处处都有过我的车辙，有过我的车辙的地方也都有过母亲的脚印。

练习与思考

一、给下列加点字注音。

灼烈（　　）　　猝然（　　）　　熨帖（　　）

捋须（　　）　　亘古不变（　　）　　坍圮（　　）

二、解释下列词语。

熨帖：

坍圮：

灼烈：

隽永：

窸窸窣窣：

雕栏玉砌：

亘古不变：

声名狼藉：

三、作者说："自从那个下午我无意中进了这园子，就再没长久地离开过它。"这是为什么？

四、简述作者对于母亲的理解过程。

五、阅读《我与地坛》全文，简述作者独特的哲学思考和心灵感悟。

哦，香雪[1]

铁凝[2]

课文导读

《哦，香雪》是一篇抒情意味浓厚的短篇小说，也是铁凝的成名之作。小说以我国北方小山村台儿沟的一个小小的火车站为背景，叙述了每天只停留一分钟的火车给小山村的乡亲们，尤其是姑娘们带来的波澜。小说着重记叙了卖鸡蛋的姑娘香雪在那一分钟内踏进火车，用积攒的四十个

鸡蛋，换来了一个向往已久的，带磁铁的泡沫塑料铅笔盒的故事。为此，她甘愿被父母责怪，并且一个人摸黑走了三十里的山路，这对于一个从未走出山村又胆怯腼腆的小姑娘来说，需要极大的勇气。而这种勇气来源于对山外文明的向往，对改变乡村落后、贫困现状的迫切心情。

本文构思巧妙，语言精美，在香雪这一文学形象的刻画上非常成功。阅读本文时，可关注文中细腻的心理描写和生动的语言描写，欣赏文中优美清丽的自然景色，从中体会人们在改革开放大背景下摆脱封闭、愚昧和落后，走向开放、文明与进步的深情呼唤。

如果不是有人发明了火车，如果不是有人把铁轨铺进深山，你怎么也不会发现台儿沟这个小村。它和它的十几户乡亲，一心一意掩藏在大山那深深的皱褶里，从春到夏，从秋到冬，默默地接受着大山任意给予的温存和粗暴。

然而，两根纤细、闪亮的铁轨延伸过来了。它勇敢地盘旋在山腰，又悄悄地试探着前进，弯弯曲曲，曲曲弯弯，终于绕到台儿沟脚下，然后钻进幽暗的隧道，冲向又一道山梁，朝着神秘的远方奔去。

不久，这条线正式营运，人们挤在村口，看见那绿色的长龙一路呼啸，挟带着来自山外的陌生、新鲜的清风，擦着台儿沟贫弱的脊背匆匆而过。它走得那样急忙，连

---

[1] 选自《铁凝小说集》，人民文学出版社，2000年出版。
[2] 铁凝（1957— ），祖籍河北省赵县，当代女作家，现为中国文联主席、中国作家协会主席。

车轮碾轧钢轨时发出的声音好像都在说：不停不停，不停不停！是啊，它有什么理由在台儿沟站脚呢，台儿沟有人要出远门吗？山外有人来台儿沟探亲访友吗？还是这里有石油储存，有金矿埋藏？台儿沟，无论从哪方面讲，都不具备挽住火车在它身边留步的力量。

可是，记不清从什么时候起，列车的时刻表上，还是多了"台儿沟"这一站。也许乘车的旅客提出过要求，他们中有哪位说话算数的人和台儿沟沾亲；也许是那个快乐的男乘务员发现台儿沟有一群十七八岁的漂亮姑娘，每逢列车疾驰而过，她们就成帮搭伙地站在村口，翘起下巴，贪婪、专注地仰望着火车。有人朝车厢指点，不时能听见她们由于互相捶打而发出的一、两声娇嗔①的尖叫。也许什么都不为，就因为台儿沟太小了，小得叫人心疼，就是钢筋铁骨的巨龙在它面前也不能昂首阔步，也不能不停下来。总之，台儿沟上了列车时刻表，每晚七点钟，由首都方向开往山西的这列火车在这里停留一分钟。

这短暂的一分钟，搅乱了台儿沟以往的宁静。从前，台儿沟人历来是吃过晚饭就钻被窝，他们仿佛是在同一时刻听到大山无声的命令。于是，台儿沟那一小片石头房子在同一时刻忽然完全静止了，静得那样深沉、真切，好像在默默地向大山诉说着自己的虔诚。如今，台儿沟的姑娘们刚把晚饭端上桌就慌了神，她们心不在焉地胡乱吃几口，扔下碗就开始梳妆打扮。她们洗净蒙受了一天的黄土、风尘，露出粗糙、红润的面色，把头发梳的乌亮，然后就比赛着穿出最好的衣裳。有人换上过年时才穿得新鞋，有人还悄悄往脸上涂点胭脂。尽管火车到站时已经天黑，她们还是按照自己的心思，刻意斟酌着服饰和容貌。然后，她们就朝村口，朝火车经过的地方跑去。香雪总是第一个出门，隔壁的凤娇第二个就跟了出来。

七点钟，火车喘息着向台儿沟滑过来，接着一阵空哐乱响，车身震颤一下，才停住不动了。姑娘们心跳着涌上前去，像看电影一样，挨着窗口观望。只有香雪躲在后面，双手紧紧捂着耳朵。看火车，她跑在最前边，火车来了，她却缩到最后去了。她有点害怕它那巨大的车头，车头那么雄壮地吐着白雾，仿佛一口气就能把台儿沟吸进肚里。它那撼天动地的轰鸣也叫她感到恐惧。在它跟前，她简直像一叶没根的小草。

"香雪，过来呀，看！"凤娇拉过香雪向一个妇女头上指，她指的是那个妇女头上别着的那一排金圈圈。

"怎么我看不见？"香雪微微眯着眼睛。

"就是靠里边那个，那个大圆脸。看，还有手表哪，比指甲盖还小哩！"凤娇又有了新发现。

香雪不言不语地点着头，她终于看见了妇女头上的金圈圈和她腕上比指甲盖还要小的手表。但她也很快就发现了别的。"皮书包！"她指着行李架上一只普通的棕色人造革学生书包。就是那种连小城市都随处可见的学生书包。

---

① 娇嗔（chēn）：女子娇媚地表示不满、责怪。嗔：怒、生气。

尽管姑娘们对香雪的发现总是不感兴趣，但她们还是围了上来。

"呦，我的妈呀！你踩着我的脚啦！"凤娇一声尖叫，埋怨着挤上来的一位姑娘。她老是爱一惊一乍的。

"你咋呼什么呀，是想叫那个小白脸和你答话了吧？"被埋怨的姑娘也不示弱。

"我撕了你的嘴！"凤娇骂着，眼睛却不由自主地朝第三节车厢的车门望去。

那个白白净净的年轻乘务员真下车来了。他身材高大，头发乌黑，说一口漂亮的北京话。也许因为这点，姑娘们私下里都叫他"北京话"。"北京话"双手抱住胳膊肘，和她们站得不远不近地说："喂，我说小姑娘们，别扒窗户，危险！"

"呦，我们小，你就老了吗？"大胆的凤娇回敬了一句。姑娘们一阵大笑，不知谁还把凤娇往前一搡①，弄得她差点撞在他身上，这一来反倒更壮了凤娇的胆，"喂，你们老待在车上不头晕？"她又问。

"房顶子上那个大刀片似的，那是干什么用的？"又一个姑娘问。她指的是车厢里的电扇。

"烧水在哪儿？"

"开到没路的地方怎么办？"

"你们城里人一天吃几顿饭？"香雪也紧跟在姑娘们后面小声问了一句。

"真没治！""北京话"陷在姑娘们的包围圈里，不知所措地嘟囔着。

快开车了，她们才让出一条路，放他走。他一边看表，一边朝车门跑去，跑到门口，又扭头对她们说："下次吧，下次一定告诉你们！"他的两条长腿灵巧地向上一跨就上了车，接着一阵叽里哐啷，绿色的车门就在姑娘门面前沉重地合上了。列车一头扎进黑暗，把她们撇在冰冷的铁轨旁边。很久，她们还能感觉到它那越来越轻的震颤。

一切又恢复了寂静，静得叫人惆怅。姑娘们走回家去，路上还要为一点小事争论不休：

"谁知道别在头上的金圈圈是几个？"

"八个。"

"九个。"

"不是！"

"就是！"

"凤娇你说哪？"

"她呀，还在想'北京话'哪！"

"去你的，谁说谁就想。"凤娇说着捏了一下香雪的手，意思是叫香雪帮腔。

香雪没说话，慌得脸都红了。她才十七岁，还没学会怎样在这种事上给人家帮腔。

"他的脸多白呀！"那个姑娘还在逗凤娇。

"白？还不是在那大绿屋里捂的。叫他到咱台儿沟住几天试试。"有人在黑影里说。

---

① 搡（sǎng）：猛推。

"可不，城里人就靠捂。要论白，叫他们和咱们香雪比比。咱们香雪，天生一副好皮子，再照火车那些闺女的样儿，把头发烫成弯弯绕，啧啧！'真没治'！凤娇姐，你说是不是？"

凤娇不接茬儿，松开了香雪的手。好像姑娘们真的在贬低她的什么人一样，她心里真有点替他抱不平呢。不知怎么的，她认定他的脸绝不是捂白的，那是天生。

香雪又悄悄把手送到凤娇手心里，她示意凤娇握住她的手，仿佛请求凤娇的宽恕，仿佛是她使凤娇受了委屈。

"凤娇，你哑巴啦？"还是那个姑娘。

"谁哑巴啦！谁像你们，专看人家脸黑脸白。你们喜欢，你们可跟上人家走啊！"凤娇的嘴巴很硬。

"我们不配！"

"你担保人家没有相好的？"

……

不管在路上吵得怎样厉害，分手时大家还是十分友好的，因为一个叫人兴奋的念头又在她们心中升起：明天，火车还要经过，她们还会有一个美妙的一分钟。和它相比，闹点小别扭还算回事吗？

哦，五彩缤纷的一分钟，你饱含着台儿沟的姑娘们多少喜怒哀乐！

日久天长，这五彩缤纷的一分钟，竟变得更加五彩缤纷起来，就在这个一分钟里，她们开始挎上装满核桃、鸡蛋、大枣的长方形柳条篮子，站在车窗下，抓紧时间跟旅客和和气气地做买卖。她们踮着脚尖，双臂伸得直直的，把整筐的鸡蛋、红枣举上窗口，换回台儿沟少见的挂面、火柴，以及属于姑娘们自己的发卡、香皂。有时，有人还会冒着回家挨骂的风险，换回花色繁多的纱巾和能松能紧的尼龙袜。

凤娇好像是大家有意分配给那个"北京话"的，每次都是她提着篮子去找他。她和他做买卖故意磨磨蹭蹭，车快开时才把整篮的鸡蛋塞给他。又是他先把鸡蛋拿走，下次见面时再付钱，那就更够意思了。如果他给她捎回一捆挂面、两条纱巾，凤娇就一定抽回一斤挂面还给他。她觉得，只有这样才对得起和他的交往，她愿意这种交往和一般的做买卖有区别。有时她也想起姑娘们的话："你担保人家没有相好的？"其实，有没有相好的不关凤娇的事，她又没想过跟他走。可她愿意对他好，难道非得是相好的才能这么做吗？

香雪平时话不多，胆子又小，但做起买卖却是姑娘中最顺利的一个。旅客们爱买她的货，因为她是那么信任地瞧着你，那洁如水晶的眼睛告诉你，站在车窗下的这个女孩子还不知道什么叫受骗。她还不知道怎么讲价钱，只说："你看着给吧。"你望着她那洁净得仿佛一分钟前才诞生的面孔，望着她那柔软得宛若红缎子似的嘴唇，心中会升起一种美好的感情。你不忍心跟这样的小姑娘要滑头，在她面前，再爱计较的人也会变得慷慨大度。

有时她也抓空儿向他们打听外面的事，打听北京的大学要不要台儿沟人，打听什么叫"配乐诗朗诵"（那是她偶然在同桌的一本书上看到的）。有一回她向一位戴眼镜的中年妇女打听能自动开关的铅笔盒，还问到它的价钱。谁知没等人家回话，车已经开动了。她追着它跑了好远，当秋风和车轮的呼啸一同在她耳边鸣响时，她才停下脚步意识到，自己的行为是多么可笑啊。

　　火车眨眼间就无影无踪了。姑娘们围住香雪，当她们知道她追火车的原因后，便觉得好笑起来。

　　"傻丫头！"

　　"值不当的！"

　　她们像长者那样拍着她的肩膀。

　　"就怪我磨蹭，问慢了。"香雪可不认为这是一件值不当的事，她只是埋怨自己没抓紧时间。

　　"咳，你问什么不行呀！"凤娇替香雪挎起篮子说。

　　"谁叫咱们香雪是学生呢。"也有人替香雪分辩。

　　也许就因为香雪是学生吧，是台儿沟唯一考上初中的人。

　　台儿沟没有学校，香雪每天上学要到十五里以外的公社。尽管不爱说话是她的天性，但和台儿沟的姐妹们总是有话可说的。公社中学可就没那么多姐妹了，虽然女同学不少，但她们的言谈举止，一个眼神，一声轻轻地笑，好像都是为了叫香雪意识到，她是小地方来的，穷地方来的。她们故意一遍又一遍地问她："你们那儿一天吃几顿饭？"她不明白她们的用意，每次都认真的回答："两顿。"然后又友好地瞧着她们反问道："你们呢？"

　　"三顿！"她们每次都理直气壮地回答。之后，又对香雪在这方面的迟钝感到说不出的怜悯和气恼。

　　"你上学怎么不带铅笔盒呀？"她们又问。

　　"那不是吗。"相雪指指桌角。

　　其实，她们早知道桌角那只小木盒就是香雪的铅笔盒，但她们还是做出吃惊的样子。每到这时，香雪的同桌就把自己那只宽大的泡沫塑料铅笔盒摆弄得嗒嗒乱响。这是一只可以自动合上的铅笔盒，很久以后，香雪才知道它所以能自动合上，是因为铅笔盒里包藏着一块不大不小的吸铁石。香雪的小木盒呢，尽管那是当木匠的父亲为她考上中学特意制作的，它在台儿沟还是独一无二的呢。可在这儿，和同桌的铅笔盒一比，为什么显得那样笨拙、陈旧？它在一阵嗒嗒声中有几分羞涩地畏缩在桌角上。

　　香雪的心再也不能平静了，她好像忽然明白了同学对她的再三盘问，明白了台儿沟是多么贫穷。她第一次意识到这是不光彩的，因为贫穷，同学才敢一遍又一遍地盘问她。她盯住同桌那只铅笔盒，猜测它来自遥远的大城市，猜测它的价值肯定非同寻常。三十个鸡蛋换得来吗？还是四十个、五十个？这时她的心又忽地一沉：怎么想起这些了？娘攒下鸡蛋，不是为了叫她乱打主意啊！可是，为什么那诱人的嗒嗒声老是在耳边响个没完？

深秋，山风渐渐凛冽了，天也黑得越来越早。但香雪和她的姐妹们对于七点钟的火车，是照等不误的。她们可以穿起花棉袄了，凤娇头上别起了淡粉色的有机玻璃发卡，有些姑娘的辫梢还缠上了夹丝橡皮筋。那是她们用鸡蛋、核桃从火车上换来的。她们仿照火车上那些城里姑娘的样子把自己武装起来，整齐地排列在铁路旁，像是等待欢迎远方的贵宾，又像是准备着接受检阅。

火车停了，发出一阵沉重的叹息，像是在抱怨着台儿沟的寒冷。今天，它对台儿沟表现了少有的冷漠：车窗全部紧闭着，旅客在黄昏的灯光下喝茶、看报，没有人向窗外瞥一眼。那些眼熟的、长跑这条线的人们，似乎也忘记了台儿沟的姑娘。

凤娇照例跑到第三节车厢去找她的"北京话"，香雪紧紧头上的紫红色线围巾，把臂弯里的篮子换了换手，也顺着车身不停地跑着。她尽量高高地踮起脚尖，希望车厢里的人能看见她的脸。车上一直没有人发现她，她却在一张堆满食品的小桌上，发现了渴望已久的东西。它的出现，使她再也不想往前走了，她放下篮子，心跳着，双手紧紧扒住窗框，认清了那真是一只铅笔盒，一只装有吸铁石的自动铅笔盒。它和她离得那样近，她一伸手就可以摸到。

一位中年女乘务员走过来拉开了香雪。香雪挎起篮子站在远处继续观察。当她断定它属于靠窗的那位女学生模样的姑娘时，就果断地跑过去敲起了玻璃。女学生转过脸来，看见香雪臂弯里的篮子，抱歉地冲她摆了摆手，并没有打开车窗的意思，不知怎么的她就朝车门跑去，当她在门口站定时，还一把扒住了扶手。如果说跑的时候她还有点犹豫，那么从车厢里送出来的一阵阵温馨的、火车特有的气息却坚定了她的信心，她学着"北京话"的样子，轻巧地跃上了踏板。她打算以最快的速度跑进车厢，以最快的速度用鸡蛋换回铅笔盒。也许，她所以能够在几秒钟内就决定上车，正是因为她拥有那么多鸡蛋吧，那是四十个。

香雪终于站在火车上了。她挽紧篮子，小心地朝车厢迈出了第一步。这时，车身忽然悸动了一下，接着，车门被人关上了。当她意识到眼前发生了什么事时，列车已经缓缓地向台儿沟告别了。香雪扑在车门上，看见凤娇的脸在车下一晃。看来这不是梦，一切都是真的，她确实离开姐妹们，站在这又熟悉、又陌生的火车上了。她拍打着玻璃，冲凤娇叫喊："凤娇！我怎么办呀，我可怎么办呀！"

列车无情地载着香雪一路飞奔，台儿沟刹那间就被抛在后面了。下一站叫西山口，西山口离台儿沟三十里。

三十里，对于火车，汽车真的不算什么，西山口在旅客们闲聊之中就到了。这里上车的人不少，下车的只有一位旅客，那就是香雪，她胳膊上少了那只篮子，她把它塞到那个女学生座位下面了。

在车上，当她红着脸告诉女学生，想用鸡蛋和她换铅笔盒时，女学生不知怎么的也红了脸。她一定要把铅笔盒送给香雪，还说她住在学校吃食堂，鸡蛋带回去也没法吃。她怕香雪不信，又指了指胸前的校徽，上面果真有"矿冶学院"几个字。相雪却觉着她在哄她，难道除了学校她就没家吗？香雪一面摆弄着铅笔盒，一面想着主意。台儿沟再穷，她也从没白拿过别人的东西。就在火车停顿前发出的几秒钟的震颤里，香雪还是猛然把篮子塞到女学生的座位下面，迅速离开了。

　　车上，旅客们曾劝她在西山口住上一夜再回台儿沟。热情的"北京话"还告诉她，他爱人有个亲戚就住在站上。香雪没有住，更不打算去找"北京话"的什么亲戚，他的话倒更使她感到了委屈，她替凤娇委屈，替台儿沟委屈。她只是一心一意地想：赶快走回去，明天理直气壮地去上学，理直气壮地打开书包，把"它"摆在桌上。车上的人既不了解火车的呼啸曾经怎样叫她像只受惊的小鹿那样不知所措，更不了解山里的女孩子在大山和黑夜面前到底有多大本事。

　　列车很快就从西山口车站消失了，留给她的又是一片空旷。一阵寒风扑来，吸吮着她单薄的身体。她把滑到肩上的围巾紧裹在头上，缩起身子在铁轨上坐了下来。香雪感受过各种各样的害怕，小时候她怕头发，身上粘着一根头发择不下来，她会急得哭起来；长大了她怕晚上一个人到院子里去，怕毛毛虫，怕被人胳肢（凤娇最爱和她来这一手）。现在她害怕这陌生的西山口，害怕四周黑幽幽的大山，害怕叫人心惊肉跳的寂静，当风吹响近处的小树林时，她又害怕小树林发出的窸窸窣窣的声音。三十里，一路走回去，该路过多少大大小小地林子啊！

　　一轮满月升起来了，照亮了寂静的山谷，灰白的小路，照亮了秋日的败草，粗糙的树干，还有一丛丛荆棘、怪石，还有满山遍野那树的队伍，还有香雪手中那只闪闪发光的小盒子。

　　她这才想到把它举起来仔细端详。它想，为什么坐了一路火车，竟没有拿出来好好看看？现在，在皎洁的月光下，它才看清了它是淡绿色的，盒盖上有两朵洁白的马蹄莲。她小心地把它打开，又学着同桌的样子轻轻一拍盒盖，"哒"的一声，它便合得严严实实。她又打开盒盖，觉得应该立刻装点东西进去。她从兜里摸出一只盛擦脸油的小盒放进去，又合上了盖子。只有这时，她才觉得这铅笔盒真属于她了，真的。她又想到了明天，明天上学时，她多么盼望她们会再三盘问她啊！

　　她站了起来，忽然感到心里很满意，风也柔和了许多。她发现月亮是这样明净。群山被月光笼罩着，像母亲庄严、神圣的胸脯；那秋风吹干的一束束核桃叶，卷起来像一束束金铃铛，她第一次听清它们在夜晚，在风的怂恿下"豁啷啷"地歌唱。她不再害怕了，在枕木上跨着大步，一直朝前走去。大山原来是这样的！月亮原来是这样的！核桃树原来是这样的！香雪走着，就像第一次认出养育她长大成人的山谷。台儿沟呢？不知怎的，她加快了脚步。她急着见到它，就像从来没有见过它那样觉得新奇。台儿沟一定会是"这样的"：那时台儿沟的姑娘不再央求别人，也用不着回答人家的再三盘问。火车上的漂亮小伙子都会求上门来，火车也会停得久一些，也许三分、四分，也许十分、八分。它会向台儿沟打开所有的门窗，要是再碰上今晚这种情况，谁都能从从容容地下车。

今晚台儿沟发生了什么事？对了，火车拉走了香雪，为什么现在她像闹着玩儿似的去回忆呢？四十个鸡蛋没有了，娘会怎么说呢？爹不是盼望每天都有人家娶媳妇、聘闺女吗？那时他才有干不完的活儿，他才能光着红铜似的脊梁，不分昼夜地打出那些躺柜、碗橱、板箱，挣回香雪的学费。想到这儿，香雪站住了，月光好像也黯淡下来，脚下的枕木变成一片模糊。回去怎么说？她环视群山，群山沉默着；她又朝着近处的杨树林张望，杨树林窸窸窣窣地响着，并不真心告诉她应该怎么做。是哪来的流水声？她寻找着，发现离铁轨几米远的地方，有一道浅浅的小溪。她走下铁轨，在小溪旁边坐了下来。她想起小时候有一回和凤娇在河边洗衣裳，碰见一个换芝麻糖的老头。凤娇劝香雪拿一件汗衫换几块糖吃，还教她对娘说，那件衣裳不小心叫河水给冲走了。香雪很想吃芝麻糖，可她到底没换。她还记得，那老头真心实意等了她半天呢。为什么她会想起这件小事？也许现在应该骗娘吧，因为芝麻糖怎么也不能和铅笔盒的重要性相比。她要告诉娘，这是一个宝盒子，谁用上它，就能一切顺心如意，就能上大学、坐上火车到处跑，就能要什么有什么，就再也不会被人盘问她们每天吃几顿饭了。娘会相信的，因为香雪从来不骗人。

小溪的歌唱高昂起来了，它欢腾着向前奔跑，撞击着水中的石块，不时溅起一朵小小的浪花。香雪也要赶路了，她捧起溪水洗了把脸，又用沾着水的手抿光被风吹乱的头发。水很凉，但她觉得很精神。她告别了小溪，又回到了长长的铁路上。

前边又是什么？是隧道，它愣在那里，就像大山的一只黑眼睛。香雪又站住了，但她没有返回去，她想到怀里的铅笔盒，想到同学们惊羡的目光，那些目光好像就在隧道里闪烁。她弯腰拔下一根枯草，将草茎插在小辫里。娘告诉她，这样可以"避邪"。然后她就朝隧道跑去。确切地说，是冲去。

香雪越走越热了，她解下围巾，把它搭在脖子上。她走出了多少里？不知道。尽管草丛里的"纺织娘""油葫芦"总在鸣叫着提醒她。台儿沟在哪儿？她向前望去，她看见迎面有一颗颗黑点在铁轨上蠕动。再近一些她才看清，那是人，是迎着她走过来的人群。第一个是凤娇，凤娇身后是台儿沟的姐妹们。

香雪想快点跑过去，但腿为什么变得异常沉重？她站在枕木上，回头望着笔直的铁轨，铁轨在月亮的照耀下泛着清淡的光，它冷静地记载着香雪的路程。她忽然觉得心头一紧，不知怎么的就哭了起来，那是欢乐的泪水，满足的泪水。面对严峻而又温厚的大山，她心中升起一种从未有过的骄傲。她用手背抹净眼泪，拿下插在辫子里的那根草棍儿，然后举起铅笔盒，迎着对面的人群跑去。

山谷里突然爆发了姑娘们欢乐的呐喊，她们叫着香雪的名字，声音是那样奔放、热烈；她们笑着，笑得是那样不加掩饰，无所顾忌。古老的群山终于被感动得战栗了，它发出洪亮低沉的回音，和她们共同欢呼着。

哦,香雪!香雪!

一九八二年六月

练习与思考

一、思考火车开进深山前后,台儿沟发生了怎样的变化?

二、不同人物的语言彰显着不同人物的性格特征。分角色朗读姑娘们第一次与"北京话"对话以及回家路上姑娘们的对话。并讨论她们各是什么性格?各是从哪些话语里表现出来的?

三、你觉得香雪用鸡蛋换铅笔盒的行为值得吗?为什么?

四、你有什么想对香雪说的吗?试着给香雪写一封信。

窝头会馆①

刘 恒②

课文导读

《窝头会馆》中描写的人物都是老北京的底层小人物,有靠收房租、酿私酒、腌咸菜和卖茉莉花为生,还要照顾生痨病的儿子的房主苑国钟;有靠着卖房子时玩文字游戏一直赖在窝头会馆二十几年的前清举人古月宗;有整天催捐税、抓壮丁,盘算着街坊的钱和窝头会馆的保长肖启山;有曾经做过"暗门子"③的信奉弥勒佛的厨子媳妇田翠兰;还有曾经是前清格格,与做正骨医师的丈夫私奔到此地信奉耶稣的金穆蓉……这些小人物共同生活在窝头会馆里,在各自的生存困境里纠缠,每个人都有每个人需要面对的生存困境。而他们想要打破现有的生存困境,却被牢牢束缚,在痛苦中叩问人性和探寻光明的前景。

《窝头会馆》不同于一般的主旋律叙事,将视角集中于小人物身上,用老百姓的平凡琐事勾勒出一个大时代的悲欢离合。剧中的小人物各自生活在自己的困境中,面对着生活中的各种各样接踵而至的难题,而这些难题,逃不开对于欲望的探寻,对于信仰的纠缠和对于死亡的困惑。将人物置身于欲望、信仰和死亡共同搭建的围城之中,人性中的善和恶就变得尤为突出和醒目。编剧刘恒就是用这种独特的手法,表达了自己对于人性的独特思考,从而表现出特定时代下人们的生活状态和人性中的闪光点。

---

①选自《人民文学》杂志,2012年第一期。
②刘恒(1954年—),中国内地编剧、作家。代表作品有小说《狗日的粮食》《苍河白日梦》《黑的雪》等,影视剧本有《贫嘴张大民的幸福生活》《集结号》《金陵十三钗》《秋菊打官司》等。
③暗门子:指私娼、暗娼,偷偷从事卖淫活动的妓女。

窝头会馆房屋结构布景

人物表

苑国钟——50岁。房主。绰号苑大头。贫嘴却厚道。

古月宗——73岁。前房主。清末"举人"。迂腐而风趣。

肖启山——56岁。保长。人称肖老板。圆滑且凶悍。

周玉浦——45岁。中医。营推拿正骨。怕老婆而又怕事。

田翠兰——42岁。厨子妻。曾为暗门子。刀子嘴豆腐心。

金穆蓉——40岁。中医妻。旗人。对己对人有无限不满。

牛大粪——40岁。淘粪夫。兼具底层人的义气与油滑。

关福斗——25岁。木匠。厨子的养老女婿。憨厚而正派。

苑江淼——22岁。苑家儿子。左翼大学生。坚定而忧郁。

周子萍——22岁。周家女儿。左翼大学生。单纯而浪漫。

肖鹏达——22岁。肖家儿子。被释放的犯人。偏执而堕落。

王秀芸——23岁。王家女儿。木匠妻子。守本分的孕妇。

第一幕

（一九四八年夏处暑白昼）

【南城死胡同里的一座小院儿，坐北朝南，品相破败，却残存着一丝生机。东北角一棵石榴，西南角一棵海棠，两棵树让一条晾衣绳勒着，像在院子当间横起了一根绊马索。】

【正房是一座摇摇欲坠的砖楼，两层摞在一起也没高过东侧邻院的大北屋。楼底一层三间，东边两间住着苑国钟。他是房主，喜欢酿私酒、腌萝卜，还喜欢侍弄茉莉花儿。窗台上下廊子内外摆满了花盆和坛坛罐罐，台阶下边儿则是一口胖得离谱儿的大水缸。缸口搭了青石板，比八仙桌还高一块，几个倒扣的菜坛子围着它，做了现成的小板凳儿。楼底西边隔出一间，租给了木匠关福斗，小两口儿快抱孩子了。楼上的格局比较古怪，总共两间房，居然在正中打了隔断。西边那间大一些，带着半个平台和下楼的暗梯子，住户是清末的举人古月宗。平台上高低错落，摆满了他的蛐蛐罐儿，虫子们时不时就嚷嚷起来，是欢唱也是哀鸣。隔断东边那间看上去很憋屈，廊道上安了栅栏门，门外连着带扶手的楼梯。木头台阶在中途拐了个弯儿，斜着伸到院子里，几乎把房主的窗户给挡严实了。房主乐意，因为住在脑瓜顶上的不是外人，是他的宝贝儿子苑江淼。他是铁道学院的大学生，让痨病害得休了学，闷在屋里读书静养，除了偶尔吹吹口琴，咳嗽咳嗽，听不出他有别的动静。

正房的左右耳房都在暗处，一边是茅厕，挡着一人多高的竹篱笆；一边是月亮门儿，通向后夹道。】

【东厢房是三小间，干净得要命。租户是中医周玉浦，他不大开方子，擅长正骨推拿和针灸，主业却是做膏药和倒卖药材。媳妇金穆蓉是旗人，又信了天主教，规矩多得不得了。女儿周子萍念师范，平时不着家，但是有一间屋子笃定是她的，从绣了紫百合的窗帘儿能看出来。】

【西厢房也是三小间，紧南边儿这间却敞着，透过苇子帘儿能看见煤堆、案板、灶台和各种家伙什儿。租户是王立本，他从小就在这个院子里给人做饭，混到一把年纪了还是做饭。媳妇田翠兰以前是卖大炕的寡妇，从良之后改卖炒肝和窝头了。她把闺女王秀芸嫁给了关福斗，让这小木匠倒插门儿，踏踏实实地给老王家当起了养老女婿。】

【院子靠胡同这边没有墙，也没有大门和门框，舞台顶部垂下一坨挂着彩屬的门楼子，"窝头会馆"四个字斑驳可辨。字体、落款、印章非乾隆莫属，却怎么看怎么像蒙事，是专门吊在那儿唬人的。

院子的地面在舞台上高起来，不多不少地往后退，留给小胡同和大门台阶一些位置。舞台一侧，死胡同的尽头，挡着一棵粗大的黑枣树，结满了果实。与这棵茂盛的雌树相呼应，舞台深处的后夹道里站着一棵死去的雄树，枯朽的枝干伸到砖楼的屋脊上，奇形怪状像生了锈的铁器。】

【大幕在此强彼弱的口琴声和拉锯声中展开，枯树枝子不时坠落，发出嘎巴嘎巴的断裂声。那是一首外国的口琴曲，旋律和节奏十分优美，与我们看到的情景却极不相称。灶台上的笼屉热气蒸腾，王立本扎着脏围裙匆匆忙忙地捏窝头码窝头。田翠兰蹲在大盆旁边儿，兴致勃勃地拾掇一些白色的条状物，过了好一会儿我们才弄明白她洗的是猪肠子。周玉浦窝在躺椅上翻报纸，却没耽干活儿，两只脚来来回回地蹬着铁辊子，在一个研器里碾药面儿。二楼的平台上，古月宗旁若无人地倒腾蛐蛐罐儿，颤巍巍的身子时隐时现。不知道是什么人在伐那些枯树杈子，眼看着树冠就秃下去了。田翠兰直起腰来看着楼上那间围着栅栏挂着窗帘的黑屋子。】

田翠兰　嘿！小淼子！紧着咳嗽就别吹了，本来就是痨病粿子，你就不怕吹吐了血吗？大妈我听着可上不来气了啊……我都快吐血了！

【口琴声戛然而止,传来蛐蛐儿小心翼翼的鸣叫。】

田翠兰　我说大兄弟,你哧哧哧笑什么呢?吃膏药啦?

周玉浦　我吃黑枣儿了!您瞧这字儿印得……一粒儿一粒儿像不像黑枣儿?我瞅着它们就想乐。

田翠兰　那甜枣儿都告诉你什么了?

周玉浦　国军……咱们英勇的国军在东北又打赢了!

田翠兰　新鲜!他们什么时候输过?明是脑浆子都给打出来了,顺着腮帮子直滴答,自要一上报纸,嘿!敢情是搂着脸巴子庆祝胜利,人家扎堆儿舔脑儿呢!

【周玉浦笑得嘎嘎的。金穆蓉挎着满满一笸箩①膏药走出东厢房,在躺椅上轻轻踢了一脚。】

金穆蓉　玉浦,过来搭把手。

周玉浦　哎!

【周玉浦士兵似的跳了起来,帮着老婆把膏药夹在晾衣绳上。田翠兰拎起一嘟噜肥肠儿,从绳子的另一头开始晾,把两块膏药晃地上了。】

田翠兰　呦!对不住了您!

金穆蓉　翠兰姐姐,我真就看不明白,您这着的是哪门子急啊?

田翠兰　我没着急您也甭着急……穆蓉妹子,这就给您捡起来了。

金穆蓉　您那肠子掉地上倒不碍的,我们这膏药怎么办呐?

田翠兰　瞧您说的,猪肠子掉地上不碍的,我那肠子我得让它掉自个儿肚子里不是?

金穆蓉　您甭客气。您就告诉我……这膏药沾上土坷垃怎么使啊?给谁使啊?

田翠兰　那不是贴腰的吗?谁腰疼给谁使啊!

金穆蓉　我们拿出来使,再硌着人家,人家不给钱也就罢了,真要算计我们,讹我们一道,我们找谁讲理去?

田翠兰　找我呀!您让讹您那孙子找我,您让他讹我来。谁怕谁呀?(话中有话)想变着法儿讹我,他姥姥!

金穆蓉　没您这么捡便宜话儿的……谁讹谁了?

田翠兰　爱谁谁!谁敢讹我我抽谁!您让他讹我试试?您把那膏药递给我,我他妈糊他腚眼子!我糊死臭丫挺的!

周玉浦　穆蓉,咱少说两句……听我的!姐……您也少说两句!

金穆蓉　闭嘴!往后不许你叫这人姐!

田翠兰　别介!叫我妈,我还不乐意呢!

周玉浦　不说了……咱都不说了……都别说哩……

――――――――――――

①笸箩(pǒluo):用柳条或篾条编成的器物,帮较浅,有圆形的,也有略呈长方形的。

【拉锯声悄然停顿。王立本一边捏窝头，一边假装找东西，在老婆跟前乱晃悠。谁都没搭理他，就像世上根本没这个人。苑国钟慢吞吞地走来，用木头背架驮着几盆茉莉花，俩胳膊各挎了一个竹篮子，里面有中药包和熏蚊子的艾蒿辫儿，还有灌满私酒的旧玻璃瓶子和盛咸菜的柳条壳儿。他在台阶上退了半步，耸着鼻子端详那棵黑枣树。】

苑国钟　（嘟囔）哪个歪嘴子夜壶干的？又在树后头撒了一泡……哪天逮着兔崽子，我要不骗了他我就不姓苑！（跨进院子，笑眯眯地看着大家）你们叽叽喳喳嚷嚷什么呢？知道胡同口的街坊怎么跟我嚼舌头来着？（模拟）不得了啦！你们院儿那俩母鸡又踩蛋儿啦！（周玉浦哧哧笑，被媳妇点了一脚）瞧见没有？这吐沫星子多寒碜呐，可谁让你们自己个儿不嫌寒碜呢？翠兰妹子，您给扶一把……（蹲身卸下背架）你们都听大哥一句，掐架的累活儿给公的留着，母的好好趴窝里歇着去。您不喜欢下蛋喜欢下煤球儿都没关系，甭管黑的白的，瞅不冷子给挤一个囫囵个儿得出来您就是神仙了……玉浦兄弟，您说是不是？

周玉浦　那是……那是！

金穆蓉　（瞪着田翠兰画十字，低声）哈利路亚！

田翠兰　（高声以对）阿弥陀佛！

苑国钟　（戏谑）关帝爷圣明！二位先别走，我有正经事儿跟你们说……立本儿，接着……（把艾蒿辫儿和中药包递给王立本）别耽搁！赶紧把艾蒿辫儿点着了挂茅房去，熏不死那蚊子也得把它熏傻喽，让它分不清哪是砖头哪是屁股，我看它叮谁去……那草药苴子不着急，泡一过（会）儿再煎，得拿文火好好煨它……（转过身来）翠兰妹子，穆蓉妹子，知道今儿是什么好日子吗？

田翠兰　就冲您这一笑，没憋好屁。还不赶紧放出来，没看见手里都端着活儿呢吗？

苑国钟　（高声）今儿是好节气，处暑！是我苑国钟要饭的日子口儿了……（见众人回避便收敛了笑容）我不是要租钱，我要的是饭钱！你们两家儿东厢西厢住着我的瓦片儿，不能不赏我一口饭吃。过来瞧瞧，啊？多好的茉莉花儿，有人看没人要，花骨朵儿倒给掐没了！三瓶子酒……一滴答也没卖出去，咸菜倒是出去了，俩熟人儿一人挠了一大把，没给钱给俩字儿……尝尝！

田翠兰　给你俩字儿是便宜的！不是熟人儿，人家非要赏你俩大嘴巴蹬你两脚，你不是也得接着吗？

苑国钟　（运气）没错儿，我该着！我……

【二楼传来窸窸窣窣的声音，苑国钟和众人扭头往上看。苑江淼从屋子里走出来，端着一个竹篦子暖壶。他脸色苍白,头发略显蓬乱,神色却十分宁静。他打开前廊栅栏门的锁头,出门之后又反身锁好,顺着楼梯往下走。他沉浸在自己的思索中,轻轻咳嗽着,眼睛始终盯着脚底下。苑国钟小心翼翼地迎过去。】

苑国钟　你好好歇着呀……快递给我,我给你灌暖壶去。

苑江淼　爸,我自己来。

苑国钟　小淼子,咱们……咱们后半晌儿去不成澡堂子了。

苑江淼　(缓步)为什么?

苑国钟　新来的这掌柜不地道,他怕主顾嫌弃病人,死活不卖给咱们澡牌子……

苑江淼　噢……(平静地走向灶棚子)人家没什么错儿。

苑国钟　(轻轻叹息)你们都瞧见了吧?

田翠兰　瞧见什么了?

苑国钟　您说……我这儿子是不是念书念傻了?

田翠兰　他没傻您傻了。

苑国钟　我怎么就傻了我?

田翠兰　满世界就没您这么惯儿子的!他再有病您也是他爸爸,就算他得了神仙的病他也不是神仙,他是您儿子!您犯不着一天到晚供着他……

苑国钟　我不是他爸爸,他是我爸爸……成了吧?

田翠兰　您还别不爱听!让他休了学是让他养病的,没白日儿没黑界地看书看书,就知道看书……您瞪着俩大眼珠子也不知道管管?这是养病呐?这不儿上赶着找死呢么!

苑国钟　我儿子喜欢看书,看了书他高兴……我得变着法儿让他高兴。

田翠兰　您也跟着高兴了是不是?您吃浆子吃多了吧?

苑国钟　您爱说什么说什么……我是心疼他,大半夜听他咳嗽,我心口都裂成两瓣儿了!我不想招我儿子不高兴……

田翠兰　搁着我,他要不听劝就把书给他扯喽,把口琴给他撅喽,把……(看见苑江淼走出棚子,连忙改口)小淼子,这几屉窝头都是新苲儿棒子面儿,蒸得了你趁热儿尝尝。

苑江淼　(轻声)谢谢大妈。

苑国钟　儿子……晚上我给你烧一锅热水,咱自个儿蹲水缸里涮涮……

苑江淼　不用了。

田翠兰　(悄声)他懒得说话,还偏去烦他,您这不是找着挨臊呢么?

苑国钟　(目送儿子进屋,垂头丧气)他不是念书念傻了……他是嫌我跟你们催租子呢!每回一要房钱他就不爱搭理我……您说,我又没跟他要,他老这么臊着我干吗?

田翠兰　那您就甭要租子了,您还是要儿子吧。

苑国钟　（不悦）你们存心要饿死我是不是？话说回来，饿死我没关系，你们不能饿着我儿子……这不！你们都瞧见了，刚给他抓了药，可什么药能治得住痨棵子这号病呀？死马当活马医呗，人家跟我要多少钱我也得乖儿乖儿递过去，跟我要脑袋我不是也得给么？你们把我扒光了瞧瞧，身上要是还剩着一个大子儿，我这就躺下，我请二位扒我的皮！我……

周玉浦　苑大哥！我们刚囤了几口袋药材，挺老大的花销……

苑国钟　我跟你说不着，你们家银子不归你管……（笑眯眯地对着金穆蓉）大妹子，您听好了，（掰手指头）大暑一笔，芒种一笔，加上处暑这一笔……咱把这三缕儿头发拧成一条大辫子！欠我这一季房钱……您就一股脑儿给清了吧？啊？您省心我省心，连老天爷都跟着省心了……（手指朝天）咱让人家操了多大的心情……对不住了您呐，老天爷！

金穆蓉　国钟大哥，欠了房钱是对不住您，可我们掉在坑里爬不出来，您不是看不见吧？您有眼睛啊……

苑国钟　（一愣）是啊……我有眼睛，都看见了。你们在坑里抓挠儿，我那坑已然给填平了。我早就让人家给活埋啦……你们就没看见吗？您的眼珠子横是没长在我眼眶子里吧？

金穆蓉　（口气放软）您用不着起急，这不是跟您商量呢么？您瞧……玉浦在西鹤年坐堂您也知道，人家刚刚涨了堂租您不知道吧？屁股大一块地方，您知道他们要多少钱？我们玉浦挣三碗饭得拨给人家两碗半！上回进的那些党参您也看见了，钱没少花可全都发了霉……

田翠兰　（一边晾猪肠子一边插嘴）发了霉倒是发了霉，可也没见着耽误了卖，蜂蜜水儿里泡泡，老阳儿底下晒晒……做那大药丸子多水灵呀！

金穆蓉　还没完没了了！又哪儿碍着您了？

田翠兰　得！是我碍着您了……我躲您远点还不成么？

苑国钟　等等！您往哪儿躲啊？先把房钱撂下，等我数完了您爱往哪儿躲往哪儿躲，您哪怕插个翅膀儿飞了呢……钱吧您呐！

田翠兰　您等我把肠子掏干净了再给您掏钱，我……

苑国钟　翠兰子！甭倒腾废话了，啊？我不爱听……掏钱。

田翠兰　活该您儿子臊着您。

苑国钟　活该我认了！别给软的啊，我要硬的……您给掏两块叮当脆的吧。

田翠兰　（跷起胯骨）手黏着呢，自己进兜儿里掏去。

苑国钟　（尴尬，对着金穆蓉）您也屋里取（方言，音 qiǔ）去吧？

【田翠兰朝苑国钟偷偷丢了个媚眼儿。金穆蓉看在眼里，一脸鄙夷，画完十字之后拂袖而去。】

金穆蓉　哈利路亚……

田翠兰　（对着金穆蓉的背影，高声）阿弥陀佛！

苑国钟　关老爷圣明……（犹犹豫豫地把手伸到对方口袋里，轻声）您是属王八的？怎么咬了人就不撒嘴呀？

田翠兰　那是！我一撒嘴她不得叮住我鼻子？上回洗猪肠子，脏水沁①了她药材笸箩，愣讹了我半袋儿白面！

苑国钟　您犯不着跟她较那个劲，人家信的是玛丽亚。

田翠兰　她信玛丽亚，我信观世音，我能矮她一头不成？她脊梁后头有耶稣戳着，我屁股后头还蹲着弥勒佛呢……谁怕谁呀！

【田翠兰扭动腰肢挑逗，苑国钟汗都下来了，掏出几个铜板数了数，不甘心地接着掏。周玉浦偎在躺椅上假装看报纸，悄悄窥视他们。王立本则视而不见，摇着冒烟的艾蒿辫儿走向茅房。】

田翠兰　哎哎哎！您掏够了吧？

苑国钟　不够……你们两口子一份儿，您闺女两口子还一份儿呢。

田翠兰　您掏半天掏着硬的没有？

苑国钟　我得问问我这俩耳朵……洗您的肠子去吧！

【苑国钟离开对方，熟练地弹着银圆，一边贴在耳根子上听辨，一边凑近了周玉浦的躺椅。】

苑国钟　我说玉浦兄弟……

周玉浦　哎……您说。

苑国钟　你媳妇进教门有两年了吧？

周玉浦　到腊月整三年。

苑国钟　都知道你屋里这大格格爱使小性儿，觉着随了天主还不得改改？脾气看

---

①沁（qìn）：指（香气、液体等）渗入或透出。

涨！按说不至于呀？这世上谁招她了？谁惹她了？是傅司令得罪她了还是蒋委员长欺负她了？你跟她进过教堂，你给说说，是哪路儿神仙发了话了？看谁谁不顺眼……这到底是怎么档子事儿呢？

周玉浦　不瞒您说，我还想找个人打听打听呢。头一回进教堂我就打呼噜，推醒了接着打，我媳妇眼泪还没下来呢，把那神父给弄哭了！打那儿起，穆蓉她再也没让我跨进教堂一步……

苑国钟　你不去你闺女跟她去。

周玉浦　去两回也不去了。

苑国钟　你闺女也打呼噜？

周玉浦　打呼噜就好了……（低声）人家改信"马克思"了！

苑国钟　马马马……马什么？

周玉浦　马克思。

苑国钟　他是谁呀？一贯道①的？

周玉浦　嘿！哪儿跟哪儿啊……（俯在对方耳边嘀嘀咕咕）您知道了吧？

苑国钟　（紧张）我不知道！你什么也没说过，我什么也没听见过！这姓马的不认识我，我也不认识他，我就认识房钱！快招呼你媳妇拿钱……紧着呀！你们倒是……

【后夹道突然传来砍伐声，苑国钟一哆嗦仿佛被斧子劈了后脖颈。他盯着楼顶震颤的树枝，吃力地挪动脚步。】

苑国钟　干吗呢？（大声）嘿……干嘛呢你们！

田翠兰　（怯懦）……他们伐树呢。

苑国钟　谁呀？

田翠兰　我闺女……我闺女他们两口子。

苑国钟　（发火）你让他们干的？占便宜没够是吧？蹬鼻子上脸踹脑门儿……想蹲我天灵盖儿上拉屎是吧！

田翠兰　不是我……

苑国钟　谁？不是你是谁？你说！谁？！

古月宗　（慢条斯理）我。

苑国钟　……古爷？

古月宗　你瞎嚷嚷什么呀？是我让他们伐的。

【古月宗晃晃悠悠地下了楼梯。他的肩膀上用褡裢②兜着几个蛐蛐罐儿，一手拄拐杖，一手拿铁钎子这儿掏掏那儿捅捅。苑国钟看他打了个趔趄，赶紧上去搀了一把。

----

①一贯道：指发端于晚清的一个邪教组织。

②褡裢（dālian）：长方形的口袋，中央开口，两端各成一个袋子，装钱物用，一般分大小两种，大的可以搭在肩上，小的可以挂在腰带上。

砍伐声清脆而急促。】

苑国钟　古爷，后夹道那棵树我押给棺材铺了，您知道呀！
古月宗　废话！不知道我能急着赶着雇人下斧子吗？
苑国钟　您这话儿是怎么说的？
古月宗　我命里缺这口棺材。腊月初八我整岁七十三，不备一口六个面儿的小木头宅子我过不了这个坎儿……明戏了吧？
苑国钟　不明白！您想睡棺材您上棺材铺躺着去呀，您糟蹋我的树干吗？我是房主，那树是我的，砍不砍我说了算，您凭什么说砍就给砍了呢？
古月宗　你是房主没错儿，可这窝头会馆是民国十六年你从我手里买过去的……对吧？
苑国钟　（不知道对方葫芦里装的是什么药）对……对呀！
古月宗　三百二十块现大洋……我把这房子卖给你了，对吧？
苑国钟　对……对呀！
古月宗　可是呢，我没把树卖给你呀……对不对？
苑国钟　（愣住了）对……不对！不对！！古爷，您好歹也顶了个举人的名头儿，您见过世面，您知道前朝皇上吃了韭菜嘴里是什么味儿，您说您在跟前儿闻过呀！您千万可别恶心我……我花钱买了院子，院子里的树能不是我的吗？院子是我的，院子里的东西能不是我的吗？
古月宗　我也是院子里一东西，我是你的吗？
苑国钟　……
古月宗　说！我，古月宗，这老东西是你的还是我自己的？
苑国钟　您当然是您的了！
古月宗　这不结了！
苑国钟　可您要是棵树呢？您要是长在我后夹道里呢？您不是我的您是谁的呀？您活该把根儿扎这儿了！
古月宗　矫情！
田翠兰　老爷子！您别拿着铁钎子乱扎，墙皮儿都让您给扎酥了，小心砖头掉下来砸您那脚后跟！
古月宗　怎么着？院子是他的，蛐蛐儿也是他的？你们答应，蛐蛐儿答应了么？我都懒得笑话你们……（从怀里掏出房契，一折一折打开）我跟你对对房契，把你那张也拿出来，让它凉快凉快……苑大头！
苑国钟　您别这么叫我，我不爱听！
古月宗　（开心大笑）你不爱听？给洪宪皇帝发丧那年……（对着田翠兰和周玉浦）那年这小子还给我看大门儿呢！不好好在院子里待着，跑到街上看袁世凯出大殡……你们猜怎么着？老百姓堵了一街筒子，不看那死的了都看这活的，都说怎么他妈这么快呀！袁大头转世了嘿……（众人笑）苑大头！你说，有这回事儿没有？

苑国钟　（自嘲）有这回事！我脑袋是大了点儿，可是我那苑不是他那袁，我是草民我带着草字头儿呢！您也甭管圆大头方大头吧，我就是扁大头，我就是一馅儿饼……后夹道那棵树也不是您的，它是我的。

古月宗　你给我念念房契，你能念出一个"树"字儿来，我磕死你脚底下……念呐！

苑国钟　我？我念不着。

古月宗　你不念我念。我就喜欢这两句儿，我念给你们公母几个听听……（田翠兰和周玉浦凑过来）卖者……这指的是我……（宣旨一般）卖者痛失老宅，身心染恙，切须调养……我差一丢丢儿没背过去……切须调养，自立契之日起，无偿……就是不给钱……无偿暂住原宅一间，待另购新居之后，即行搬离，买者不得干涉之……（喜悦而夸张）之之之之！耳朵眼儿都痒痒吧？听进去了没有？

周玉浦　（恍然大悟）合着您……打民国十六年到今儿，还……还没购得新居呢？

古月宗　（乐不可支）做梦都想搬出去，找不着合适的呀！

田翠兰　今儿都民国三十七年（1948年）了……这得省多少房钱呐？

古月宗　说得是呢？他一跟你们催租子，我心里那蜜罐子就给打翻了，齁儿①得我啊……就别提有多难受了！

苑国钟　古爷……祖宗！您就不能被窝儿里偷着乐去？

古月宗　我怕乐大发了挺被窝儿里，出来透透气儿。

苑国钟　您已然大发了您快了！您别忙活了，我白送您一口棺材，您赶紧挺直了躺进去，我这就给您钉钉子成不成？

古月宗　嘿！小子……你说的？

苑国钟　我说的！怎么着吧？

古月宗　你们都听见了啊……树归他，棺材归我了。

苑国钟　您存心扇我脸巴子我认了！可那棵树它本来就是……

【金穆蓉端着一笸箩成捆儿的纸币走过来，二话不说往篮子里倒。苑国钟赶紧张开衣襟兜住，连连后退，掉在地上的也来不及捡。】

苑国钟　哎哎哎！我不要软的，您给我硬的！

金穆蓉　您将就着吧。

苑国钟　软的就软的，您倒是给我金圆券呀！弄这么多法币……

金穆蓉　自己兑换去！您啐口唾沫数数？

苑国钟　想数……数得过来么？

---

① 齁儿（hōuer）：吃太甜太咸等食物使喉咙不舒服。

金穆蓉　我不欠您了。

苑国钟　我也没欠您的，可我没法儿不谢谢您。

金穆蓉　您受累，免了吧。

古月宗　（单膝下弯，仄歪①了一下）大格格，我这儿给您请安了！

金穆蓉　（搀起对方）您别这么客气……您老吉祥！

古月宗　托您老家儿的福！您家里头……在满洲过得还舒坦吧？

金穆蓉　还凑合。

古月宗　听说让共产党给围在锦州城……出不来了么？

金穆蓉　出来了……躲到天津卫去了。

古月宗　噢……（哪壶不开提哪壶）说是天津也快给围严实啦？

苑国钟　（幸灾乐祸）怎么就那么招人待见呢？走到哪儿人家跟到哪儿，真绝了去了。

周玉浦　（窥视夫人黯然的脸色，带哭腔儿）咱扯点儿别的成么？您几位好歹给扯点儿别的……成么……啊？

苑国钟　（盯着大门）嘿！站住！你站住……

【牛大粪把掏粪车停在大门外，跑到黑枣树后头去小解。苑国钟用衣襟兜着法币，追到大门口台阶上，冲着那棵树大声嚷嚷。】

苑国钟　牛大粪！这回可我让逮着你了！你缺德吧你就！你别叫牛大粪了，叫牛大尿（音 suī）得了！挺老沉个物件儿，逮个旮旯就敢往外提溜，什么人呐你！

牛大粪　（从树后头绕出来，嬉皮笑脸地系着缅裆裤）哎哟嘿……舒坦！苑大哥，是我这尿（音 suī）泡对不住您了，可把我给憋惨喽！

苑国钟　你见天儿掏茅房，哪个茅坑儿盛不下一股水儿啊？你非得憋着跑这儿来滋我的树？

牛大粪　不瞒您说，这条粪道上一百多个茅坑儿，哪个我都不能使。老丫挺给我们定了规矩，哪怕拉了裤兜子，哪怕拿手捧着自己给咽下去，也别使人家主顾的茅厕。

苑国钟　你们老板这主意挺地道。

牛大粪　您就损吧您……上回一爷们儿没守规矩，正蹲着使劲呢，叫住家儿一女眷给撞上了，饶着赔了仨月薪水，脑袋还让人家给拍成紫茄子了……

苑国钟　就这么着吧，往后你自己拿手兜着啊！再让我逮着你，我把你弄成烧茄子，不信你就试试。

牛大粪　行！我自己喝下去……您敛这么多擦屁股纸干吗？

苑国钟　你那眼眶子里塞的是羊粪蛋儿还是药丸子啊？

---

①仄歪（zèwāi）：指倾斜不稳的样子。

牛大粪　不跟您逗了……我劝您赶紧上果子巷排大队去,您知道几个兑几个吗?

苑国钟　街上贴着告示呢,三百万法币换一块金圆券。

牛大粪　没那个行市啦!您今儿要能排上,四百万还能换一张,轮到明儿去,保不齐换一块钱就得要您六百万了……

苑国钟　(唉声叹气)那还换什么劲呐?我留着笼火使得了。

牛大粪　(凑近一些)您听说了没有,国军把延庆县城给丢了,说是平谷县①城也给弄丢了……(兴致勃勃)这要是一路儿丢下去,下回就得丢到德胜门城根儿啦!

苑国钟　(小心四顾)西瓜都快丢了,丢俩芝麻算什么呀?哪天早起一睁眼,天安门楼子都是人家的了……(见古月宗走来,连忙大声)往后别饶世界滴答你那哈喇子,天儿这么热,可胡同哪儿哪儿都闻着不是味儿。

牛大粪　得了您呐,您说什么是什么了……(给古月宗鞠躬)举子爷!您老吉祥!添蛐蛐了没有?您说您要逮一蛐蛐儿皇上,您逮着他了么?

古月宗　没呢!那孙子他老不上朝,我守在太和殿门口干着急不是……大粪,怀里揣铜子儿了没有?

牛大粪　揣着俩仨的。

古月宗　我前边儿这是曹锟和段祺瑞,后边那是张作霖和孙传芳,仨大子儿投一注,你赌哪蛐蛐儿赢啊?

牛大粪　(犹豫)……还是曹锟蛮横,我就这爷们儿了。

古月宗　齐哩!我在胡同口阴凉里候着,掏干了茅清子赶紧过来。

牛大粪　古爷……伙计们想托我跟您打听个事儿。

古月宗　玩儿婊子我可不会,玩儿蛐蛐儿我门儿清……什么事儿你直说。

牛大粪　那几个伙计弄不明白,这窝头会馆怎么非得叫窝头会馆,不叫它馒头会馆呢?

苑国钟　没错儿!叫包子会馆多油腥呀,叫驴打滚儿会馆都比窝窝头体面。

古月宗　我掐头儿去尾跟你简短截说……我一穷祖宗从乡下进京赶考,在这院子里住俩月,啃了六十天窝窝头,一考嘿!他他妈考上了!他脑瓜子一蒙把这院子给买了,起名窝头会馆,还给立了规矩……往后不是赶考的一个也不让进,赶考的不穷也不让进,能进来的见天儿啃窝头,直啃到我这块儿,足足啃了二百多年……再没有一个考上的,憋在那窝窝眼儿里头,愣是任谁都钻不出来了!

牛大粪　您不是考上了么?

古月宗　别跟我装蒜!我那举人的名头儿是买来的,你不知道么?苑大头没告诉你……他都告诉你什么了?

---

①平谷县:今为北京市平谷区。

苑国钟　我告诉他窝头底下那眼儿是死的，钻不过去，要是改成焦圈儿会馆，早就钻出去了。

牛大粪　（笑）那眼儿也忒大了！门楼子上这匾……真是您写的？

古月宗　废话！不是我写的，能是乾隆写的吗？

牛大粪　落款儿可是乾隆！您写不了那么好吧？

古月宗　你想让康熙落款儿我也能给你落……得得得！曹锟这儿可等不及了，你多招呼几个伙计过来……冲你身上这香喷喷的喜气儿，今儿你不赢都不成，你那俩半钱儿自等着下小崽儿吧！

牛大粪　是吗？我……（惶然盯着胡同口，对苑国钟）那老丫挺的来了……您让一让，我得赶紧忙活去了。

【牛大粪挎着掏粪桶奔了茅房。苑国钟脚底下绊蒜，钱捆子撒了一地，田翠兰扑过来帮着他往起捡。肖启山跟古月宗打了照面儿，满目和善却不肯让路，倒是长者闪开了身子。】

古月宗　肖老板！您赏个大子儿听一段儿吧？

肖启山　您让我听谁呀？

古月宗　前边儿这是谭鑫培和杨小楼，后边儿那俩是梅兰芳和荀慧生……唱得那叫脆生！我给您逗逗，让他们好好给您哼唧哼唧？您想听哪个呀？

肖启山　我想听杜鲁门，您有吗？

古月宗　洋蛐蛐儿？还真没逮着过呢。

肖启山　（温和）我就爱听杜鲁门叫唤，逮着了言语一声儿……眼下您哪儿也别去了，咱们找个阴凉地儿聊会儿。

古月宗　我上胡同口儿顺一碗炸酱面，就手儿给您趑摸趑摸①杜鲁门去……（逃离）您先候着！

肖启山　别跑……（笑）跑到哪儿我也能把你逮回来。

【苑国钟兜好了钱，刚走两步又撒了。肖启山夹者账本和布带子，踏上了台阶。苑国钟把田翠兰的围裙扯下去，盖在钱捆儿上笑眯眯地迎过来。伐树声不紧不慢，肖启山往后夹道那边瞧了一眼。】

苑国钟　肖老板！这是哪阵风啊这么仁义，把您给兜来了？

肖启山　多大的风啊？都把我给兜落了地了，怎么就没把你给兜飞了呢？

苑国钟　兜飞了又给兜回来了？谁让您就是小旋风儿呢？说句真格儿的您可别不爱听，您这模范保长光知道上区党部开会去，活活儿把吃窝头的老街坊给忘了是不是？

周玉浦　肖保长您坐，我让穆蓉给您沏壶高的去……（掏烟）您先抽根儿骆驼！刚在黑市上淘换的洋骆驼……

---

① 趑摸（xuémo）：寻找。

田翠兰　待会儿炒肝儿做得了给您盛一碗尝尝！

肖启山　（笑容可掬）得得得，别瞎忙活了！来干什么你们能不知道么？我不是串门子的，没那么多闲工夫……（在大水缸旁边坐下）谁也甭啰唆了，忙完了正经事儿咱们再扯闲篇儿，都过来听着啊……（打开账本，念绕口令儿似的）电灯费，渣土费，大街清扫费，大街洒水费，城防费，兵役费，水牌子费……绥靖临时捐，绥靖建设捐，守防团捐，护城河修缮捐，下水道清理捐，丧葬捐，植树捐，房捐，粪捐，树捐……还有一个是……（找着了）马干差价？对，马——干——差——价……诸位，我说全乎了没有？

【所有人都蒙了，像木头桩子一样戳在周围。肖启山莫名其妙，前后左右地打量他们。苑国钟笑容凝固，忍不住要哭似的。】

肖启山　聋啦？替我掌掌口条儿，有拉下的没？

苑国钟　（有气无力）还有落下的呢？没落下都活不成了，再有落下的，您也别收税了，您叫辆排子车给唔们收尸得了。

肖启山　（打趣）臭皮囊活着都没人儿稀罕，硬了谁要啊？

周玉浦　肖老板，城防费和兵役费不是年根儿才收呢吗？这才处暑……且不到日子口儿呢！

肖启山　不知道打仗呐？打仗能不花钱么？今儿打的是东北，明儿那炮弹兴许就能掉你们家炕头儿上来……耗到年根儿再找你收钱，让我跟你那碎骨头渣滓要去？我要得着么还？国钟……钱上的事儿你门儿清啊，今儿怎么成呆鹅了？真有什么不明白的地方，你照直了说。

苑国钟　我压根儿就没弄明白，这马——干——差——价……它到底是个什么物件儿？

肖启山　说老实话，我也不大明白……我这么跟你说吧，这马干差价的意思就是……马干的差事打算让你给干喽，可是你不是马啊，你干不了，你们家也没有马替你当差，怎么办呢？你给出个价儿吧……马干差价！大概其就这意思，明白了么？

苑国钟　（频频点头）明白了……我还剩半个不明白。

肖启山　这耳朵接着呢。

苑国钟　我记着树捐就一个呀，您怎么给弄出俩树捐来了？

肖启山　那个是植树捐，这个……（指指后夹道）谁让你叫我听见了呢？树可不是随便砍的，你得给国民政府补个伐树的捐。

苑国钟　（捂着腮帮，牙疼似的）哎哟哎！

肖启山　（笑）你还是哟哎哟吧！咱这大民国不缺你那俩小钱儿，可谁让你是民国的一个民呢，该孝敬你就得踏踏实实地孝敬着。别说牙疼，就是肋叉子疼……你也得把挂在骨头上的钱串子给我撸下来！

苑图钟　您让我说句不好听的行么？

肖启山　你还是积点儿德说句好听的吧。

苑国钟　……这民国……这民国它压根儿就不该起这个名儿。

肖启山　（众人一愣）那你打算让它叫什么呢？

苑国钟　叫我说哈……民国要不像个民国，叫他妈官国算了！

肖启山　……你这是好听的吗？

苑国钟　（田翠兰偷偷杵他后腰，被他扒拉开）不好听地给您夹着呢，没好意思蹦出来。

肖启山　平时胆儿小得跟个兔儿爷似的，一让你掏钱你就揎儿。吃软饭拉硬屎，什么屁你还都敢放……中华官国？（笑）真亏你想得出来！

苑国钟　（意犹未尽）本来就是么！动不动跟我要钱，动不动跟我要钱，我跟他们要过么？您替他们跟我要过一百回钱了，您替我跟他们要过一个大子儿么？您到当街上拦一辆奥斯汀试试，您跟那当官儿的说……一姓苑的跟你要两块钱，不给不行！不给不让你走！您看他揎儿不揎儿？他揎儿了，我凭什么不能揎儿呀！

田翠兰　（打圆场）苑大哥真逗嘿！他多逗啊……他……

周玉浦　开玩笑有两句就得了……（使眼色）给两句正好儿。

苑国钟　（没发现肖启山脸色陡变）可不是正好儿么！咱给它三民主义改成三官主义，官吃官喝官拿……正可好儿！

肖启山　（高声）苑国钟！闭上你丫那臭嘴！你还没完了你？"共军"离城门楼子还远着呢，你那狗鼻子就闻见味儿了……你他妈烧得慌是吧？你想上哪儿凉快去？炮儿局还是半步桥？你说！你懒得动，我背你丫过去！

【伐木声缓慢有力，众人则鸦雀无声。肖启山在一瞬间露出了凶悍的本相，却很快恢复了平静。苑国钟缩着脖子，毕恭毕敬地戳在那儿。金穆蓉把茶盘子放在青石板上，轻手轻脚地斟水。】

金穆蓉　（柔声柔气）上礼拜大弥撒，您夫人怎么没去呀？

肖启山　（近乎慈祥）老毛病犯了，喘得下不炕。

金穆蓉　听您夫人念叨……说是小达子秋天就能从牢里出来了？

肖启山　别跟我提这人儿，一提他我脑门子就往起鼓。

金穆蓉　我记着……（察言观色）刑期还差着两三年呢吧？

肖启山　差是差着呢，可谁还稀待关着他？时局有今儿没明儿的，到底怎么着谁说得明白？别说小达子，那些杀人放火的主儿都一拨儿一拨儿从牢里往外撒……不是什么好兆头儿。

金穆蓉　这年头儿满世界跑枪子儿，牢里怕是比街面儿都安生。

肖启山　说是么说……你们家子萍还好吗？暑假放了好些日子了，胡同里怎么也见不着她人影儿呢?

金穆蓉　（与丈夫匆匆对视）北边儿打仗，吉林几个女同学回不去家，她在学校里陪着人家解闷儿呢。

肖启山　一顶一的丫头片子……唔们家那癞蛤蟆这辈子甭想!

金穆蓉　瞧您说的……（又扫了丈夫一眼，话中有话）谁还不是认命呢？往后就得个人儿顾个人儿，能凑合着活下去就算万幸了。

肖启山　（叹息）甭管怎么着吧，命还在呢，钱也在呢，趁着能喘气儿咱们得紧着抓挠了……诸位都别渗着啦！照老行市来吧，省得一箍节儿一箍节儿算着麻烦……（见众人不动）耳朵长毛儿啦？没听清楚？你们真觉着亏吗？你卖膏药，你卖炒肝儿，你卖私酒卖咸菜……你们逮着什么卖什么，政府跟你们要过一厘钱的税吗？没有我挡在这儿，你们能这么轻省？你们别拿屁股拿脑门子好好琢磨琢磨……

田翠兰　我这就给您拿去！

周玉浦　您先点根儿骆驼！您让我给您点根儿骆驼……

肖启山　（吼）赶紧拿正经的来！

周玉浦　您饮着……您先饮着……

【女人们退回各自的屋里去了。苑国钟叮叮当当地翻找零钱，肖启山则闭目养神，不想搭理他。牛大粪背着粪桶从茅房走出来，苑国钟怕他趟了藏着的法币，挪几步挡在甬道儿上。】

苑国钟　别从肠子和膏药底下过，上那边儿绕石榴树去。

肖启山　（对着牛大粪发泄）……你倒脚稳当着点儿！把腰杆子挺起来！你们瞧土鳖这两步儿走，娘们儿似的，还是个瘸娘们儿……活他妈搋性！敢把粪汤子漾出来，你趴地上给我舔喽！

牛大粪　（谦卑）得嘞！您擎好儿！（嘟噜）你个丫头挺的……

田翠兰　（捏着纸包从屋里出来，递给肖启山）按规矩呈给您了……就牙签儿这么小不点儿的生意，往后全仗着您照应了，等唔们混成了大棒槌……可得好好孝敬孝敬您！

肖启山　你别拿那棒槌骇我脑瓜子就成了……小斗子呢？

田翠兰　后头伐树呢……（紧张）您找他有事？

肖启山　甭打听，你先让他过来。

田翠兰　（对着月亮门儿）小斗子！福斗！福斗！

关福斗　（幕后）哎！

田翠兰　肖老板找你呢，你跟秀芸都过来！别磨蹭……紧着！

关福斗　来了来了！来了……

【关福斗拎着长把儿大斧子跑出来，险些收不住脚，把众人吓了一跳。他用衣襟抹

着满头大汗，半天匀不过气儿来。王秀芸背着一大捆枯树枝子，溜着墙根儿钻进了伙房。】

关福斗　……妈的……这树瓢子真硬，铁疙瘩似的……肖老板！您……您找我？

肖启山　（上下打量对方）我看你就跟个铁疙瘩似的……家里有镐头么？

田翠兰　（抢话）没有！

肖启山　（瞪她一眼）有铁锹么？

关福斗　……有。

肖启山　你把那斧子给我扔喽，给铁锹换个结实点儿的木头把子，扛上它这就跟我走。

田翠兰　……上……上哪儿去？

肖启山　上坟地里给你挖坑儿去。

田翠兰　（真急了）您到底打算领我姑爷上哪儿啊？

【金穆蓉从屋里走出来，把沉甸甸的纸包递给肖启山，翘着莲花指为对方斟茶。周玉浦愁眉苦脸地看着老婆的一举一动。苑国钟唉声叹气，装模作样地数着一把铜子儿。】

肖启山　（心平气和）这程子你们谁到永定门外头去溜达过？那些个飞机呀，就甭提有多闹腾了……胖的瘦的在脑瓜儿上一块儿嗡嗡嗡，跟闹蝗虫似的死活它就落不下来！为什么你们哪个知道么？

周玉浦　……跟日本人学？反共防共……想给咱们市民撒传单？

金穆蓉　八成是南苑飞机场出事了吧？

肖启山　可不就是呢么！"共军"的炮弹砸在飞机轱辘道儿上了……翅膀短点儿的，贴边儿还能凑合着往下出溜，剩下的可惨喽！蒋委员长大老远从南京飞来，生生落不下去，翅膀长得忒长啦！怎么来的又怎么回去了……你们说他闹心不闹心呐？这叫他妈什么事儿啊！啊？

田翠兰　我还是没听明白，您让我姑爷扛着铁锹去干吗？您就是让他扛着斧子过去，那蒋委员长该下不来……他不还是下不来么？

苑国钟　（成心添堵）您还别说……要是咱们都扛着斧子过去呢？嫌翅膀忒长了咱们给他砍短点儿成不成？我估摸能下来人家也不下来了，任谁都不想来了！想飞走的还不定得有多少呢……你们说是不是？

周玉浦　玩笑话有半句就得……（使眼色）半句正好儿。

肖启山　（不恼）不定哪天……飞机轱辘落你丫脑袋上你就踏实了。

苑国钟　他要嫌我舍不得掏钱给他乱花，成心砸我一下儿我认了！

肖启山　你当你他妈养活儿子呢？（喝茶）小斗子你听好了……出了胡同奔菜市口，往北走到西单牌楼磨身儿往东，一直扎下去，什么时候撞着东单牌楼了你什么时候停下来。那儿有人管你三顿饭，天黑了帐篷里有你的草铺，天亮了拿着铁锹拌三合土砸大夯，自要待够了二十天，保你能踏踏实实顺原路回来……（对着田翠兰）我还你们公母俩一个全须全尾（音yi）儿的养老女婿，咱就这么着了行么？

苑国钟　炮儿局……打北边儿搬南边儿去啦？

田翠兰　（浑身发软）福斗犯什么错儿了？让唔们当这等子牢里的差事？

肖启山　好差事！在大马路南边修飞机场！顿顿儿离不了白米饭白面包，羊肉氽丸子就美国的虾米罐头……傻小子，享福去吧你！赶紧回屋跟老婆吃个嘴儿嚼两口奶豆子，这就跟我走。

田翠兰　（慌神儿）肖保长，他肖爷……我亲叔儿！您抬抬手儿，甭让唔们去了成么？一家子都指着他呢，您可怜可怜我们！闺女的肚子都五个来月了，福斗出去要有个三长两短的……

肖启山　说什么呢你？这不是去半步桥儿，真把他毙了活儿谁干呐？

田翠兰　去年下半年儿，胡同口老赵家那二小子，说是征了修马路去，到了儿让人给弄到高碑店挖战壕，一个大马趴那儿就没起来……让枪子儿给梃过去了！您是活菩萨，您饶他一命得了……

肖启山　他不去谁去？你去？！

田翠兰　要去家儿家儿得有人去，凭什么拆我们一家儿的房柱子呀？

金穆蓉　（阴阳怪气）我们家倒是想出一口子，可惜了儿缺您那个福气，现找个倒插门儿的壮丁，怕是也不赶趟儿了……自要是保卫咱这民国，谁去不是去呀？拆了柱子救国家，房子塌了也就塌了……值！

【田翠兰噎得说不出话来；王秀芸躲在苇子帘儿后面，用树枝儿捅丈夫的脊梁，福斗恍然大悟，砰然倒地发起了羊角风，抽筋儿拧下巴外带吐白沫儿。院子里顿时炸了窝。王立本一屁股骑在那两条乱蹬乱踹的腿上，像收拾小马驹儿似的。王秀芸端着葫芦瓢，往男人脸上喷水，又掐人中又啪啪地扇小嘴巴儿，两口子配合得十分默契。】

田翠兰　福斗！福斗……（哭了）福斗哎！

王秀芸　妈！您哭什么呀？离死还且着呢！

苑国钟　舌头！快！拿两根儿筷子硌他牙上，留神他把口条咬折了咽下去！

周玉浦　呦！吐了……杂合面儿窝头给吐出来了！

金穆蓉　你别上手……给你拿我手绢接着！

苑国钟　糊块膏药成么？往他嘴巴子上糊块膏药试试……

王秀芸　爸！您轻点儿……您都把他腿肚子拧前边儿来了！

王立本　（头一回说话，尖声）大头！快摘个石榴去！

苑国钟　哎！摘摘……摘石榴干吗？

王立本　囫囵个儿塞嘴里，专治羊角风！

苑国钟　塞得进去么？塞进去还拿得出来吗？可别噎死你姑爷……（突然惨叫起

来）看着！你们眼瞎啦！看脚底下！看着……你们……我……

【院子里再一次鸦雀无声，连抽风的人都被惊得不敢动弹了。苑国钟异常窘迫，瘪茄子一样耷拉着脑袋。那条围裙被众人踢到一边儿去了，露出了一沓沓散乱的法币。肖启山眯缝着眼睛，轻轻嗅他的鼻烟儿。】

肖启山　你个小妈妈儿的……（打了个喷嚏）嚄我跟嚄孙子是的！你们缺德不缺德呀？

小斗子　……老木匠死那年你在哪儿干活儿来着？

关福斗　……在白纸坊给一阔主儿修亭子。

肖启山　那年十六军九十四师征兵，我领着人征到你头上……你个臭小子当着大伙儿干什么来着？

关福斗　（憨笑着爬起来，一副好汉做事好汉当的样子）……没干什么，抽羊角疯来着……它想抽我有什么办法呀？

肖启山　打光棍儿抽风，娶了媳妇还是抽风，你还真会挑时候儿，进了洞房趴在炕席上……你也这么抽来着吧？你就不能换个花样儿？

关福斗　我师傅没教我别的……奉军招兵他抽风，直军招兵他还是抽风，皖军招到他头上他接着抽！他要不抽风他怎么就成了我师傅呢？不抽风他也当不成木匠不是……

肖启山　（笑）你小子还真有的说！得了……接着砍你的树去吧。

田翠兰　他肖爷！您是他亲爷爷是我亲叔儿！我给您磕一个……

肖启山　你别价！我还没说完呢……一天六毛钱，二十天多少钱，你们两口子钻被窝儿里好好捏捏手指头。现在我不跟你们要，要你们也没有……等你们再拿儿锅炒肝儿换了正经东西，别让我催，麻利儿给我包好了送过去。

田翠兰　您饶命就饶到底，饶半条命让我们怎么喘气儿啊？

肖启山　你们怕死不想去，我不得花钱雇人替你们死去？得了，有一个算一个，你们该干吗干吗去……苑国钟！这一地烂纸片子是你的吧？你站那儿别动，我这就过去抽你丫挺的……你动？你敢动？

【苑国钟真的不敢动了。斧子在后夹道发出嘹亮的啸叫，整个院子都在震颤。肖启山把碍脚的法币踢开，抬起了一条胳膊。苑国钟吓得一缩脖子，那只手却轻飘飘地落在他肩膀上了。俩人依偎着走到大门口，窃窃私语，像亲哥儿俩似的。】

肖启山　你跟我说老实话，你儿子的病糟到什么成色了？

苑国钟　（闭着眼长长地松了口气）……您……您刚才问我什么来着？

肖启山　你们家苑江森的病……横儿不至于说死就死了吧？

苑国钟　听协和那洋大夫的口气，像是还有几年的命。可上个月碰上一"大夫"，硬跟我说活不过一年去了！我上中央公园找俩半仙儿打了好几卦，都说过了阴历年就得备丧事……我不敢当真可也不敢不当真呐！肖老板，我姓苑的都这样儿了……您要是不心疼我谁心疼我？

肖启山　我要按户口底子征你们家男丁修飞机场，你不儿也得掏钱代工么？我要是不心疼你，你可没这么轻省。国钟……你是跟我玩儿幺蛾子啊，还是真的成光屁溜子了？

苑国钟　我要蒙您我就不是人揍的！但凡有点儿遮盖，我儿子能住不起医院？就为了抓几副好药，我把家里能卖的都卖干净了……我没钱交政府的差事了！除了这地上的，您伸手掏进来摸摸，您薅①不着正经东西，就剩几根儿鸡巴毛啦！

肖启山　得得得得！又来了……照你这么说，就剩这一撮杂毛儿了……（逼视对方）你打算拿什么东西给你儿子办喜事儿呀？

苑国钟　（愕然）您……我……那什么……

肖启山　别跟我装傻！你想给你儿子冲喜②，托人找了好几家儿了对不对？

苑国钟　（惊惧）您小点声儿！别让我儿子听见……这事儿我没敢告诉他呢。

肖启山　你连话都不敢跟他透，你还给他冲哪门子喜呀？

苑国钟　您说不冲喜怎么办？您要说卖脑袋能救他的命，我这就把脖子上顶的这东西切下来给您搁这儿，您信不信？

肖启山　我信！我信……（沉吟片刻）劈柴胡同一姓刘的怕招病，没答应你？

苑国钟　是唔们没相中！那丫头俩大眼珠子不怎么动弹，瞧着瘆得慌。

肖启山　你说是她命不好，还是你儿子的命太好了？

苑国钟　命好？您这是想寒碜我？

肖启山　我是想顺便给你们搭挂一人儿。

苑国钟　……谁呀？

肖启山　高台阶老肖家的黄花大闺女……大排行老三的肖鹏芝！

【苑国钟差点儿踩空了从台阶上掉下去。他活像一只被逼到了墙角的耗子，肖启山则老猫一样盯着他，不出声儿地笑着。】

肖启山　瞧不起我？

苑国钟　……不是……哪儿的话……您……我……

肖启山　（熟练地打手势）八条粪道，六眼甜水井，四个铺面，俩院子……你看他们家哪块儿委屈了你了？

苑国钟　不能够！您说哪儿去了？

肖启山　老肖家做事从来不要单儿，养活孩子都是龙一对儿凤一对儿……老大在南京当参谋抖威风，老二嫁到南洋享清福，老三在家里等着出阁，整天

---

①薅（hāo）：用手拔。

②冲喜：旧时迷信风俗，家中有人病重时，用办理喜事（如娶亲）等举动来驱除邪祟，希望转危为安。

吃香的喝辣的……老四虽说倒了点儿霉，可是从泥坑子里说爬出来他就准能爬出来……（咄咄逼人）你看这一窝儿福蛋，给你们家那痨病棵子当大舅子小舅子大姨子……当个冲喜的小媳妇儿够得着资格了没有？

苑国钟　您是太阳，我们是鸡蛋黄儿，挨……挨不上。

肖启山　挨不上？怎么个意思？

苑国钟　一个天上一个地下，我们……还真是不敢挨上去。

肖启山　你儿子有病，我闺女也有病，俩病凑一病！我们天上的还没说吓得慌呢你们地上的怎么就说不敢了？

苑国钟　俩人都有病是都有病，可您闺女……她是……她是个疯子呀！

肖启山　（沉默良久）……得！明白你意思了，你看着办吧，我等你回话儿……我再给你撂下一句沉的。自打你惦记给儿子冲喜，你饶世界踅摸人儿，独独绕开我们家高台阶儿，你不拿眼皮子夹我。苑国钟，就这一句……你他妈得罪我了！回见了您呐。

苑国钟　（追下台阶）您留步……您留步！听我说……您看我欠您那捐……

肖启山　我包圆儿了！

苑国钟　我……我怎么没听明白呢？

肖启山　（微笑）谁让我心疼你呢？我替你垫足了交上去，算我下给你一笔印子钱，六分的利，十天一结。我不见你……有人来替我拿。

【肖启山扬长而去，中途停了下来。后夹道那棵树吱吱嘎嘎地倒下去。随着一声闷响，传来砖瓦破碎和墙体坍塌的声音。所有人都跑到院子里，关福斗和王秀芸冲出月亮门，奔向了呆若木鸡的苑国钟。】

关福斗　苑叔儿！明明冲那边儿倒下去了，间儿拧一麻花儿，栽这边儿来了！

王秀芸　……拴着大绳呢……没勒住！

苑国钟　（颤抖）砸了我房你们赔！得赔我……你们！

田翠兰　赔你个大萝卜！你那房不是好好的吗！

金穆蓉　不对吧……瞧着像是把东院的大北房给砸了。

周玉浦　没错儿！你们把黄局长他们家房给砸了！瞧啊……西山墙塌了一块……你们都过来瞧啊！

苑国钟　天呐！还不如砸我的房呢……你还不如砸我脑壳呢！小斗子……我拿菜刀剁了你！

肖启山　（笑容可掬地凑过来）你们就知道给我找麻烦！我这保长又添了事由儿了……我得赶紧问问那院的管家去，这得怎么个赔法儿呀？国钟你别着急，我替你包圆儿。他们让你赔多少你都别上吊去，也别上筒子河扎滋泥去！有我呢……（笑出了声儿）我全都给你包圆儿喽！

田翠兰　（嗅来嗅去）什么味儿？什么味儿……（大惊）药！药糊了！立本儿，你个棒槌!药巴锅啦!

【苑国钟想说什么没说出来,带着惨笑悠然昏厥,关福斗和周玉浦上前托住了他的身子。舞台上的一切凝固了片刻,灯光渐暗,隐约传来蛐蛐儿的欢唱和悠扬的口琴声。大幕飞速地拉严了。】

练习与思考

一、有人说,《窝头会馆》是继老舍先生的《茶馆》之后又一反映北京底层劳动人民生活的话剧代表作品。试分析《窝头会馆》与《茶馆》在语言方面的异同。

二、剧中非常富有诙谐意味的就是小小的一个窝头会馆,三家人供奉着三种不同的神仙:前清格格金穆蓉信仰基督教,供奉着耶稣;普通的中国妇女田翠兰信仰佛教,供奉着弥勒佛;而房东苑国钟则供奉着关老爷。再加上苑江淼和周子萍两个新生代学生信仰的马克思主义,小小的一个窝头会馆竟有四种不同的信仰。你如何看待作者这样安排的用意?

三、《窝头会馆》塑造了一系列个性鲜明的人物形象,你最喜欢哪一个人物?请说出你的理由。

四、课余时间观看北京人民艺术剧院排演的话剧《窝头会馆》的视频,细细品读这一经典的话剧作品。

目送[1]

龙应台[2]

课文导读

提到"目送"这个词,很多人会联想到朱自清的散文《背影》,其中的父子亲情令人读起来深有感触。与之不同的是,本文述说的是三代人的情感交织:看着儿子的成长,回忆自己的年少;经历着父亲的老去,审视自己即将到来的晚年。本文是一篇抒情散文,作者用深情的笔触,将父母子女之间细腻深刻的牵绊娓娓道来,引人深思。

本文看似是记录时间历程的点滴细碎,却又字字动人心弦。语言温和晓畅,真实凝练,给人很强的画面感。在学习中,要注意体会重点语句的含义以及其中蕴含的浓厚的思想感情。

散文讲究"形散神不散"。本文层次清晰,结构鲜明。阅读本文时,要注意揣摩作者想要传达给人们的人生感悟:再多的遗憾不舍都不过是生命的过程,我们只能往前走,用现在来填补过去的空白和伤口,带着爱和释怀与生命和解。

华安上小学第一天,我和他手牵着手,穿过好几条街,到维多利亚小学。九月初,家家户户院子里的苹果和梨树都缀满了拳头大小的果子,枝丫因为负重而沉沉下垂,越出了树篱,钩到过路行人的头发。

很多很多的孩子,在操场上等候上课的第一声铃响。小小的手,圈在爸爸的、妈妈的手心里,怯怯的眼神,打量着周遭。他们是幼稚园的毕业生,但是他们还不知道一个定律:一件事情的毕业,永远是另一件事情的开启。

铃声一响,顿时人影错杂,奔往不同方向,但是在那么多穿梭纷乱的人群里,我无比清楚地看着自己孩子的背影——就好像在一百个婴儿同时哭声大作时,你仍旧能

---

[1] 选自《目送》,广西师范大学出版社,2014年1月出版。
[2] 龙应台,女,1952年2月13日生于中国台湾高雄大寮乡眷村,现代作家。她的代表作有《野火集》《亲爱的安德烈》《目送》等。

够准确听出自己那一个的位置。华安背着一个五颜六色的书包往前走,但是他不断地回头;好像穿越一条无边无际的时空长河,他的视线和我凝望的眼光隔空交会。

我看着他瘦小的背影消失在门里。

十六岁,他到美国做交换生一年。我送他到机场。告别时,照例拥抱,我的头只能贴到他的胸口,好像抱住了长颈鹿的脚。他很明显地在勉强忍受母亲的深情。

他在长长的行列里,等候护照检验;我就站在外面,用眼睛跟着他的背影一寸一寸往前挪。终于轮到他,在海关窗口停留片刻,然后拿回护照,闪入一扇门,倏忽①不见。

我一直在等候,等候他消失前的回头一瞥②。但是他没有,一次都没有。

现在他二十一岁,上的大学,正好是我教课的大学。但即使是同路,他也不愿搭我的车。即使同车,他戴上耳机——只有一个人能听的音乐,是一扇紧闭的门。有时他在对街等候公车,我从高楼的窗口往下看:一个高高瘦瘦的青年,眼睛望向灰色的海;我只能想象,他的内在世界和我的一样波涛深邃,但是,我进不去。一会儿公车来了,挡住了他的身影。车子开走,一条空荡荡的街,只立着一只邮筒。

我慢慢地、慢慢地了解到,所谓父女母子一场,只不过意味着,你和他的缘分就是今生今世不断地在目送他的背影渐行渐远。你站立在小路的这一端,看着他逐渐消失在小路转弯的地方,而且,他用背影默默告诉你:不必追。

我慢慢地、慢慢地意识到,我的落寞,仿佛和另一个背影有关。

博士学位读完之后,我回台湾教书。到大学报到第一天,父亲用他那辆运送饲料的廉价小货车长途送我。到了我才发觉,他没开到大学正门口,而是停在侧门的窄巷边。卸下行李之后,他爬回车内,准备回去,明明启动了引擎,却又摇下车窗,头伸出来说:"女儿,爸爸觉得很对不起你,这种车子实在不是送大学教授的车子。"

我看着他的小货车小心地倒车,然后"噗噗"驶出巷口,留下一团黑烟。直到车子转弯看不见了,我还站在那里,一口皮箱旁。

每个礼拜到医院去看他,是十几年后的时光了。推着他的轮椅散步,他的头低垂到胸口。有一次,发现排泄物淋满了他的裤腿,我蹲下来用自己的手帕帮他擦拭,裙子也沾上了粪便,但是我必须就这样赶回台北上班。护士接过他的轮椅,我拎起皮包,看着轮椅的背影,在自动玻璃门前稍停,然后没入门后。

我总是在暮色沉沉中奔向机场。

火葬场的炉门前,棺木是一只巨大而沉重的抽屉,缓缓往前滑行。没有想到可以站得那么近,距离炉门也不过五米。雨丝被风吹斜,飘进长廊内。我掠开雨湿了前额的头发,深深、深深地凝望,希望记得这最后一次的目送。

我慢慢地、慢慢地了解到,所谓父女母子一场,只不过意味着,你和他的缘分就

---

① 倏忽(shūhū):指很快地,忽然。
② 瞥:匆匆一看。

是今生今世不断地在目送他的背影渐行渐远。你站立在小路的这一端,看着他逐渐消失在小路转弯的地方,而且,他用背影默默告诉你:不必追。

 练习与思考

一、给加点字注音。

缀（　　）满　一瞥（　　）　深邃（　　）　引擎（　　）　掠（　　）开

二、本文语言富有感染力,试从表现手法角度加以举例并作简要赏析。

三、作者以"目送"为线索,叙写了自己生命历程中哪两份难以割舍的目送？分别表达了怎样的情感？

四、文中两次写道同一段话:"我慢慢地、慢慢地了解到,所谓父女母子一场,只不过意味着,你和他的缘分就是今生今世不断地在目送他的背影渐行渐远。你站立在小路的这一端,看着他逐渐消失在小路转弯的地方,而且,他用背影默默告诉你:不必追。"简要分析这种写法的好处。

《暗恋桃花源》① (节选)

赖声川②

 课文导读

《暗恋桃花源》讲述了一个奇异的故事："暗恋"和"桃花源"原是两个毫不相干的剧组，因为都与剧场签订了当晚彩排的合约，双方僵持不下，不得不同时在剧场彩排，演绎了一出跨越古今、悲喜交错的舞台奇观。"暗恋"讲述的是一出现代悲剧，男女主人公因为战乱在上海相遇相恋，又因战乱离散。两人不约而同逃到中国台湾，却互不知情，直到垂暮之年才得以相见，此时两人已经儿女满堂，男主人公也已经卧病在床。"桃花源"是一出古代喜剧，讲述的是武陵渔夫老陶因为和妻子春花生不出孩子，妻子又与房东袁老板私通，一气之下离家出走。待他再次返家，发现春花已经和袁老板生活在了一起，也有了孩子，然而他们之间的婚后生活也充满了争吵和嫌隙，再也没有以前的浓情蜜意。在两个故事中间，还穿插着一个寻找刘子骥的神秘女人。《暗恋桃花源》以其独特的戏剧结构和剧情效果闻名于世，被称为是一部不可多得的经典好戏。

在阅读剧本时，要注意梳理清楚人物之间的关系，把握人物性格，分析人物的语言特点。同时，要关注舞台说明，剖析舞台说明的作用和人物动作神态的潜台词。

人物：

云之凡……恋人女

江滨柳……恋人男

---

①节选自《暗恋桃花源（赖声川剧场　第一辑）》，东方出版社，2007年出版。
②赖声川（1954— ），中国台湾舞台剧、电视、电影导演。1984年创立剧团表演工作坊。1992年拍摄电影《暗恋桃花源》，获东京影展银樱奖、柏林影展卡里加里奖、金马奖、新加坡影展最佳影片等多项大奖。

导　　演……暗恋剧组导演
副导演……暗恋剧组副导演，女人，三十多岁
江太太……江滨柳妻子
护　　士……台北医院护士
女　　人……现代装的，寻找刘子骥的女人
老　　陶……渔夫
春　　花……渔夫妻
袁老板……房东
小　　林……桃花源剧组美工
顺　　子……桃花源剧组布景

第一幕

【黑场。灯光亮起。江滨柳和云之凡。江滨柳哼歌，在云之凡后面来回。】

云之凡　好安静的上海呀！从来没有见过这么安静的上海。好像整个上海就只剩下我们两个人了。刚才那场雨下得真舒服，空气里有种说不出来的味道。滨柳，你看，那水里的灯，好像……

江滨柳　好像梦中的景象。

云之凡　好像一切都停止了。

江滨柳　一切是都停止了。这夜晚停止了，那月亮停止了，那街灯，这个秋千，你和我，一切都停止了。

云之凡　天气真的变凉了。（滨柳将外衣披在云之凡身上）滨柳，回昆明以后，会不会写信给我？

江滨柳　我已经写好了一沓信给你。

云之凡　真的？

江滨柳	而且，还算好了时间。我直接寄回你昆明老家，一天寄一封，明天你坐船，十天之后，你到了昆明，一进家门，刚好收到我的第一封信。接下来，你每一天都会收到我的一封信。
云之凡	我才不相信，你这人会想这么多！
江滨柳	（从云之凡身上外衣口袋里拿出信）所以，还没有寄。
云之凡	我就知道。
江滨柳	（将信交给云之凡）这样，你就确定可以收到了。
云之凡	（走动，江滨柳跟随）有时候我在想，你在昆明待了三年，又是在联大念的书，真是不可思议，我们同校三年，我怎么会没见过你呢？或许，我们曾经在路上擦肩而过，可是我们居然在昆明不认识，跑到上海才认识。这么大的上海，要碰到还真不容易呢！如果，我们在上海也不认识的话，那不晓得会怎么样，呵。
江滨柳	不会，我们在上海一定会认识！
云之凡	这么肯定？
江滨柳	当然！我没有办法想象，如果我们在上海不认识，那生活会变得多么空虚。好，就算我们在上海不认识，我们隔了十年，我们在……汉口也会认识；就算我们在汉口也不认识，那么我们隔了三十，甚至四十年，我们在……在海外也会认识。我们一定会认识。
云之凡	可是那样的话，我们都老了。那又有什么意思呢？
江滨柳	（握云之凡的手）老了，也很美呀！
云之凡	（两人一起看表）晚了，我要回去了。（去手提袋拿围巾，跑过来，指布景）滨柳，你看，那颗星星！（将围巾围在滨柳脖子上）
江滨柳	你这是……
云之凡	我今天到南京路，看到这条围巾，就想你围起来一定很好看。
江滨柳	你这是，哎，你要花多少钱啊！
云之凡	你别管钱嘛！你看，多好看！等我回到昆明以后，这里天就要变凉了，你要常常围哟！我还帮我妈买了两块衣料。这次，是我们家抗战以来第一次大团圆。我重庆的大哥、大嫂也要回来。滨柳，你知不知道，昆明一到过年，每一家满屋子都铺满了松针……那种味道，才真正地叫过年。
江滨柳	回家真好哇！
云之凡	你怎么了，又想家了？总有一天你会回到东北去的。东北又不是永远这个样子。
江滨柳	东北不是说你想回去就可以坐火车回得去的。
云之凡	总有一天你可以回到东北过年嘛！（江滨柳伤感地往一边走，云之凡随后安慰他）战争已经过去了，这年头，能够保得住性命已经不容易了。有

些事情不能再想了。

江滨柳　有些事情不是你说忘就忘得掉的。

云之凡　可是你一定要忘记呀！你看我们周围的人，哪一个不是千疮百孔①的？

江滨柳　（激动）有些画面，有些情景你这一辈子也忘不掉的。

云之凡　可是你一定要忘记，你一定要学着去忘记呀！

江滨柳　好，就像这段时间我们两个在一起，你说我会忘得掉吗？

云之凡　哎哟，我又不是让你忘掉我们之间。我是说那些——不愉快的事：战争，逃难，死亡。你一定要忘记才能重新开始。滨柳，这些年我们也辛苦够了，一个新的秩序，一个新的中国就要来了。（看表）我真的要回去了。房东要锁门了。

江滨柳　之凡，（挽住之凡）再看一眼。

云之凡　（依偎滨柳）滨柳，我回昆明以后，你会做些什么？

江滨柳　等你回来。

云之凡　还有呢？

江滨柳　等你回来。

云之凡　然后呢？

【暗恋组导演上台，副导演随后。导演在两人面前徘徊。】

导　演　不是这种感觉。（对两人说戏）我记得当时呀，不是这个样子。

江滨柳　导演，你是说我们刚才戏里什么东西不对吗？

导　演　江滨柳，你要了解江滨柳的遭遇，看时代背景之间的关系。你更要了解，这场戏，就是整个故事的关键。（拉过云之凡的手）小手这么一握，是最甜蜜，也是最心酸的一握。

江滨柳　导演，你可不可以把话说得具体一点？

导　演　（走到前台）从历史的角度来说，当时这个大时局里，从你内心深处，应该有所感觉，一个巨大的变化即将来临。

云之凡　导演，我觉得我们刚才感觉满好哇，情绪也很对呀！问题是四十多年前的事儿了，我们这么多人当中，只有你一个人去过上海。我们已经尽量按照你所说的去想象了。（指点）这边是外滩公园了，那边是黄浦江，那边……

导　演　黄浦江？我看你们看的是淡水河！

副导演　老师，我觉得刚刚……

导　演　（走开）没人问你！江滨柳，我告诉你，这场戏你不好好演，到了下场戏，等你老了，躺在病床上，你就没有回忆了你懂不懂？

江滨柳　好，那现在怎么办？

---

①千疮百孔：形容漏洞、弊病很多，或者破坏的程度很严重。

导　演　重排！

云之凡　从哪儿开始？

导　演　从过年开始。

【导演、副导演下。】

云之凡　滨柳，你知不知道，昆明一到过年，每一家满屋子都铺满了松针，那种味道才叫过年。

【桃花源组人上，在后景。】

江滨柳　回家真好。

云之凡　你怎么了，又想家了？总有一天你会回到东北去的，东北又不是永远都这个样子。

江滨柳　东北不是说你想回去就可以坐火车回得去的。

云之凡　总有一天你可以回到东北过年嘛！（江滨柳伤感地往一边走，云之凡随后安慰他）战争已经过去了，这年头，能够保得住性命已经不容易了。有些事情不能再想了。

江滨柳　有些事情不是你说忘就忘得掉的。（袁老板和老陶走近）

云之凡　可是你一定要忘记呀！你看我们周围的人，哪一个不是千疮百孔的？

导　演　后边在干什么呢！

江滨柳　（激动）有些画面，有些情景你这一辈子也忘不掉的。

云之凡　可是你一定要忘记，你一定要学着去忘记呀！

江滨柳　好，就像这段时间我们两个在一起，你说我会忘得掉吗？

云之凡　哎哟，我又不是让你忘掉我们之间。我是说那些——不愉快的事……

（袁老板已经到了两人身边，前景美工小林和布景顺子扛一桌子走过）战争，逃难，死亡。（袁老板指挥他们摆桌子）

【导演上，副导演随后。】

导　演　你们在干什么呢？

江滨柳、云之凡　哎！搞什么呀！

袁老板　你在跟我说话？

导　演　是呀！

袁老板　我请问一下你们在干什么？请你们把东西搬一搬，我们要排戏呀。

导　演　你排什么戏呀？场地是我们租的。

袁老板　不不不不，这怎么可能呢？我们明天要正式公演呐！外面有一张海报《桃花源》我相信你们都看到了。

护　士　桃花源就是你们呐！

导　演　我不管是不是你们啊，场地是我们租的。

袁老板　我想一定是你们弄错了！真的，真的。大家快一点！我们时间来不及了，马上叫顺子去。顺子！（对江滨柳）帮忙一下，动作起来好不好？把东西搬一搬。

江滨柳　你们不要开玩笑好不好？我们要排戏呀，你们搬什么东西呀？

老　陶　我想我们现在一定是有什么误会了，啊。但是，还是请你们让开。

导　演　嗳，老弟！场地是我们租的，你不要开玩笑好不好？

老　陶　你看我这样子像是来玩笑的吗？

春　花　（在一边读剧本）我死我死我死……（大声）我死！

江滨柳　你们今天真有订场地吗？

袁老板　对，当然有哇！

江滨柳　奇怪呀！场地是我们订的！

副导演　是呀，是我亲自去订的！

老　陶　对不起，请问你们是在排什么戏？

云之凡　暗恋！

老　陶　暗恋，暗恋是在讲什么东西？

袁老板　哎呀！你不要管它讲什么东西嘛！

江滨柳　是这样的啊，我们呢后天就要演出，今天非要彩排不可。

老　陶　哦！所以说你们搞错了！我们呢明天就要演出，你看谁比较紧张呢？

袁老板　当然是我们比较紧张了对不对！

江滨柳　（对副导演）你跟剧场怎么办的手续呀？

导　演　你问她也没用！这个问题很简单哪！我去问一下剧场管理员不就行了嘛！

袁老板　对对对！你去问一问就比较清楚了嘛！

导　演　（边下场）当然要问，你等着看就好了！

【暗恋组下】

老　陶　我跟你说过多少次了我不能被干扰。

袁老板　好了，这问题呀不会有的了！你看，场地是我们的嘛。

老　陶　不会有问题，不会有问题！每次问题都一大堆！我刚才他妈的差点去搬那个什么那个那个那个……

袁老板　秋千呀。

老　陶　啊，秋千。上一次我差点去搬那个什么那个那个那个……

袁老板　方舟啊！

老　陶　啊，方舟。搬得我半死！反正我跟你说我不能被干扰就对了。

袁老板　好了，好了。没有问题了！哎，我们从三角关系那场开始好不好？动作快一点了！

【灯光暗下。】

第二幕

【灯光亮起。老陶家。一张旧四方桌，三把椅子分别摆在桌后面和桌两边，四方桌后上方悬挂着一幅破竹帘子。老陶在使劲拔酒瓶盖子，但就是打不开。】

老　陶　这是什么酒哇？（到旁边去拿菜刀。边用菜刀弄酒瓶）这叫什么家？买个药买一天了还没买回来，这还叫家吗？（打不开）我不喝可以了吧！（将菜刀与酒瓶放下，拿起饼）我吃饼！（仿佛感想颇多）武陵这个地方呀，根本就不是个地方。穷山恶水，泼妇刁民。鸟不语，花还不香呢！我老陶打个鱼嘛，呵，那鱼好像串通好了一块不上网！老婆满街跑没人管！什么地方！（咬饼，但就是咬不动）嗯……（把饼拍在桌子上，操刀）康里康朗，康里康朗。这叫什么刀？（扔刀）这叫什么饼？（把饼摔在地上，踩在两张饼上，扔第三张饼）大家都不是饼！大家都不是饼！我踩！我踩！（突然停下，指着第三张饼）你别怕，你没错，你冤枉。（指脚下两张饼）你们两个这是干什么？（交叉步，扫堂腿，头顶地面欲倒立）压死你，压死你！

【春花唱着歌，拎着个包袱，高高兴兴地从右上。】

春　花　（唱）左分右分我分不开。（将一束花儿插入花瓶）

老　陶　（和）左分右分我分不开。（用饼作擦地板状）

老　陶　（起身，与春花调换位置，拿起桌上的酒瓶）买，买，买个药你买一天买哪儿去了你？（将酒瓶放在桌上，春花拿起，"砰"打开盖子，倒了一杯，盖上盖子，喝酒。老陶在旁边，嫉妒而吃惊地看着）买个药买一天买哪儿去了，问你半天你怎么不回话儿啊你？

春　花　说话那么大声干什么，你不会温柔一点？

老　陶　（扭捏作态）春花儿……

春　花　（温柔地）哎……

老　陶　买个药买一天买哪儿去了？

春　花　药啊……（拿药，突然投向老陶裆部）在这儿呐！

老　陶　（狂踩几脚）康里康朗，康里康朗！

春　花　你要的都在这儿了，蛤蚧①，蛇鞭，海狗鞭！买回来是一条一条的，现在都被你踩成粉了。

老　陶　（坐下）那个蛤蚧，蛇鞭，虎鞭，都齐了没有？

春　花　都齐了，把你打的小小的鱼赚来的钱都花光了。

老　陶　没关系，值得。那好了，你把这药拿到后头炖一炖去呀！小火慢炖，咕噜咕噜咕噜咕噜，三碗炖成一碗，然后呢你把它给喝了。

春　花　我？这不是你要的药吗？

---

①蛤蚧（géjiè）：爬行动物，形似壁虎，体型较大，头大，背部灰色而有红色斑点，吃蚊、蝇等小虫。可入药。

老　　陶　是你有问题还是我有问题？

春　　花　生不了孩子当然是你有问题了！

老　　陶　（指着自己的鼻子）我有问题？开玩笑，我会有问题？（双手在面前比划）我这么个人，我这么个长相，我什么地方，我哪里（看自己裆部）会有……问题？

春　　花　你这个人啊，怎么搞的？整天都钓不到一条大鱼，药给你买回来了你又不吃。是你急着要生孩子的，我可一点都不着急。吃不吃随便你！

老　　陶　（起身将药踢到一边）这根本就不是个药！

春　　花　哎呀，这怎么不是药？这药很贵，很有效的！袁老板告诉我……

老　　陶　（突然指向春花）袁老板怎么会知道？哦……

春　　花　（心虚）人家是路过嘛，人家是一片好意……

老　　陶　（拍桌子，暴躁）鬼话！袁老板怎么会知道我们家不生孩子？袁老板怎么会知道我们家不生孩子？（两人把药摔在地上）我踩！我踩！

春　　花　我踩！我踩！……（春花一脚踏在老陶脚面上，老陶抱脚，单腿跳开）

老　　陶　哎哟……（春花还在踩，并使用扫堂腿）

老　　陶　（突然从左首椅子上了桌子，双手挥舞）让开！（跳下）

春　　花　（让开后，也从左首椅子上桌子）让开！

老　　陶　让开！

春　　花　让开！

【袁老板抱着一床被子，喜滋滋地从右边上。】

袁老板　（唱）左分右分我分不开。

春　　花　（和）左分右分我分不开。

老　　陶　嗯！袁老板！

袁老板　（愣住）老陶，你在家啊！

老　　陶　啊！

袁老板　（自言自语）那我今儿可费事儿了。

老　　陶　什么？

袁老板　哦，我是说你可好啊？

老　　陶　托福，婚姻生活美满！

袁老板　那就好哇！

春　　花　（在桌子上）袁……（袁老板示意老陶在场）老板。

袁老板　哎！花儿……（春花示意老陶在场）春花。

春　　花　（在桌子上温柔地）来，上来玩儿吧。

袁老板　（走到两人中间）我看还是你下来看看我买了什么东西送给你——（看老陶）们。

春　花　哎哟！好新的一床棉被呀！

老　陶　（在一边走来走去）没听说还有人送棉被的。

袁老板　你们家的棉被又旧又破不能用了（捂嘴后悔）。

春　花　就是。

老　陶　哦。嗯？我们家的棉被又旧又破，你怎么知道？

袁老板　嗨，我是关心你——们嘛！（打开棉被，走向前台）老陶，这床棉被是我专门托人从苏州带回来的，你过来看看呀。

老　陶　（上前，拿了棉被胡乱翻看）什么棉被呀？肚子都吃不饱了，要这么花里胡哨的棉被干什么？你自己看看呗！（伸展棉被，春花接了，袁老板在中间）

袁老板　（三人在被子后面，露着脑袋。老陶居袁老板右首，春花居袁老板左首。袁老板右手伸在棉被外，指点棉被）老陶啊，这床棉被的料子有多好我就不说了，单说它这手工吧。（这时，春花右手摸袁老板右腮）这个手工，手工……

【袁老板摸春花手，忘形。】

老　陶　嗯？

袁老板　啊，手工，手工，手工，这个手工（春花的右手替袁老板挠头，又指向棉被）手工好呀，让人多舒服呀！

老　陶　什么呀？

袁老板　（看老陶，同时春花的手指老陶）什么什么呀？你看我干吗？（春花手指棉被）看这儿！（老陶看被子。袁老板）啊，你看，这被子上绣的是有龙有凤还有凤爪啊。（袁老板情不自禁地亲吻春花的手）

老　陶　干什么呢？

袁老板　（打哈欠，春花手捂袁老板的嘴，又挠头）你别老是盯着我看，你看被子嘛！

老　陶　被子睡觉用的，不重要。

袁老板　不不不不不（春花摆手），睡觉才重要呢！（春花伸大拇指）你别看我了，（春花手打老陶一耳光，指棉被）你快看被子呀！你看这个龙的眼睛，绣的是雄壮威武，炯炯有神。尤其是这个凤的身材，就更不用提了……

老　陶　（老陶突然把棉被拿走，扔在地上。袁老板和春花依偎着暴露）我不喜欢。

袁老板　（摸着春花）我喜欢哪！（两人分开）

春　花　（把被子捡起，蒙在老陶头上）你快把它拿进去吧！

老　陶　别人的东西不能随便收。

春　花　你就进去吧，进去吧。（老陶下）

袁老板　（捡起地上的药）还用这个。（踢了一脚，没踢中）

春　花　袁……

袁老板　（两人拥抱）花儿……我送给你的花儿呢？

春　花　花儿在那儿呢。

两　人　哦！

春　花　（突然分开）你快走吧，他已经怀疑我们俩了。

袁老板　不，我已经不能再等了。

春　花　可是我们只能等啊。

袁老板　我恨不得马上带你走，离开这个破地方。

春　花　我们能去哪儿呢？

袁老板　去哪儿不重要，只要你我都有信心，哪怕是天涯海角，都是你我自己的园地。我有一个伟大的抱负，在那遥远的地方，我看见我们延绵不绝的子孙，在那里手牵着手，肩并着肩。一个个都只有这么大。（用拇指和食指比画）

春　花　为什么只有这么大？

袁老板　因为远嘛！

春　花　啊。

袁老板　我看见了，他们左手捧着美酒，右手捧着葡萄，嘴里还含着凤梨。

春　花　啊！（又疑惑地）那不是成了猪公了吗？

袁老板　（搞不清楚）我是说，他们有吃不完的水果。

春　花　啊！水果！

袁老板　水果！

春　花　真有这样的地方吗？

袁老板　当然！只要你我都相信。

两　人　啊！

【拥抱。老陶上，两人分开。】

老　陶　袁老板，无事不登三宝殿。今儿除了送咱们一床棉被之外，还有什么事儿，你就坐下来直说吧！

袁老板　好。（三人坐下，老陶居中，春花在老陶右首）

老　陶　可要是房租的事儿……

袁老板　别提那个房租了。要是为了这么点儿房钱，传出去我都有点不太好意思了。（拿起酒瓶，"砰"打开）老陶，咱们就说说最近你打鱼的事儿吧。

老　陶　（馋）打鱼什么事儿呀？

袁老板　（为春花和自己倒酒，"砰"盖上）为什么别人打的鱼都那么大，你打的鱼就这么点儿。（用小手指比画）二三十人打的鱼都交给我，太小了我就要淘汰。来来来，先不说打鱼的事儿，先干。

老　陶　　（举空杯）我这儿，我这儿……

袁老板　　（与春花干杯）啊，痛快！（春花拿酒瓶，"砰"，为袁老板和自己倒上。刚要盖盖子，老陶伸手捂住酒瓶）

老　陶　　谁不想打大鱼，我也想打大鱼呀。那鱼也不是我给弄小的，你说是不是呀。可是这打鱼也有个运气问题，（刚要为自己倒酒，袁老板和春花的酒杯分别伸过来。说着说着，他把酒瓶往桌上一放，这时春花迅速"砰"盖上）我是想打大鱼可是打不到哇！

袁老板　　（与春花干杯）啊，痛快。老陶哇，做人那要有志气，有理想。想要的东西，只管把手伸进去，拿过来。上游有的是大鱼，你怎么不去试试呢？

老　陶　　袁老板，你说这话不就太那个什么了吗？

袁老板　　我这话太哪个什么了？

老　陶　　上游有大鱼我也知道，可我的船就这么点儿大，我去吧，去吧，去了不就那个什么了嘛！

春　花　　看你这个人，叫你去那个什么，结果你坐在那儿说了那个什么，说了半天你到底说那个什么了？

老　陶　　我说得还不够那个什么的吗？

春　花　　怎么可能够那个什么了？

袁老板　　你看你这个那个那个这个你说了什么跟什么嘛你？你有话干脆直接说出来。

老　陶　　这话要是直接说出来不就太那个什么了嘛！

春　花　　你要是不说出来不就更那个什么了吗？

老　陶　　哪个什么什么……

袁老板　　好了！我看你呀，根本说不清。还是我来说！（站起来，拍胸脯）

老　陶　　（站起来）你来说？

袁老板　　我说你呀，你那个那个那个……

老　陶　　我哪个哪个哪个哪个……

袁老板　　（指春花）对她！

老　陶　　哦，对她！

袁老板　　对她也太那个那个那个什么了。

老　陶　　好，就算是我对她是那个什么了点儿，可是我对她再那个那个那个什么，那是我们之间的那个那个那个——什么。可是你呢？你那个那个那个……

袁老板　　我哪个哪个哪个……

老　陶　　你那个那个那个又算是什么呢？

袁老板　　好，就算我那个那个那个不算什么，可是你那个那个那个……

老　　陶　我哪个哪个哪个……

袁老板　你那个那个那个当初！

老　　陶　当初？哪个当初？

袁老板　最当初！

老　　陶　最当初？我们都不是什么。（两人说着，不禁黯然坐下。停顿）要不这样好了，我去死，可以吧？

袁老板　（呆呆望着前方，发出类似饱嗝的声音）嗝。

老　　陶　我想你是没听懂我意思。我是说，要不我去死，可以了吧？

袁老板　嗝。

老　　陶　（突然起身，从桌子后面到前台，掐自己的脖子）我死！我死！我死！……

春　　花　（在后台）我死！我死！我死！我死！……

袁老板　（在二人影响下）好！我死！我死！我死！……

老　　陶　啊——啊——（袁老板和春花表面上劝解老陶，实际上却在掐他。老陶经过挣扎，方才逃脱）

【暗恋组的人上。】

老　　陶　（正好与暗恋导演撞上）袁老板，他们又来了！

导　　演　我有场租租约！

老　　陶　袁老板，他们有场租租约！我说过我不能被干扰了。

袁老板　场租租约谁都有嘛！有没有找过剧场管理员呢？

护　　士　管理员不在！

袁老板　那就对了嘛！顺子！顺子！

导　　演　我们把这里清理掉！（大家清理东西）

袁老板　哎呀，顺子把那东西摆哪里去了嘛！顺子，顺子！

【袁老板、春花和老陶下。找刘子骥的女人上。大家在搬东西。】

女　　人　刘子骥——刘子骥——

导　　演　你干什么的？

女　　人　我要找刘子骥！

导　　演　谁？

女　　人　刘子骥。（顺子正好来拿东西）

导　　演　（对顺子）小记，这位小姐好像是找你的。

女　　人　（对顺子）刘子骥！

顺　　子　找谁？

女　　人　刘子骥！

顺　　子　（拿起东西，边走）刘子骥？他姓什么？

【顺子下。女人跟下。】

导　　演　快，台北病房，病房！

练习与思考

一、课外通读《暗恋桃花源》剧本的全文，简要概括"暗恋"和"桃花源"的故事情节。

二、作者将"暗恋"和"桃花源"这两个看似毫不相干的话剧一同呈现在舞台上，是何用意？

三、作者在两部话剧之间安插了一个不停寻找"刘子骥"的女人，是何用意？"刘子骥"代表的又是什么？

第四单元　外国文学

单元导语

　　人生是一个苏醒的过程，生命是一次历练。生命的美好要认真感悟，生命的延续到要学会感恩，生命的意义要用心诠释，生命的困难会重塑自我，生命的平等要学会尊重。做好自己，摆正心态，充满正义，踏实认真，在有限的生命里绽放无限的光彩！

　　本单元选取以"生命"为话题的七篇外国文章。《仿佛》传达出母亲怀胎十月孕育了生命，并给予了无微不至的关怀和爱的情感；《飞鸟集》用短小的语句道出了深刻的人生哲理，引领世人探寻真理和智慧的源泉；《列车上的偶然相遇》通过父亲的人生经历，认真、执着做事的精神会改变人生的境遇，告诉我们每个人都可以通过努力诠释生命的意义；《牛蒡花》以花喻人，赞扬了牛蒡花捍卫自由而不惜牺牲生命的倔强形象，显现了作者崇尚顽强、坚韧、自由、力量的价值取向；《项链》中生活的困难并没有打败玛蒂尔德，却激发了她生命潜能，美好的品质闪耀光芒——诚信、勤劳、担当；《最后一片常春藤叶》中贝尔曼是一个"伟大"的作家，以自己的生命为代价画出了杰作，挽救了琼西的生命，也实现了自己的艺术追求；《威尼斯商人》中鲍西亚凭着聪慧和勇敢挫败了高利贷商人夏洛克的阴谋，正义战胜了邪恶，并告诉我们学会尊重，生命不是等价交换。

　　学习本单元文章，要把握不同文体的特点进行阅读和欣赏。一般来说，阅读和欣赏诗歌，重在把握诗歌中的形象和诗人的情感；阅读和欣赏散文，重在把握散文的情与景、形与神的统一；阅读和欣赏小说，重在把握人物、情节和环境，从中了解社会生活；阅读和欣赏戏剧，则要抓住矛盾冲突，从人物的形象、语言（台词）中把握人物的个性，了解人物之间的关系，理解戏剧的内容与主旨。

泰戈尔诗二首

课文导读

　　泰戈尔是第一位获得诺贝尔文学奖的亚洲人，他的诗歌享有史诗般的地位。泰戈尔的诗熏陶了中国最有才华的一批文人，其中，郭沫若、冰心受到的影响最深。郭沫若、冰心等人又以他们的作品，影响了一代又一代中国读者。

　　《仿佛》是泰戈尔众多歌颂母爱诗歌中的一首，于1926年写成，当时诗人已经65岁。诗人通过回忆的方式，描绘了三幅画面，表达了对母亲的思念之情。母亲去世的那年，诗人才13岁，随着时间的推移，诗人对母亲的思念之情越来越浓烈，同时也表达了母爱时刻伴随着诗人，弥漫在诗人生活中的情感。这首诗歌语言质朴、文字简略、用词朴实。《飞鸟集》是诗人泰戈尔内心历程的记录，犹如旅途之鸟留下的一个个脚印，尽管鸟的脚印是散乱的，但还是有迹可循，诗人以别具风采的格言诗般的语言，揭示了生活中的许多真理。

　　欣赏诗歌时，认真品味质朴语言蕴藏着深刻的情感以及深厚的韵味。

仿佛①

［印度］泰戈尔

我不记得我的母亲，
只是在游戏中间
有时仿佛有一段歌调在我玩具上回旋，
是她在晃动我的摇篮时所哼的那些歌调。

我不记得我的母亲，
但是在初秋的早晨，

---

①选自《古今短诗300首》，人民文学出版社，2005年出版，本诗歌由冰心翻译。泰戈尔（1861—1941年），印度诗人、作家、艺术家、社会活动家，1913年获诺贝尔文学奖。

合欢花香在空气中浮动,
庙殿里晨祷的馨香仿佛向我吹来母亲的气息。

我不记得我的母亲,
只是当我从卧室的窗里外望悠远的蓝天,
我仿佛觉得母亲凝住我的目光,
布满了整个天空。

飞鸟集①（节选）

[印度]泰戈尔

第 6 首

如果你因失去了太阳而流泪,那么你也将失去群星了。

第 18 首

你看不见你自己,你所看见的只是你的影子。

第 43 首

水里的游鱼是沉默的,陆地上的兽类是喧闹的,空中的飞鸟是歌唱着的。
但是,人类却兼有海里的沉默、地上的喧闹与空中的音乐。

第 68 首

错误经不起失败,但是真理却不怕失败。

第 69 首

瀑布歌唱道:虽然渴者只要少许的水便够了,我却很快活地给予了我全部的水。

第 100 首

白云谦逊地站在天之一隅。
晨光给他戴上了霞彩。

第 103 首

根是地下的枝。
枝是空中的根。

第 217 首

果实的事业是尊贵的,花的事业是甜美的;但是让我做叶的事业吧,叶是谦逊地、专心地垂着绿荫的。

练习与思考

---

①选自《泰戈尔散文诗全集》,浙江文艺出版社,1990 年 9 月出版,郑振铎译。

一、阅读课文,回答下列问题。

(1)《仿佛》每节为什么都以"我不记得我的母亲"起笔?这样写有什么作用?

(2)《仿佛》描绘了三个不同的场景,表达了诗人对母亲怎样的情感?

(3)散文诗《飞鸟集》在内容上和形式上各有什么特点?

二、通过图书馆或网络搜索泰戈尔诗歌下列书目,并进行阅读和欣赏,如《吉檀迦利》《园丁集》《新月集》《飞鸟集》等。

三、背诵这两首诗歌。

列车上的偶然相遇（节选）

[美] 阿历克斯·哈利①

 课文导读

  这是一篇记事散文，讲述了一个这样的故事：作为刚刚被解放的黑奴的儿子，父亲带着 50 美元走进大学，第二年却因经济困难面临失学的危机。为了筹集回家的路费，父亲当上了列车的临时服务员。他认真规范的工作，极为负责的态度打动了素不相识的博西先生。在博西先生的资助下，父亲以优异的成绩完成了学业，从而改变了人生。
  阅读本文时，大家可以多角度思考父亲的命运。假如父亲没有去读大学，未来会怎样？假如父亲没碰上博西先生，命运会怎样？博西先生捐赠了足够的钱，父亲不努力又会怎样？从这些角度分析，从而深入理解文章的内涵。

  我们兄弟姐妹无论何时相聚在一起，总是免不了谈论起我们的父亲，以及父亲那个晚上在火车里遇到的神秘的先生。
  我们是黑人。父亲西蒙·阿历克斯·哈利，1892 年出生在美国田纳西州的一个小农场里。作为刚被解放了的黑奴②的儿子，可以想见他的地位之卑微③。当他吵着要去上大学时，祖父总共只给了他 50 美元："就这么些，一个子儿也不会加了。"凭着克勤克俭④，父亲艰辛地读完了预科班，接着又考取了北卡罗来纳州格林斯堡大学，勉强读到二年级。一个烈日炎炎的下午，父亲被召进教师办公室。他被告知：因为无钱买课本的那一门功课的考试不及格。失败的沉重负担，使他抬不起头来："也许该回农场去了吧。"……
  几天以后，父亲收到客车公司的一封信："从几百名应聘者中，你被选上作为夏季旅客列车的临时服务员。"父亲匆匆忙忙地去报到，上了布法罗开往匹兹堡的火车。显

---

  ①阿历克斯·哈利（1921—1992 年），黑人作家，生于纽约州伊萨卡。代表作《根》，这部黑人家史获得了 1977 年普利策特别奖，在美国被改编成电视连续剧，上演后轰动一时。
  ②被解放了的黑奴：美国总统亚伯拉罕·林肯于 1863 年 1 月 1 日正式颁布了《解放了黑奴宣言》，宣布即日起废除叛乱各州的奴隶制，解放的黑奴可以应召参加联邦军队。无数人用鲜血和生命换来了战争的胜利，黑人获得了与白种人平等的地位。
  ③卑微：地位低下而渺小。
  ④克勤克俭：十分勤奋节俭。克：能。

然，不积累点路费，又怎么回农场呢？

清晨两点钟，车厢内拥挤闷热，忠于职守的父亲穿着白色的工作服，仍在颠簸①的车厢里缓缓巡回。一位穿着讲究的男子叫住了他，他说他与妻子都无法入睡，想要一杯热牛奶。父亲不一会儿就在银色的托盘里放了两杯热牛奶与餐巾，穿过拥挤的车厢，极为规范地端到这位男子面前。这人递给他妻子一杯，又递给父亲5美元小费，随后，慢慢地从杯中一口一口地呷②着牛奶，并开始了交谈。

"你从哪来？""田纳西州的大草原，先生。""这么晚了，你还工作？""这是车上的规矩，先生。""太好了。这工作之前你干什么？""我是格林斯堡大学的学生，先生。但我如今正准备回家种田。"这样交谈了半小时。

整个夏季，父亲一直在火车上干活，他积攒了不少钱，远远超出了回家的路费。父亲想，这点积蓄已够整整一学期的学费，何不再试一学期，看看究竟能取得什么样的成绩？他又回到了格林斯堡大学。

翌日③他就被人叫进校长室。父亲怀着忐忑不安④的心情在这位威严的人面前坐定。

"我刚收到一封信，西蒙。"校长说，"整个夏季，你都在客车上当服务员？""是的，先生。""有一天夜里，你为一位先生端过牛奶？""是的，先生。""是这样的，他的名字叫M·博西先生，他是那家发行《星期六晚报》的出版公司退休了的总经理。他已为你整整一学年的伙食、学费以及书费捐赠了500美元。"

父亲惊讶得目瞪口呆。这出人意料的恩惠使父亲不用再每天奔波于学校、打工餐馆之间，使他以全班第一的成绩毕业。最后父亲又以优异的成绩获得纽约埃塔卡大学的全额奖学金。

30年后的一天，巧了，我也来到了《星期六晚报》社。那是这家著名的报社因为我写的《马尔科姆自传》的修改问题而请我去的。坐在豪华的大办公室里，我突然想起了博西先生，正是他的帮助，改变了我们一家的发展轨迹。

当然，这位神秘的博西先生之所以给我父亲一次机会，是因为父亲首先显示出了一个人的真正价值：执着、认真。后来，他抓住这机会，克服了许许多多的困苦，成为一个很有学问、受人尊敬的人，也为我们兄弟姐妹创造了一个良好的教育环境。我的哥哥乔治是美国邮政定价委员会主席，妹妹朱丽叶是一位建筑师，露伊丝是位音乐老师。我本人呢，是曾获得普利策奖的著名小说《根》的作者。

练习与思考

---

①颠簸（bǒ）：上下震荡。
②呷（xiā）：方言，（小口）喝。
③翌（yì）日：第二天。翌：次于今天、今年的。
④忐忑（tǎntè）不安：形容心神不定。

一、给下列加点的字注音。

卑微（　　）　　勉强（　　）　　目瞪口呆（　　）　　规矩（　　）

召进（　　）　　翌日（　　）　　忐忑不安（　　）　　颠簸（　　）

二、课文语言精妙，推敲下面句子的含义，体会父亲的形象特点。

1. 从几百名应聘者中，你被选上作为夏季旅客列车上的临时服务员。

2. 清晨两点钟，车厢内拥挤闷热，忠于职守的父亲穿着白色的工作服，仍在颠簸的车厢里缓缓巡回。

3. 父亲不一会儿就在银色的托盘里放了两杯热牛奶与餐巾，穿过拥挤的车厢，极为规范地端到这位男子面前。

4. "你从哪来？""田纳西州的大草原，先生。""这么晚了，你还工作？""这是车上的规矩，先生。""太好了。这工作之前你干什么？""我是格林斯堡大学的学生，先生。但我如今正准备回家种田。"

5. 父亲想，这点积蓄已够整整一学期的学费，何不再试一学期，看看究竟能取得什么样的成绩？他又回到了格林斯堡大学。

三、课文中提到，为什么"我们兄弟姐妹无论何时相聚在一起，总是免不了谈论起我们的父亲，以及神秘先生"？

四、如果没有那段"列车上的偶然相遇"，如果没有遇上那个"神秘的先生"，"父亲"的人生道路将会是怎样的呢？有人认为，"父亲"一定在小农场默默无闻地生活一辈子；有人认为，凭着父亲的执着和认真，他一定也能成就一番事业的。谈一谈你的看法。为什么？

五、阅读这篇文章后，回忆一下，你遇到过的人和事，是否有积淀内心深处的故事，给大家讲一讲。

项链①

[法国] 莫泊桑

课文导读

《项链》是法国著名小说家莫泊桑的经典作品之一。这篇小说写了一个耐人寻味的故事：小职员的妻子玛蒂尔德美丽动人，一心追求高雅奢华的生活，为了参加舞会，向好友借了项链，结果不慎丢失，为归还项链历尽千辛，最后才知项链竟是假的。作品反映了当时法国社会小人物的追求和遭遇，感慨社会的不公平。在玛蒂尔德身上也体现了人性的多重性，当她从虚荣梦幻的云端跌落到现实之后，潜在的美好品质开始闪耀光芒。她用十年艰辛的劳动还清了债务，显示出诚信、勇敢、有担当的一面。

阅读本文时，体会整个故事的巧妙构思，故事情节的波澜起伏，尤其是独特巧妙的结尾，令人回味无穷。同时，体会引人入胜的情节描写对丰富人物形象、深化小说主题所起的作用。深刻而细腻的心理描写，将一个小资产阶级妇女的心理刻画得惟妙惟肖，这也需要反复感受与品味。

她也是一个美丽动人的姑娘，好像由于命运的差错，生在一个小职员的家里。她没有陪嫁的资产，也没有什么法子让一个有钱的体面人认识她，了解她，爱她，娶她，最后只得跟教育部的一个小书记②结了婚。

她不能够讲究打扮，只好穿得朴素，但是她觉得很不幸，好像这降低了她的身份似的。因为对妇女而言，美丽、风韵、娇媚，就是她们的出身；天生的聪明、优美的资质、温柔的性情，就是她们唯一的资格。

她觉得她生来就是为着过高雅和奢华的生活，因此她不断地感到痛苦。住宅的寒

---

①《项链》发表于1884年，原题《首饰》。《项链》这个译名是由英译本转译过来的。莫泊桑（1850—1893年），法国著名作家，代表作《羊脂球》等。
②书记：旧时在机关里做抄写工作的职员。

伧①、墙壁的黯淡、家具的破旧，衣料的粗陋，都使她苦恼。这些东西，别的跟她一样地位的妇人也许不会挂在心上，然而她却因此痛苦，因此伤心。她看着那个替她做琐碎家事的勃雷大涅省②的小女仆，心里就引起悲哀的感慨和狂乱的梦想。她梦想那些幽静的厅堂，那里装饰着东方的帷幕，点着高脚的青铜灯，还有两个穿短裤的仆人，躺在宽大的椅子上里，被暖炉的热气烘得打盹儿；她梦想那些宽敞的客厅，那里张挂着古式的壁衣③，陈设着精巧的木器、珍奇的古玩；她梦想那些华美的香气扑鼻的小客室，在那里，下午五点钟的时候，她跟最亲密的男朋友闲谈，或者跟那些一般女人所最仰慕、最乐意结识的男子闲谈。

每当她在铺着一块三天没洗的桌布的圆桌边坐下来吃晚饭的时候，对面，她的丈夫揭开汤锅的盖子，带着惊喜的神气说："啊！好香的肉汤！再没有比这更好的了！……"这时候，她就梦想到那些精美的晚餐，亮晶晶的银器；梦想到那些挂在墙上的壁衣，上面绣着古装人物，仙境般的园林，奇异的禽鸟；梦想到盛在名贵的碟盘里的佳肴；梦想到一边吃着粉红色的鲈鱼④或者松鸡⑤翅膀，一边带着迷人的微笑听客人密谈。

她没有漂亮的服装，没有珠宝，什么也没有。然而她偏偏只爱这些，她觉得自己生在世上就是为了这些。她一向就想望着得人欢心，被人艳羡，具有诱惑力而被人追求。

她有一个有钱的女朋友，是教会女校的同学，可是她再也不想去看望她了，因为看望回来就会感到十分痛苦。由于伤心、悔恨、失望、困苦，她常常整日地哭好几天。

然而，有一天傍晚，她丈夫得意扬扬地回家来，手里拿着一个大信封。

"看呀，"他说，"这里有点东西给你。"

她高高兴兴地拆开信封，抽出一张请柬，上面印着这些字：

"教育部部长乔治·郎伯诺及夫人，恭请路瓦栽先生与夫人于1月18日（星期一）光临教育部礼堂，参加晚会。"

她不像她丈夫预料的那样高兴，她懊恼地把请柬丢在桌上，咕哝着："你叫我拿着这东西怎么办呢？"

"但是，亲爱的，我原以为你一定很喜欢的。你从来不出门，这是一个机会，这个，一个好机会！我费了多大力气才弄到手。大家都希望得到，可是很难得到，一向很少发给职员。你在那儿可以看见所有的官员。"

她用恼怒的眼神瞧着他，不耐烦地大声说："你打算让我穿什么去呢？"

他没有料到这个，结结巴巴地说："你上戏园子穿的那件衣裳，我觉得就很好，依

---

① 寒伧（chen）：同"寒碜"，丢脸、不体面。
② 勃雷大涅省：法国西部靠海的一个省区。雇佣这个地方的人，工资比较低。
③ 壁衣：装饰墙壁的织物。
④ 鲈鱼：一种嘴大鳞细的鱼，肉味鲜美。
⑤ 松鸡：一种山鸡。脚上长满羽毛，背部有白、黄、褐、黑等杂色的斑纹，生长在寒冷地带的森林中，肉味鲜美。

我……"

他住了口，惊慌失措，因为看见妻子哭起来了，两颗大大的泪珠慢慢地顺着眼角流到嘴角来了。他吃吃地说："你怎么了？你怎么了？"

她费了很大的力，才抑制住悲痛，擦干她那湿润的两腮，用平静的声音回答："没有什么。只是，没有件像样的衣服，我不能去参加这个晚会。你的同事，谁的妻子打扮得比我好，就把这请柬送给谁去吧。"

他难受了，接着说："好吧，玛蒂尔德。做一身合适的衣服，你在别的场合也能穿，很朴素的，得多少钱呢？"

她想了几秒钟，合计出一个数目，考虑到这个数目可以提出来，不会招致这个俭省的书记立刻的拒绝和惊骇的叫声。

末了，她迟疑地答道："准数呢，我不知道，不过我想，有四百法郎就可以办到。"

他的脸色有点发白了。他恰好存着这么一笔款子，预备买一杆猎枪，好在夏季的星期天，跟几个朋友到南代尔平原去打云雀。

然而他说："就这样吧，我给你四百法郎。不过你得把这件长衣裙做得好看些。"

晚会的日子近了，但是路瓦栽夫人显得郁闷，不安，忧愁。她的衣服却做好了。她丈夫有一天晚上对她说："你怎么了？看看，这三天来你非常奇怪。"

她回答说："叫我发愁的是一粒珍珠，一块宝石都没有，没有什么戴的。我处处带着穷酸气，很想不去参加这个晚会。"

他说："戴上几朵鲜花吧。在这个季节里，这是很时新的。花十个法郎，就能买两三朵别致的玫瑰。"

她还是不依。

"不成……在阔太太中间露穷酸相，再难堪也没有了。"

她丈夫大声说："你多么傻呀！去找你的朋友佛来思节夫人，向她借几样珠宝。你跟她很有交情，这点事满可以办到。"

她发出惊喜的叫声。

"真的！我倒没想到这个。"

第二天，她到她的朋友家里，说起自己的烦闷。

佛来思节夫人走近她那个镶着镜子的衣柜，取出一个大匣子，拿过来打开了，对路瓦栽夫人说："挑吧，亲爱的。"

她先看了几副镯子，又看了一挂珍珠项圈，随后又看了一个威尼斯式的镶着宝石的金十字架，做工非常精巧。她在镜子前面试这些首饰，犹豫不决，不知道该拿起哪件，放下哪件。她不断地问着："再没有别的了吗？"

"还有呢。你自己找吧，我不知道哪样合你的意。"

忽然她在一个青缎子盒子里发现一挂精美的钻石项链，她高兴得心也跳起来了。她双手拿着那项链发抖。她把项链绕着脖子挂在她那长长的高领上，站在镜前对着自己的影子出神好半天。

随后，她迟疑而焦急地问："你能借给我这件吗？我只借这一件。"

"当然可以。"

她跳起来，搂住朋友的脖子，狂热地亲她，接着就带着这件宝物跑了。

夜会的日子到了，路瓦栽夫人得到成功。她比所有的女宾都漂亮、高雅、迷人，她满脸笑容，兴高采烈。所有的男宾都注视她，打听她的姓名，求人给介绍；部里机要处的人员都想跟她跳舞，部长也注意她了。

她狂热地兴奋地跳舞，沉迷在欢乐里，什么都不想了。她陶醉于自己的美貌胜过一切女宾，陶醉于成功的光荣，陶醉在人们对她的赞美和羡妒所形成的幸福的云雾里，陶醉于妇女们所认为最美满最甜蜜的胜利里。

她是早晨四点钟光景离开的。她丈夫从半夜起就跟三个男宾在一间清冷的小客室里睡着了。那时候，这三个男宾的妻子也正舞得快活。

她丈夫把那件从家里带来预备给她临走时候加穿的衣服披在她的肩膀上。这是件朴素的家常衣服，这件衣服的寒伧味儿跟舞会上的衣服的豪华气派不相称。她感觉到这一点，为了避免那些穿着珍贵皮衣的女人看见，想赶快逃走。

路瓦栽把她拉住，说："等一等，你到外边要着凉的。我去叫一辆马车来。"

但是她一点也不听，赶忙走下台阶。他们到了街上，一辆车也没看见，他们到处找，远远地看见车夫就喊。

他们在失望中顺着塞纳河①走去，冷得发抖，终于在河岸上找着一辆拉晚儿的破马车。这种车，巴黎只有在夜间才看得见；白天，它们好像自惭形秽②，不出来。

车把他们一直拉到马丁街寓所门口，他们惆怅③地进了门。在她，一件大事算是完了。她丈夫呢，就想着十点钟得到部里去。

---

①塞纳河：法国西北部的一条河，流经巴黎，巴黎分为河南、河北两部分。

②自惭形秽（huì）：看到自己不如别人而感到惭愧。形秽：形态丑陋，引申为感到自身的缺点或不足。

③惆怅（chóuchàng）：伤感，失意。

她脱下披在肩膀上的衣服，站在镜子前边，为的是趁着这荣耀的打扮还在身上，再端详一下自己。但是，她猛然喊了一声。脖子上的钻石项链没有了。

她丈夫已经脱了一半衣服，就问："什么事情？"

她吓昏了，转身向着他说："我……我……我丢了佛来思节夫人的项链了。"

他惊慌失措地直起身子，说："什么！……怎么了！……哪儿会有这样的事！"

他们在长衣裙褶里，大衣褶里寻找，在所有口袋里寻找，竟没有找到。

他问："你确实相信离开舞会的时候它还在吗？"

"是的，在教育部走廊上我还摸过它呢。"

"但是，如果是在街上丢的，我们总听得见声响。一定是丢在车里了。"

"是的，很可能。你记得车的号码吗？"

"不记得，你呢，你注意吗？"

"没有。"

他们惊惶地面面相觑。末后，路瓦栽重新穿好衣服。

"我去。"他说："把我们走过的路再走一遍，看看会不会找着。"

他出去了。她穿着那件参加舞会的衣服，连上床睡觉的力气也没有，只是倒在一把椅子里发呆，精神一点也提不起来，什么也不想。

七点钟光景，她丈夫回来了。什么也没找着。

后来，他到警察厅去，到各报馆去，悬赏招寻，也到所有车行里去找。总之，凡有一线希望的地方，他都去过了。

她面对着这不幸的灾祸，整天等候着，整天在惊恐的状态里。

晚上，路瓦栽带着瘦削苍白的脸回来了，一无所得。

"应该给你的朋友写信，"他说，"说你把项链的搭钩弄坏了，正在修理。这样，我们才有周转的时间。"

她照他说的写了封信。

过了一个星期，他们所有的希望都断绝了。

路瓦栽，好像老了五年，他决然说："应该想法赔偿这件首饰了。"

第二天，他们拿了盛项链的盒子，照着盒子上的招牌字号找到那家珠宝店。老板查看了许多账簿，说："太太，这挂项链不是我卖出的；我只卖出这个盒子。"

于是，他们就从这家珠宝店到那家珠宝店，凭着记忆去找一挂同样的项链。两个人都愁苦不堪，快病倒了。

在皇宫街一家铺子里，他们看见一挂钻石项链，正跟他们找的那一挂一样，标价四万法郎。老板让了价，只要三万六千。

他们恳求老板，三天以内不要卖出去。他们又订了约，如果原来那一挂在二月底以前找着，那么老板就可以拿三万四千收回这一挂。

路瓦栽现有父亲遗留给他一万八千法郎。其余的，他得去借。

他开始借钱了。向这个借1 000法郎，向那个借五个路易，从那儿借三个路易。他签了好些债券，订了好些使他破产的契约。他跟许多放高利贷的人和各种不同国籍的放债人打交道。他顾不得后半世的生活了，冒险到处签着名，却不知道能保持信用不能。未来的苦恼，将要压在身上的残酷的贫困、肉体的苦楚、精神的折磨，在一切的威胁之下，他把三万六千法郎放在商店的柜台上，取来那挂新的项链。

路瓦栽夫人送还相连的时候，佛来思节夫人带着一种不满意的神情对她说："你应该早一点还我，也许我早就要用它了。"

佛来思节夫人没有打开盒子。她的朋友正担心她打开盒子。如果她发觉是件代替品，她会怎样想呢？会怎样说呢？她不会把自己的朋友当作一个贼吗？

路瓦栽夫人懂得穷人的艰难生活了。她一下子显出了英雄气概，毅然决然打定了主意。他要偿还这笔可怕的债务。她就设法偿还。她辞退了女仆，迁移了住所，租赁了一个小阁楼住下。

她懂得家里的一切粗笨活儿和厨房里的讨厌的杂事了。她刷洗杯盘碗碟，在那油腻的盆沿上和锅底上磨粗了她那粉嫩的手指。她用肥皂洗衬衣，洗抹布，凉在绳子上。每天早晨，她把垃圾从楼上提到街上，再把水从楼下提到楼上，走上一层楼，就站住喘气。她穿得像一个穷苦的女人，胳膊上挎着篮子，到水果店里，杂货店里，肉铺里，争价钱，受嘲骂，一个铜子一个铜子地节省她那艰难的钱。

月月都得还一批旧债，借一些新债，这样来延缓清偿的时日。

她丈夫一到晚上就给一个商人誊写账目，常常到了深夜还在抄写五个铜子一页的书稿。

这样的生活继续了十年。

第十年年底，债都还清了，连那高额的利息和利上加利滚成的数目都还清了。

路瓦栽夫人现在显得老了。她成了一个穷苦人家的粗壮耐劳的妇女了。她胡乱地挽着头发，歪斜地系着裙子，露着一双通红的手，高声大气地说着话，用大桶的水刷洗地板。但是有时候，她丈夫办公去了，她一个人坐在窗前，就会想起当年那个舞会来，那个晚上，她多么美丽，多么使人倾倒啊！

要是那时候没有丢掉那挂项链，她现在是怎样一个境况呢？谁知道呢？谁知道呢！人生是多么奇怪，多么变幻无常啊，极细小的一件事可以败坏你，也可以成全你！

有一个星期天，她到极乐公园走走，舒散一星期来的疲劳。这时候，她忽然看见一个妇人领着一个孩子在散步。原来是佛来思节夫人，她依旧年轻，依旧美丽动人。

路瓦栽夫人无限感慨。她要上前去跟佛来思节夫人说话吗？当然，一定得去。而且现在她把债都还清，她完全可以告诉她了。为什么不呢？

她走上前去。

"你好，珍妮。"

那一个竟一点也不认识她了。一个平民妇人这样亲昵地叫她，她非常惊讶。她嗫磕巴巴地说："可是……太太……我不知道……你一定是认错了。"

"没有错。我是玛蒂尔德·路瓦栽。"

她的朋友叫了一声："啊！……我可怜的玛蒂尔德，你怎么变成这样了！……"

"是的，多年不见面啦，这些年来我忍受着许多苦楚……而且都是因为你！……"

"因为我？……这是怎么讲的？"

"你一定记得你借给我的那挂项链吧，我戴了去参加教育部夜会的那挂。"

"记得。怎么样呢？"

"怎么样？我把它丢了。"

"哪儿的话！你已经还给我了。"

"我还给你的是另一挂，跟你那挂完全相同。你瞧，我们花了十年工夫，才付清它的代价。你知道，对于我们这样什么也没有的人，这可不是容易的啊！……不过事情到底了结了，我倒很高兴了。"

佛来思节夫人停下脚步，说："你是说你买了一挂钻石项链赔给我吗？"

"对呀。你当时没有看出来？简直是一模一样啊。"

于是，她带着天真的得意的神情笑了。

佛来思节夫人感动极了，抓住她的双手，说："唉！我可怜的马蒂尔德！可是我那一挂是假的，至多值500法郎！……"

练习与思考

一、查阅相关资料，掌握关于"世界短篇小说之王"的文学常识。

二、阅读课文，勾画出表现人物性格和精神的语句，并谈一谈你对女主人玛蒂尔德的看法。

三、小说的心理描写对塑造人物形象有着重要的意义。说说下面几段心理描写对于展示路瓦栽夫人思想性格所起的作用。

1. 她没有漂亮服装，没有珠宝，什么也没有。然而她偏偏只爱这些，她觉得自己生在世上就是为了这些。她一向就想望着得人欢心，被人艳美，具有诱惑力而被人追求。

2. 路瓦栽夫人懂得穷人的艰难生活了。她一下子显出了英雄气概，毅然决然打定了主意。她要偿还这笔可怕的债务。

3. 但是有时候，她丈夫办公去了，她一个人坐在窗前，就回想起当年那个舞会来，那个晚上，她多么美丽，多么使人倾倒啊！

四、小说的结尾既出乎意料，又在情理之中，为什么？

五、思考下列问题，并根据题意自由发挥，写一篇短文。

得知项链是假的后,玛蒂尔德会有什么表现?假如项链没有丢,或者丢了以后立即得知项链是假的,玛蒂尔德的结局将会怎样。写一个你所设想的结局,注意心理描写。

威尼斯商人①（节选）

[英国] 莎士比亚

课文导读

《威尼斯商人》是莎士比亚的早期作品，是一部具有社会讽刺性的喜剧。本文节选自《威尼斯商人》第四幕第一场。高利贷商人夏洛克表面上依法照契约行事，实则欲置安东尼奥于死地，他丝毫不掩饰这种做法的自私、卑劣、残忍，公开宣称"我欢喜这样"。眼看事态难以挽回，悲剧就要酿成，鲍西亚甘冒风险，勇敢果决地化装上场。她以过

人的智慧，依法对"割一磅肉"的借约条款进行了严格的表述，挫败了夏洛克，使悲剧变成了喜剧。

欣赏本文时，要注意分析戏剧展示的主要矛盾冲突，转机出现的种种伏笔。莎士比亚的戏剧是诗画般的语言。剧中人物台词丰富多彩，反复诵读，体会人物的性格特点，把握人物的思想情感。

威尼斯法庭

【公爵②、众绅士、安东尼奥③、巴萨尼奥④、葛莱西安诺⑤、萨拉里诺、萨莱尼奥及余人同上。】

公　　爵　安东尼奥有没有来？

安东尼奥　有，殿下。

---

①节选自《莎士比亚全集》（三），人民文学出版社，1978年4月出版，朱生豪译。莎士比亚（1564—1616年），文艺复兴时期英国杰出的戏剧家和诗人，主要作品有《李尔王》《哈姆雷特》《奥赛罗》《罗密欧与朱丽叶》等。

②公爵：威尼斯公爵。威尼斯在中古后期是个共和国，最高统治者是公爵。

③安东尼奥：威尼斯商人。

④巴萨尼奥：安东尼奥的朋友。

⑤葛莱西安诺：和下文的萨拉里诺、萨莱尼奥都是安东尼奥和巴萨尼奥的朋友。

公　　爵　我很为你不快乐；你是来跟一个心如铁石的对手当庭质对，一个不懂得怜悯、没有一丝慈悲心的不近人情的恶汉。

安东尼奥　听说殿下曾经用尽力量劝他不要过为已甚①，可是他一味固执，不肯略做让步。既然没有合法的手段可以使我脱离他怨毒的掌握，我只有用默忍迎受他的愤怒，安心等待着他残暴的处置。

公　　爵　来人，传那犹太人到庭。

萨拉里诺　他在门口等着；他来了，殿下。

【夏洛克②上。】

公　　爵　大家让开些，让他站在我的面前。夏洛克，人家都以为——我也是这样想——你不过故意装出这一副凶恶的姿态，到了最后关头，就会显出你的仁慈恻隐③来，比你现在这种表面上的残酷更加出人意料；现在你虽然坚持着照约处罚，一定要从这个不幸的商人身上割下一磅肉来，到了那时候，你不但愿意放弃这一种处罚，而且因为受到良心上的感动，说不定还会豁免④他一部分的欠款。你看他最近接连遭逢的巨大损失，足以使无论怎样富有的商人倾家荡产，即使铁石一样的心肠，从来不知道人类同情的野蛮人，也不能不对他的境遇发生怜悯。犹太人，我们都在等候你一句温和的回答。

夏 洛 克　我的意思已经向殿下告禀过了；我也已经指着我们的圣安息日⑤起誓，一定要照约执行处罚；要是殿下不准许我的请求，那就是蔑视宪章，我要到京城里去上告，要求撤销贵邦的特权。您要是问我为什么不愿接受三千块钱，宁愿拿一块腐烂的臭肉，那我可没有什么理由可以回答您，我只能说我欢喜这样，这是不是一个回答？要是我的屋子里有了耗子，我高兴出一万块钱叫人把它们赶掉，谁管得了我？我不是回答了您吗？有的人不爱看张开嘴的猪，有的人瞧见一头猫就要发脾气，还有人听见人家吹风笛的声音，就忍不住要小便；因为一个人的感情完全受着喜恶的支配，谁也做不了自己的主。现在我就这样回答您：为什么有人受不住一头张开嘴的猪，有人受不住一头有益无害的猫，还有人受不住咿咿唔唔的风笛声音，这些都是毫无充分的理由的，只是因为天生的癖性，使他们一受到刺激，就会情不自禁地现出丑相来；所以我不能举什么理由，也不愿举什么理由，除了因为我对于安

---

①过为已甚：错误的行为过了头。已甚：太过。
②夏洛克：放高利贷的犹太富翁。
③恻隐：对受苦难的人表示同情。
④豁免：免除。
⑤安息日：这里指犹太教每周一次的圣日，教徒在该日停止工作，礼拜上帝。

東尼奥抱着久积的仇恨和深刻的反感，所以才会向他进行着一场对于我自己并没有好处的诉讼。现在您不是已经得到我的回答了吗？

巴萨尼奥　你这冷酷无情的家伙，这样的回答可不能作为你的残忍的辩解。

夏洛克　我的回答本来不是为了讨你的欢喜。

巴萨尼奥　难道人们对于他们所不喜欢的东西，都一定要置之死地吗？

夏洛克　哪一个人会恨他所不愿意杀死的东西？

巴萨尼奥　初次的冒犯，不应该就引为仇恨。

夏洛克　什么！你愿意给毒蛇咬两次吗？

安东尼奥　请你想一想，你现在跟这个犹太人讲理，就像站在海滩上，叫那大海的怒涛减低它的奔腾的威力，责问豺狼为什么害母羊为了失去它的羔羊而哀啼，或是叫那山上的松柏，在受到天风吹拂的时候，不要摇头摆脑，发出簌簌的声音。要是你能够叫这个犹太人的心变软——世上还有什么东西比它更硬呢？——那么还有什么难事不可以做到？所以我请你不用再跟他商量什么条件，也不用替我想什么办法，让我爽爽快快受到判决，满足这犹太人的心愿吧。

巴萨尼奥　借了你三千块钱，现在拿六千块钱还你好不好？

夏洛克　即使这六千块钱中间的每一块钱都可以分做六份，每一份都可以变成一块钱，我也不要它们；我只要照约处罚。

公　　爵　你这样一点没有慈悲之心，将来怎么能够希望人家对你慈悲呢？

夏洛克　我又不干错事，怕什么刑罚？你们买了许多奴隶，把他们当作驴狗骡马一样看待，叫他们做种种卑贱的工作，因为他们是你们出钱买来的。我可不可以对你们说，让他们自由，叫他们跟你们的子女结婚？为什么他们要在重担之下流着血汗？让他们的床铺得跟你们的床同样柔软，让他们的舌头也尝尝你们所吃的东西吧，你们会回答说："这些奴隶是我们所有的。"所以我也可以回答你们：我向他要求的这一磅肉，是我出了很大的代价买来的；它是属于我的，我一定要把它拿到手里。您要是拒绝了我，那么你们的法律去见鬼吧！威尼斯城的法令等于一纸空文。我现在等候着判决，请快些回答我，我可不可以拿到这一磅肉？

公　　爵　我已经差人去请培拉里奥，一位有学问的博士，来替我们审判这件案子；要是他今天不来，我可以有权宣布延期判决。

萨拉里诺　殿下，外面有一个使者刚从帕度亚来，带着这位博士的书信，等候着殿下的召唤。

公　　爵　把信拿来给我；叫那使者进来。

巴萨尼奥　高兴起来吧，安东尼奥！喂，老兄，不要灰心！这犹太人可以把我的肉、我的血、我的骨头、我的一切都拿去，可是我决不让你为了我的缘故流一滴血。

安东尼奥　我是羊群里一头不中用的病羊，死是我的应分；最软弱的果子最先落到地上，让我也就这样结束了我的一生吧。巴萨尼奥，我只要你活下去，将来替我写一篇墓志铭，那你就是做了再好不过的事。

【尼莉莎①扮律师书记上。】

公　　爵　你是从帕度亚培拉里奥那里来的吗？

尼 莉 莎　是，殿下。培拉里奥叫我向殿下致意。（呈上一信。）

巴萨尼奥　你这样使劲儿磨着刀干吗？

夏 洛 克　从那破产的家伙身上割下那磅肉来。

葛莱西安诺　狠心的犹太人，你不是在鞋口上磨刀，你这把刀是放在你的心口上磨；无论哪种铁器，就连刽子手的钢刀，都赶不上你这刻毒的心肠一半的锋利。难道什么恳求都不能打动你吗？

夏 洛 克　不能，无论你说得多么婉转动听，都没有用。

葛莱西安诺　万恶不赦的狗，看你死后不下地狱！让你这种东西活在世上，真是公道不生眼睛。你简直使我的信仰发生摇动，相信起毕达哥拉斯②所说畜生的灵魂可以转生人体的议论来了；你的前生一定是一头豺狼，因为吃了人给人捉住吊死，它那凶恶的灵魂就从绞架上逃了出来，钻进了你那老娘的腌臜③的胎里，因为你的性情正像豺狼一样残暴贪婪。

夏 洛 克　除非你能够把我这一张契约上的印章骂掉，否则像你这样拉开了喉咙直嚷，不过白白伤了你的肺，何苦来呢？好兄弟，我劝你还是让你的脑子休息一下吧，免得它损坏了，将来无法收拾。我在这儿要求法律的裁判。

公　　爵　培拉里奥在这封信上介绍一位年轻有学问的博士出席我们的法庭。他在什么地方？

尼 莉 莎　他就在这儿附近等着您的答复，不知道殿下准不准许他进来？

公　　爵　非常欢迎。来，你们去三四个人，恭恭敬敬领他到这儿来。现在让我们把培拉里奥的来信当庭宣读。

书　　记　（读）"尊翰④到时，鄙人抱疾方剧；适有一青年博士鲍尔萨泽君自罗马来此，致其慰问，因与详讨犹太人与安东尼奥一案，徧稽⑤群籍，折衷

---

①尼莉莎：鲍西亚的侍女，葛莱西安诺的妻子。在这场戏里，她女扮男装，充当律师书记。
②毕达哥拉斯：古希腊哲学家，主张灵魂轮回说。
③腌臜（āza）：肮脏。
④尊翰：对别人来信的尊称。翰：这里指书信。
⑤稽：查考。

是非①，遂恳其为鄙人庖代②，以应殿下之召。凡鄙人对此案所具意见，此君已深悉无遗；其学问才识，虽穷极赞辞，亦不足道其万一，务希勿以其年少而忽之，盖如此少年老成之士，实鄙人生平所仅见也。倘蒙延纳，必能不辱使命。敬祈钧裁③。"

公　　爵　你们已经听到了博学的培拉里奥的来信。这儿来的大概就是那位博士了。

【鲍西娅④扮律师上。】

公　　爵　把您的手给我。足下是从培拉里奥老前辈那儿来的吗？

鲍 西 娅　正是，殿下。

公　　爵　欢迎欢迎；请上坐。您有没有明了今天我们在这儿审理的这件案子的两方面的争点？

鲍 西 娅　我对于这件案子的详细情形已经完全知道了。这儿哪一个是那商人，哪一个是犹太人？

公　　爵　安东尼奥，夏洛克，你们两人都上来。

鲍 西 娅　你的名字就叫夏洛克吗？

夏 洛 克　夏洛克是我的名字。

鲍 西 娅　你这场官司打得倒也奇怪，可是按照威尼斯的法律，你的控诉是可以成立的。（向安东尼奥）你的生死现在操在他的手里，是不是？

安东尼奥　他是这样说的。

鲍 西 娅　你承认这借约吗？

安东尼奥　我承认。

鲍 西 娅　那么犹太人应该慈悲一点。

夏 洛 克　为什么我应该慈悲一点？把您的理由告诉我。

鲍 西 娅　慈悲不是出于勉强，它是像甘霖一样从天上降下尘世；它不但给幸福于受施的人，也同样给幸福于施与的人；它有超乎一切的无上威力，比皇冠更足以显出一个帝王的高贵：御杖不过象征着俗世的威权，使人民对于君上的尊严凛然生畏；慈悲的力量却高出于权力之上，它深藏在帝王的内心，是一种属于上帝的德行，执法的人倘能把慈悲调剂着公道，人间的权力就和上帝的神力没有差别。所以，犹太人，虽然你所要求的是公道，可是请你想一想，要是真的按照公道执行起赏罚

---

①折衷是非：判定谁是谁非。折衷：这里指对争执不决的双方进行判断、裁决。
②庖（páo）代：也写作"代庖"，是成语"越俎代庖"的简单说法。语见《庄子·逍遥游》，意思是越权办事或者包办代替。这里指代理他人职务。庖：厨师。
③钧裁：恭请做出决定。钧：旧时对尊长或者上级用的敬辞。裁：判断、决定。
④鲍西亚：富家女儿，巴萨尼奥的妻子。在这场戏里，她女扮男装，充当律师。

来，谁也没有死后得救的希望，我们既然祈祷着上帝的慈悲，就应该按照祈祷的指点，自己做一些慈悲的事。我说了这一番话，为的是希望你能够从你的法律的立场上做几分让步；可是如果你坚持着原来的要求，那么威尼斯的法庭是执法无私的，只好把那商人宣判定罪了。

夏洛克　我自己做的事，我自己当！我只要求法律允许我照约执行处罚。

鲍西娅　他是不是无力偿还这笔借款？

巴萨尼奥　不，我愿意替他当庭还清；照原数加倍也可以；要是这样他还不满足，那么我愿意签署契约，还他十倍的数目，拿我的手、我的头、我的心做抵押；要是这样还不能使他满足，那就是存心害人，不顾天理了。请堂上运用权力，把法律稍为变通一下，犯一次小小的错误，干一件大大的功德，别让这个残忍的恶魔逞他杀人的兽欲。

鲍西娅　那可不行，在威尼斯谁也没有权力变更既成的法律；要是开了这一个恶例，以后谁都可以借口有例可援，什么坏事情都可以干了。这是不行的。

夏洛克　一个但尼尔①来做法官了！真的是但尼尔再世！聪明的青年法官啊，我真佩服你！

鲍西娅　请你让我瞧一瞧那借约。

夏洛克　在这儿，可尊敬的博士；请看吧。

鲍西娅　夏洛克，他们愿意出三倍的钱还你呢。

夏洛克　不行，不行，我已经对天发过誓啦，难道我可以让我的灵魂背上毁誓的罪名吗？不，把整个儿的威尼斯给我，我都不能答应。

鲍西娅　好，那么就应该照约处罚；根据法律，这犹太人有权要求从这商人的胸口割下一磅肉来。还是慈悲一点，把三倍原数的钱拿去，让我撕了这张约吧。

夏洛克　等他按照约中所载条款受罚以后，再撕不迟。您瞧上去像是一个很好的法官；您懂得法律，您讲的话也很有道理，不愧是法律界的中流砥柱，所以现在我就用法律的名义，请您立刻进行宣判，凭着我的灵魂起誓，谁也不能用他的口舌改变我的决心。我现在但等着执行原约。

安东尼奥　我也诚心请求堂上从速宣判。

鲍西娅　好，那么就是这样：你必须准备让他的刀子刺进你的胸膛。

夏洛克　啊，尊严的法官！好一位优秀的青年！

鲍西娅　因为这约上所订的惩罚，对于法律条文的含义并无抵触。

夏洛克　很对很对！啊，聪明正直的法官！想不到你瞧上去这样年轻，见识却这么老练！

---

①但尼尔：以色列的著名法官，善于处理诉讼案件。

鲍 西 娅　所以你应该把你的胸膛袒露出来。

夏 洛 克　对了，"他的胸部"，约上是这么说的；——不是吗，尊严的法官？——"附近心口的所在"，约上写得明明白白的。

鲍 西 娅　不错，称肉的天平有没有预备好？

夏 洛 克　我已经带来了。

鲍 西 娅　夏洛克，去请一位外科医生来替他堵住伤口，费用归你负担，免得他流血而死。

夏 洛 克　约上有这样的规定吗？

鲍 西 娅　约上并没有这样的规定；可是那又有什么相干呢？肯做一件好事总是好的。

夏 洛 克　我找不到；约上没有这一条。

鲍 西 娅　商人，你还有什么话说吗？

安东尼奥　我没有多少话要说；我已经准备好了。把你的手给我，巴萨尼奥，再会吧！不要因为我为了你的缘故遭到这种结局而悲伤，因为命运对我已经特别照顾了：她往往让一个不幸的人在家产荡尽以后继续活下去，用他凹陷的眼睛和满是皱纹的额角去接受贫困的暮年；这一种拖延时日的刑罚，她已经把我豁免了。替我向尊夫人致意，告诉她安东尼奥的结局；对她说我怎样爱你，又怎样从容就死；等到你把这一段故事讲完以后，再请她判断一句，巴萨尼奥是不是曾经有过一个真心爱他的朋友。不要因为你将要失去一个朋友而懊恨，替你还债的人是死而无怨的；只要那犹太人的刀刺得深一点，我就可以在一刹那的时间把那笔债完全还清。

巴萨尼奥　安东尼奥，我爱我的妻子，就像我自己的生命一样；可是我的生命、我的妻子以及整个的世界，在我的眼中都不比你的生命更为贵重；我愿意丧失一切，把它们献给这恶魔做牺牲，来救出你的生命。

鲍 西 娅　尊夫人要是就在这儿听见您说这样话，恐怕不见得会感谢您吧。

葛莱西安诺　我有一个妻子，我可以发誓我是爱她的；可是我希望她马上归天，好去求告上帝改变这恶狗一样的犹太人的心。

尼 莉 莎　幸亏尊驾在她的背后说这样的话，否则府上一定要吵得鸡犬不宁了。

夏 洛 克　这些便是相信基督教的丈夫！我有一个女儿，我宁愿她嫁给强盗的子孙，不愿她嫁给一个基督徒，别再浪费光阴了；请快些儿宣判吧。

鲍 西 娅　那商人身上的一磅肉是你的；法庭判给你，法律许可你。

夏 洛 克　公平正直的法官！

鲍 西 娅　你必须从他的胸前割下这磅肉来；法律许可你，法庭判给你。

夏 洛 克　博学多才的法官！判得好！来，预备！

鲍西娅　且慢，还有别的话哩。这约上并没有允许你取他的一滴血，只是写明着"一磅肉"；所以你可以照约拿一磅肉去，可是在割肉的时候，要是流下一滴基督徒的血，你的土地财产，按照威尼斯的法律，就要全部充公。

葛莱西安诺　啊，公平正直的法官！听着，犹太人；啊，博学多才的法官！

夏洛克　法律上是这样说吗？

鲍西娅　你自己可以去查查明白。既然你要求公道，我就给你公道，而且比你所要求的更公道。

葛莱西安诺　啊，博学多才的法官！听着，犹太人；好一个博学多才的法官！

夏洛克　那么我愿意接受还款；照约上的数目三倍还我，放了那基督徒。

巴萨尼奥　钱在这儿。

鲍西娅　别忙！这犹太人必须得到绝对的公道。别忙！他除了照约处罚以外，不能接受其他的赔偿。

葛莱西安诺　啊，犹太人！一个公平正直的法官，一个博学多才的法官！

鲍西娅　所以你准备着动手割肉吧。不准流一滴血，也不准割得超过或是不足一磅的重量；要是你割下来的肉，比一磅略微轻一点或是重一点，即使相差只有一丝一毫，或者仅仅一根汗毛之微，就要把你抵命，你的财产全部充公。

葛莱西安诺　一个再世的但尼尔，一个但尼尔，犹太人！现在你可掉在我的手里了，你这异教徒！

鲍西娅　那犹太人为什么还不动手？

夏洛克　把我的本钱还我，放我去吧。

巴萨尼奥　钱我已经预备好在这儿，你拿去吧。

鲍西娅　他已经当庭拒绝过了；我们现在只能给他公道，让他履行原约。

葛莱西安诺　好一个但尼尔，一个再世的但尼尔！谢谢你，犹太人，你教会我说这句话。

夏洛克　难道我单单拿回我的本钱都不成吗？

鲍西娅　犹太人，除了冒着你自己生命的危险割下那一磅肉以外，你不能拿一个钱。

夏洛克　好，那么魔鬼保佑他去享用吧！我不打这场官司了。

鲍西娅　等一等，犹太人，法律上还有一点牵涉你。威尼斯的法律规定，凡是一个异邦人企图用直接或间接手段，谋害任何公民，查明确有实据者，他的财产的半数应当归受害的一方所有，其余的半数没入公库，犯罪者的生命悉听公爵处置，他人不得过问。你现在刚巧陷入这个法网，因为根据事实的发展，已经足以证明你确有运用直接间接手段，危害被告生命的企图，所以你已经遭逢着我刚才所说起的那种危险了。快快跪下来，请公爵开恩吧。

葛莱西安诺　求公爵开恩，让你自己去寻死吧；可是你的财产现在充了公，一根绳子也买不起啦，所以还是要让公家破费把你吊死。

公　　爵　让你瞧瞧我们基督徒的精神，你虽然没有向我开口，我自动饶恕了你的死罪。你的财产一半划归安东尼奥，还有一半没入公库；要是你能够诚心悔过，也许还可以减处你一笔较轻的罚款。

鲍西娅　这是说没入公库的一部分，不是说划归安东尼奥的一部分。

夏洛克　不，把我的生命连着财产一起拿了去吧，我不要你们的宽恕。你们拿掉了支撑房子的柱子，就是拆了我的房子；你们夺去了我的养家活命的根本，就是活活要了我的命。

练习与思考

一、给下列加点字注音。

腌臜（　　）（　　）　庖（　　）代　契（　　）约　应（　　）分

怜悯（　　）　刽（　　）子手　豁（　　）免　凛（　　）然生畏

二、简要概括本文的情节内容。

三、下面是从三本书上摘录的关于《威尼斯商人》主题思想的不同见解，说一说你的看法。

1. 剧本主要通过夏洛克与威尼斯商人安东尼奥的矛盾冲突，揭露高利贷的残暴贪婪。

2. 赞颂仁爱、友谊和真诚的爱情。

3. 戏剧的主题思想是所谓慷慨无私的友谊、真诚的爱情、仁爱同贪婪、嫉妒、仇恨、残酷之间的冲突。

四、下面这段话，说说这段人物对白揭示了夏洛克的哪些性格特征。

……您要是问我为什么不愿接受三千块钱，宁愿拿一块腐烂的臭肉，那我可没有什么理由可以回答您，我只能说我欢喜这样，这是不是一个回答？要是我的屋子里有了耗子，我高兴出一万块钱叫人把它们赶掉，谁管得了我？这不是回答了您吗？有的人不爱看张开嘴的猪，有的人瞧见一头猫就要发脾气，还有人听见人家吹风笛的声音，就忍不住要小便；因为一个人的感情完全受着喜恶的支配，谁也做不了自己的主。……所以我不能举什么理由，也不愿举什么理由，除了因为我对于安东尼奥抱着久积的仇恨和深刻的反感，所以才会向他进行这一场对于我自己并没有好处的诉讼。现在您不是已经得到我的回答了吗？

五、你还读过莎士比亚哪些作品？或是看过莎士比亚作品的影视录像。谈一谈其中你最喜欢的一个人物形象。

牛蒡花①

[俄国] 列夫·托尔斯泰

 **课文导读**

这是一篇优美而隽永的抒情散文。作者用近乎特写的笔触描述了牛蒡花的"精力"和"力量",塑造了牛蒡花为捍卫自由而不惜牺牲自己生命的倔强形象;以"万紫千红、百花斗妍"作为背景,烘托出"牛蒡花"卓尔不群、傲然独立的品格,发出了"人战胜了一切,毁灭了成百万的草芥,而这一棵却依然不屈服"的赞叹,从而显现了作者崇尚顽强、崇尚坚韧、崇尚自由、崇尚力量的价值取向。

阅读本文时,学会把握作者的情感,挖掘本文的象征意义。

我穿过田野回家,正是仲夏时节,草地已经割完了,黑麦正要动手收割。

这正是万紫千红②、百花斗艳的季节:红的、白的、粉红的,芬芳而且毛茸茸的三叶草花;傲慢的延命菊花;乳白的、花蕊黄澄澄的、浓郁袭人的"爱不爱"花;甜蜜蜜的黄色的山芥花;亭亭玉立③的、郁金香形状的、淡紫的和白色的吊钟花;匍匐缠绕的豌豆花;黄的、红的、粉红的、淡紫的玲珑④的山萝卜花;微微有点红晕的茸花,微微有些愉快香味的车前草花;在青春时代向着太阳发着青灰的,傍晚进入暮年,变得又蓝又红的矢车菊;以及娇嫩的、有点杏仁味的、立即就衰萎的菟丝子花。

我采了一大束各种的花朵走回家去。这时,我看见沟里有一朵异样深红的、盛开着的牛蒡花,我们那里管它叫"鞑靼花"。割草人竭力避免割它,如果偶尔割掉一株,割草人怕它刺手,总是把它从草堆里扔出去。我忽然想要折下这枝牛蒡花把它放在花束当中。我走下沟去,把一只钻到花蕊中间,在那里正睡得甜蜜蜜、懒洋洋的山马蜂赶走,就开始折花了。然而这却是非常困难的:且不说花梗⑤四面八方地刺人,甚至刺透了我用来裹手的手巾——它并且是这样惊人的坚韧,我得一丝丝地把纤维劈开,差

---

①选自《创新思维》,吉林教育出版社,2000年7月出版。牛蒡(niúbàng),二年生草本植物,叶子互生,心脏形,有长柄,背面有毛,花管状,淡紫色,根多肉,根和嫩叶可做蔬菜,种子和根可入药,中医称为牛蒡子或大力子。

②万紫千红:形容百花齐放,颜色艳丽。

③亭亭玉立:形容美女身材细长。这里指花木形体挺拔。

④玲珑:精巧细致。

⑤花梗(huāgěng):亦称花柄。单生花的柄或花序中每朵花着生的小枝。

不多同它搏斗了五分钟的光景。末了,我把那朵花折了下来,这时花梗已经破碎不堪,并且花朵已经不那么鲜艳了。此外,由于它的粗犷和不驯,同花束中娇嫩的花朵也不协调。我惋惜①白白糟蹋了一枝花,它本来在自己的位置上是好好的,于是把它扔掉了。"然而生命是多么富于精力和力量呵",我回忆折花时所费的气力,想道:"它是如何努力地防卫着,并且高价地牺牲了自己的生命啊。"

回家的道路,是在休耕的、刚刚犁过的黑土的田地中间穿过的。我沿着满是尘土的黑土路爬坡走着。犁过的田地是地主的,非常广大,道路两旁和前面斜坡上,除了黑色的、犁得均匀的、还没有耙过的休耕地之外,什么都看不到。犁得很好,整个田地里连一棵小植物、一棵小草都看不见,全是黑色的。"人是一种多么善于破坏的残酷的动物啊,为了维护自己的生命,他毁灭了多少种动物、植物。"我一面想,一面不由得在这片精光的黑土地里找寻活的东西。我在前面道路的右边,发现一棵灌木。当我走近了的时候,我认出这棵灌木仍然是"鞑靼花",跟我徒然把它的花折来并且扔掉的那一个一样。

这棵"鞑靼花"有三个枝杈。其中一枝已经断掉了,残枝像砍断的胳膊突出着;另外两枝都有一朵花。这两朵花原是红的,现在变黑了。一枝是断的,断枝头上有一朵沾了泥的花耷拉着;另一枝也涂抹了黑泥,但仍然向上挺着。看样子,整棵灌木曾被车压过,过后才抬起头来,因此它歪着身子,但总算站起来了。就好像从它身上撕下一块肉,取出五脏,砍掉了一只胳膊,挖去一只眼睛,但它仍然站了起来,对那消灭了它周围弟兄们的人,决不低头。

"好大的精力!"我想到,"人战胜了一切,毁灭了成百万的草芥,可这一棵却依然不屈服。"

于是我想起一个年代久远的高加索的故事,它的一部分是我看见的,一部分是从目击者那里听来的,一部分是我想象形成的,就这样写出来吧。

(刘正逸 译)

 问题与讨论

一、从文章第三段描写的内容与第二段的内容的关系上看,这两段在写作手法上有什么特点?请做具体说明。

二、本文表现了牛蒡花独立倔强的品格,是从哪几个角度对牛蒡花进行描写的?并谈谈这样描写有什么好处?

三、深入挖掘本文的象征意义,牛蒡花象征着什么?显现了作者怎样的价值取向?

---

①惋惜:对人的不幸遭遇或事物的意外变化表示同情、可惜。

最后的常春藤叶[①]

[美] 欧·亨利

课文导读

欧·亨利创作的小说构思巧妙，风格独特，结局出人意料。《最后的常春藤叶》是他的代表作之一。本文以一片叶子为线索，歌颂了老画家为了挽救年轻画家而献出宝贵生命的感人故事。

本文赞美的主要对象是贝尔曼，但在他身上着墨不多，直到最后才交代，挽救琼珊的"最后一片叶子"是贝尔曼以生命为代价创作的杰作。整篇文章构思精巧，铺垫周密，伏笔似有若无，结尾震撼人心，给读者留下了丰富的想象空间。

作者采用白描的手法，描述贝尔曼潦倒失意的语言简洁幽默，通过对人物的语言、行动和心理的细腻描写，展现琼珊的心理变化，详略得当。

阅读本文时，应根据时间顺序厘清作者思路，把握故事情节，然后再进行人物、语言和结构的鉴赏。

华盛顿广场西面的一个小区，街道仿佛发了狂似的，分成了许多叫作"巷子"的小胡同。这些"巷子"形成许多奇特的角度和曲线。一条街本身往往交叉一两回。有一次，一个画家发现这条街有它可贵之处：如果商人去收颜料、纸张和画布的账款，在这条街上转弯抹角、大兜圈子的时候，突然碰上一文钱也没收到，空手而回的他自己，那才有意思呢！

因此，搞艺术的人不久都到这个古色古香的格林尼治村[②]来了。他们逛来逛去，寻找朝北的窗户、十八世纪的三角墙、荷兰式的阁楼以及租金低廉的房子。接着，他们又从六马路买来了一些锡镴[③]杯子和一两只烘锅，组成了一个"艺术区"。

[①]选自《欧·亨利短篇小说选》，人民文学出版社，2003年出版，王永年译。欧·亨利（1862—1910年），美国作家。

[②]格林尼治村：美国纽约市西区的一个地名，住在这里的多半是作家、艺术家等。

[③]镴（là）：锡与铅的合金，可以制器皿。

苏艾和琼珊在一座矮墩墩的三层砖砌房屋的顶楼设立了她们的画室。"琼珊"是琼娜的昵称。两人一个是从缅因州来的；另一个的家乡是加利福尼亚州。她们是在八马路上一家名叫"德尔蒙尼戈饭馆"里吃客饭时碰到的，彼此一谈，发现她们对于艺术、饮食、衣着的口味十分相投，结果便联合租下那间画室。

　　那是五月间的事。到了十一月，一个冷酷无情、肉眼看不见、医生管他叫"肺炎"的不速之客，在艺术区里蹑手蹑脚，用他的冰冷的手指这儿碰碰那儿摸摸。在广场的东面，这个坏家伙明目张胆地走动，每闯一次祸，受害的人总有几十个。但是，在这些错综复杂、苔藓遍地、狭窄的"巷子"里，他的脚步却放慢了。

　　"肺炎先生"并不是你们所谓的扶弱济困的老绅士。一个弱小的女人，已经被加利福尼亚的西风吹得没有什么血色了，当然经不起那个有着红拳头，气吁吁的老家伙的赏识。但他竟然打击了琼珊。她躺在一张漆过的旧铁床上，一动不动，望着荷兰式小窗外对面砖屋的墙壁。

　　一天早晨，那位忙碌的医生扬扬他那蓬松的灰色眉毛，招呼苏艾到过道上去。

　　"依我看，她的病只有一成希望，"他说，一面把体温表里的水银甩下去，"那一成希望在于她自己要不要活下去。人们不想活，情愿照顾殡仪馆的生意，这种精神状态使医药一筹莫展。你的这位小姐满肚子以为自己不会好了。她有什么心事吗？"

　　"她——她希望有一天能去画那不勒斯海湾①。"苏艾说。

　　"画画？——别扯淡了！她心里有没有值得想两次的事情——比如说，男人？"

　　"男人？"苏艾像吹小口琴似的哼了一声说，"难道男人值得——别说啦，不，大夫，根本没有那种事。"

　　"那么，一定是身体虚弱的关系。"医生说，"我一定尽我所知，用科学所能达到的一切方法来治疗她。可是每逢我的病人开始盘算有多少辆马车送他出殡的时候，我就得把医药的治疗力量减去百分之五十。要是你能使她对冬季大衣的袖子式样发生兴趣，提出一个问题，我就可以保证，她恢复的机会准能从十分之一提高到五分之一。"

　　医生走后，苏艾到工作室里哭了一场，把一张日本纸餐巾擦得一团糟。然后，她拿起画板，吹着拉格泰姆曲调，昂首阔步走进琼珊的房间。

　　琼珊躺在被窝里，脸朝着窗口，一点儿动静也没有。苏艾以为她睡着了，赶紧不吹口哨。

　　她架起画板，开始替杂志社画一幅短篇小说的钢笔画插图。青年画家不得不以杂志小说的插图来铺平通向艺术的道路，而这些小说则是青年作家为了铺平文学道路而创作的。

　　苏艾正为小说里的主人公，一个爱达荷州的牧人，画上一条在马匹展览上穿的漂亮的马裤和一片单眼镜，忽然听到一个微弱的声音重复了好几遍。她赶紧走到床边。

　　琼珊的眼睛睁得大大的。她望着窗外，在计数——倒数起来。

---

　　①那不勒斯海湾：位于意大利南部，风光秀丽。

"十二,"她说,过了一会儿又说"十一",接着是"十""九",再接着是几乎连在一起的"八"和"七"。

苏艾关切地向窗外望去。有什么可数的呢?外面可以看到的只是一个空荡荡、阴沉沉的院子,和二十英尺外的一幢砖砌房屋的墙壁。一株极老极老的常春藤上的叶子差不多全吹落了,只剩下几根几乎是光秃秃的藤枝,依附在那堵松动残缺的砖墙上。

"怎么回事,亲爱的?"苏艾问道。

"六,"琼珊说,声音低得像是耳语,"它们现在掉得快些了。三天前差不多有一百片。数得我头昏眼花。现在可容易了。喏,又掉了一片。只剩下五片了。"

"五片什么,亲爱的?告诉你的苏艾。"

"叶子,常春藤上的叶子。等最后一片掉落下来,我也得去了。三天前我就知道了。难道大夫没有告诉你吗?"

"哟,我从没听到过这么荒唐的话。"苏艾装出满不在乎的样子数落她说,"老藤叶同你的病有什么相干?你一向很喜欢那株常春藤,得啦,你这淘气的姑娘。别发傻啦。我倒忘了,大夫今天早晨告诉我,你很快康复的机会是——让我想想,他是怎么说的——他说你好的希望是十比一!哟,那几乎同我们在纽约搭电车或者走过一幢新房子的工地一样,遇到意外的时候很少。现在喝一点儿汤吧。让苏艾继续画图,好卖给编辑先生,换了钱给她的病孩子买点儿红葡萄酒,也买些猪排填填她自己的馋嘴。"

"你用不着买什么酒啦。"琼珊说,仍然凝视着窗外,"又掉了一片。不,我不要喝汤。只剩四片了。我希望在天黑之前看到最后的藤叶飘下来。那时候我也该去了。"

"琼珊,亲爱的,"苏艾弯下腰对她说,"你能不能答应我,在我画完之前别睁开眼睛,别瞧窗外?我明天要交那些图画,我需要光线,不然我早就把窗帘拉下来了。"

"你不能到另一间屋子里去画吗?"琼珊冷冷地问道。

"我要待在这儿,跟你在一起。"苏艾说,"而且我不喜欢你老盯着那些莫名其妙的藤叶。"

"你一画完就告诉我,"琼珊闭上眼睛说,她面色惨白,静静地躺着,活像一尊倒下来的塑像,"因为我要看那最后的藤叶掉下来。我等得不耐烦了,也想得不耐烦了。我想摆脱一切,像一片可怜的、厌倦的藤叶,悠悠地往下飘,往下飘。"

"你争取睡一会儿,"苏艾说,"我要去叫贝尔曼上来,替我做那个隐居的老矿工的模特儿。我去不了一分钟。在我回来之前,千万别动。"

老贝尔曼是住在楼下底层的一个画家,年纪六十开外,有一把像米开朗琪罗①的摩西②雕像的胡子,从萨蒂尔③似的脑袋上顺着小鬼般的身体卷垂下来。贝尔曼在艺术界是个失意的人。他耍了四十年画笔,仍同艺术女神隔有相当距离,连她的长袍的边缘

---

①米开朗琪罗:1475—1564年,意大利雕塑家、画家、建筑师、诗人。
②摩西:《圣经》中犹太人的古代领袖。
③萨蒂尔:希腊神话中半人半兽的森林之神,长着马耳马尾或羊角羊尾。

都没有摸到。他老是说就要画一幅杰作，可是始终没有动手。除了偶尔涂抹一些商业画或广告画以外，几年来没有什么创作。他替"艺术区"里一些雇不起职业模特儿的青年艺术家充当模特儿，挣几个小钱。他喝杜松子酒总是过量，老是唠唠叨叨地谈着他未来的杰作。此外，他还是个暴躁的小老头儿，极端瞧不起别人的温情，却认为自己是保护楼上两个青年艺术家的看家恶狗。

苏艾在楼下那间灯光黯淡的小屋子里找到了酒气扑人的贝尔曼。角落里的画架上绷着一幅空白的画布，它在那儿静候杰作的落笔，已经有二十五年了。她把琼珊的想法告诉了他，又说她多么担心，唯恐那个虚弱得像枯叶一般的琼珊抓不住她同世界的微弱联系，真会撒手而去。

老贝尔曼的充血的眼睛老是迎风流泪。他对这种白痴般的想法大不以为然，讽刺地咆哮了一阵子。

"什么话！"他嚷道，"难道世界上竟有这种傻子（智力障碍者），因为可恶的藤叶落掉而想死？我活了一辈子也没有听到过这种怪事。不，我没有心思替你当那无聊的隐士模特儿。你怎么能让她脑袋里有这种傻念头呢？唉，可怜的琼珊小姐。"

"她病得很重，很虚弱，"苏艾说，"高烧烧得她疑神疑鬼，满脑袋都是稀奇古怪的念头。好吧，贝尔曼先生，既然你不愿意替我当模特儿，我也不勉强了。我认得你这个可恶的老——老贫嘴。"

"你真女人气！"贝尔曼嚷道，"谁说我不愿意来着？走吧。我跟你一起去。我已经说了半天，愿意为你效劳。天哪！像琼珊小姐那样的好人实在不应该在这种地方害病。总有一天，我要画一幅杰作，那么我们都可以离开这里啦。天哪！是啊。"

他们上楼时，琼珊已经睡着了。苏艾把窗帘拉到窗槛上，打手势让贝尔曼到另一间屋子里去。他们在那儿担心地瞥着窗外的常春藤。接着，他们默默无言地对瞅了一会儿。寒雨夹着雪花下个不停。贝尔曼穿着一件蓝色的旧衬衫，坐在一口翻转过来的权充岩石的铁锅上，扮作隐居的矿工。

第二天早晨，苏艾睡了一个小时醒来的时候，看见琼珊睁着无神的眼睛，凝视着放下来的绿窗帘。

"把窗帘拉上去，我要看。"她用微弱的声音命令说。

苏艾困倦地照办了。

可是，看哪！经过了漫漫长夜的风吹雨打，仍旧有一片常春藤的叶子贴在墙上。它是藤上最后的一片叶子。靠近叶柄的颜色还是深绿的，但那锯齿形的边缘已染上了枯败的黄色，它傲然挂在离地面二十来英尺的一根藤枝上面。

"那是最后的一片叶子，"琼珊说，"我以为昨夜它一定会掉落的。我听到刮风的声音。它今天会脱落的，同时我也要死了。"

"哎呀，哎呀！"苏艾把她困倦的脸凑到枕边说，"即使你不为自己着想，也得替我想想呀。我可怎么办呢？"

但是琼珊没有回答。一个准备走上神秘遥远的死亡道路的心灵，是全世界最寂寞、最悲哀的了。当她与尘世和友情之间的联系一片片地脱离时，那个玄想似乎更有力地掌握了她。

那一天总算熬了过去。黄昏时，她们看到墙上那片孤零零的藤叶依旧依附在茎上。随着夜晚同来的北风的怒号，雨点不住地打在窗上，从荷兰式的屋檐上倾泻下来。

天色刚明的时候，狠心的琼珊又吩咐把窗帘拉上去。

那片常春藤叶仍在墙上。

琼珊躺着对它看了很久。然后她喊喊苏艾，苏艾正在煤气炉上搅动给琼珊喝的鸡汤。

"我真是个坏姑娘，苏艾，"琼珊说，"冥冥中似乎有什么使那片叶子不掉下来，启示了我过去是多么邪恶。不想活下去是个罪恶。现在请你拿些汤来，再弄一点掺葡萄酒的牛奶，再——等一下，先拿一面小镜子给我，用枕头替我垫高，我想坐起来看你煮东西。"

一小时后，她说："苏艾，我希望有朝一日能去那不勒斯海湾写生。"

下午，医生来了，他离去时，苏艾找了一个借口，跑到过道上。

"好的希望有了五成。"医生抓住苏艾瘦小的颤抖的手说，"只要好好护理，你会胜利的。现在我得去楼下看看另一个病人。他姓贝尔曼——据我所知，也是搞艺术的，也是肺炎。他上了年纪，身体虚弱，病势来得凶猛。他可没有希望了，不过今天还是要把他送到医院，好让他舒服一些。"

第二天，医生对苏艾说："她现在脱离危险了。你赢啦。现在只要营养和调理就行啦。"

那天下午，苏艾跑到床边，琼珊靠在那儿，心满意足地在织一条毫无用处的深蓝色披肩，苏艾把她连枕头一把抱住。

"我有些话要告诉你，小东西。"她说，"贝尔曼先生今天在医院里去世了。他害肺炎，只病了两天。头天早上，看门人在楼下的房间里发现他痛苦得要命。他的鞋子和衣服都湿透了，冰凉冰凉的。他们想不出，在那种凄风苦雨的夜里，他究竟是到什么地方去的。后来，他们找到了一盏还燃着的灯笼，一把从原来地方挪动过的梯子，还有几支散落的画笔，一块调色板，上面剩有绿色和黄色的颜料，末了——看看窗外，亲爱的，看看墙上最后的一片叶子。你不是觉得纳闷，它为什么在风中不飘不动吗？啊，亲爱的，那是贝尔曼的杰作——那晚最后的一片叶子掉落时，他画在墙上的。"

 问题与讨论

一、根据拼音写汉字。

（niè）____手（niè）____脚　　　　一（chóu）____莫展

编（jí）____　　　　　　　　　　　暴（zào）____

二、结合课文，谈一谈对下列句子的理解。

1. 有一次，一个画家发现这条街有它可贵之处：如果商人去收颜料、纸张和画布的账款，在这条街上转弯抹角、大兜圈子的时候，突然碰上一文钱也没收到，空手而回的他自己，那才有意思呢！

2. 医生走后，苏艾到工作室里哭了一场，把一张日本纸餐巾擦得一团糟。然后，她拿起画板，吹着拉格泰姆曲调，昂首阔步地走进琼珊的房间。

3. 叶子，常春藤上的叶子。等最后一片掉落下来，我也得去了。三天前我就知道了。难道大夫没有告诉你吗？

三、在琼珊几乎要放弃自己生命的时候，在她以为自己已经走到了人生的尽头的时候，到底是谁挽救了琼珊？讨论谁的意见最有道理，并说明原因。

1. 贝尔曼。在一个风雨交加的夜晚在墙上画了最后的常春藤叶，给琼珊带来生命的希望，鼓舞她活下去。

2. 苏艾。无微不至地照顾琼珊，鼓励她，用她的友谊温暖琼珊。

3. 医生。尽力医治琼珊的病。

4. 琼珊自己。在琼珊得肺炎病危的时刻，医生说"她的病只有一成希望，""那一成希望在于她自己要不要活下去"。虽然最后一片常春藤叶的鼓舞作用很大，但是琼珊如果真的不想活下去的话，即使有这片叶子也无济于事。琼珊的康复仅有最后一片叶子是不够的，还需要琼珊自己的力量来战胜病魔。因为在生与死、抗争与屈服之间，需要自己树立信心，做出努力，才能得胜。

5. 最后的常春藤叶。

四、欧·亨利作为短篇小说的巨匠，以其独特的构思向人们讲述了关于最后一片常春藤叶的故事。换个角度，如果让你来讲述一个关于老贝尔曼的故事，你觉得哪一个情节必不可少？贝尔曼是怎样画最后一片叶子的？请补写出这一想象的情节。

第五单元　国学诵读

单元导语

经典是智慧的结晶，所载为常理常道，其价值历久而弥新，任何一个文化系统皆有其永恒不朽之经典作为源头活水。经典不仅构成民族的传统，而且提供给全人类以无限的启发。

中国传统文化的主体由儒、释、道三家构成，其经典著作自古流传至今。例如，儒家的四书五经——《论语》《孟子》《大学》《中庸》《诗经》《尚书》《礼记》《易经》《春秋》，释家的佛经，道家的《老子》（《道德经》）、《庄子》等。

这些经典著作关乎我们的生命、性情、品德、甚至境界，比知识和技能的学习对于我们的人生更加重要。我们应当多读、熟读这些有价值的书，以此直探人性本源，较轻便地吸取人生的智慧，站在巨人的肩膀上，较迅速地启迪自己的理性。眼界远大，胸襟开阔，可以对人生的各项活动做较为全面和合理的规划安排，这就是古人所说的见识，亦即现今所谓的"文化教养"。要启发理性，开拓见识，陶冶性情，诵读经典是自古以来最好的学习方法。

对于初学者，从四书开始读起为宜，先读《论语》，再读《孟子》，然后读《大学》，最后读《中庸》，在此基础上，可以继续读《老子》《庄子》等典籍。《论语》是中国传统文化经典中的经典，是一部中国人必读之书。旧时的中国人只要认得字，没有不读《论语》的，小孩子发蒙的第一句话，多半就是"子曰：学而时习之，不亦说乎？"中国文化是做人的文化，中国文化认为不论一个人在社会上扮演什么角色，都要先把人做好，做人是第一位的，人做好了才能做好别的事。"做人"古人叫作"修身"，儒家的另外一本经典《礼记》中说"自天子以至于庶人，一是皆以修身为本"，说的也是这个意思。《论语》之所以重要，就是因为它是一本教人如何修身，也就是教人如何做人的书。

《论语》是先秦儒家语录体典籍，是一部记录孔子及其弟子言行的书，由孔子弟子及再传弟子编纂，共二十篇。其内容包括孔子的政治主张、伦理思想、道德观念、教育原则和方法等。它是研究儒家思想的主要依据。在知识体系上，《论语》包含丰富的、密集的、精炼的、非常纯粹的文化知识，文化含量非常高。例如，一本《论语》五百则，一万六千字，有一百多个成语，成语是最原始的出处，最原始的本意，不是成语字典里的教条。《论语》里几百则可以终生引用的格言，包含了大量的人生智慧。在价值体系上，《论语》告诉我们：什么样的社会是理想的社会？什么样的政治是理想的政治？什么样的人是理想的人？概括起来，一句话：什么样的人生是理想的人生。读《论语》，获得的不仅仅是知识系统，更重要的是价值系统，学会做价值判断，提升价值判断能力，成熟心智，明辨是非，懂得善恶美丑，一生进退有依，可以安身立命。

《论语》（节选）

学而第一

子曰："学而时习之，不亦说（yuè）乎？有朋自远方来，不亦乐乎？人不知而不愠（yùn），不亦君子乎？"

有子曰："其为人也孝弟（tì），而好犯上者，鲜（xiǎn）矣；不好犯上，而好作乱者，未之有也。君子务本，本立而道生。孝弟（tì）也者，其为仁之本与！"

子曰："巧言令色，鲜（xiǎn）矣仁！"

曾子曰："吾日三省（xǐng）吾身：为人谋而不忠乎？与朋友交而不信乎？传不习乎？"

子曰："道千乘（shèng）之国，敬事而信，节用而爱人，使民以时。"

子曰："弟子入则孝，出则弟（tì），谨而信，泛爱众而亲仁。行有余力，则以学文。"

子夏曰："贤贤易色；事父母，能竭其力；事君，能致其身；与朋友交，言而有信。虽曰未学，吾必谓之学矣。"

子曰："君子不重则不威；学则不固。主忠信，无友不如己者。过，则勿惮改。"

曾子曰："慎终追远，民德归厚矣。"

子禽问于子贡曰："夫子至于是邦也，必闻其政，求之与（yú）？抑与之与？"子贡曰："夫子温、良、恭、俭、让以得之。夫子之求之也，其诸异乎人之求之与？"

子曰："父在，观其志；父没，观其行；三年无改于父之道，可谓孝矣。"

有子曰："礼之用，和为贵。先王之道，斯为美，小大由之。有所不行，知和而和，不以礼节之，亦不可行也。"

有子曰："信近于义，言可复也。恭近于礼，远耻辱也。因不失其亲，亦可宗也。"

子曰："君子食无求饱，居无求安，敏于事而慎于言，就有道而正焉，可谓好学也已。"

子贡曰："贫而无谄（chǎn），富而无骄，何如？"子曰："可也。未若贫而乐，富而好礼者也。"

子贡曰："《诗》云：'如切如磋，如琢如磨'，其斯之谓与？"子曰："赐也，始可与言《诗》已矣，告诸往而知来者。"

子曰："不患人之不己知，患不知人也。"

为政第二

子曰："为政以德，譬如北辰居其所而众星共（gǒng）之。"

子曰："诗三百，一言以蔽之，曰：思无邪。"

子曰："道（dǎo）之以政，齐之以刑，民免而无耻；道（dǎo）之以德，齐之以礼，有耻且格。"

子曰："吾十有（yòu）五而志于学，三十而立，四十而不惑，五十而知天命，六十而耳顺，七十而从心所欲，不逾（yú）矩。"

孟懿（yì）子问孝。子曰："无违。"

樊迟御，子告之曰："孟孙问孝于我，我对曰：'无违。'"樊迟曰："何谓也？"子曰："生，事之以礼；死，葬之以礼，祭之以礼。"

孟武伯问孝。子曰："父母唯其疾之忧。"

子游问孝。子曰："今之孝者，是谓能养。至于犬马，皆能有养。不敬，何以别乎？"

子夏问孝。子曰："色难（nán）。有事，弟子服其劳；有酒食，先生馔（zhuàn），曾是以为孝乎？"

子曰："吾与回言终日，不违，如愚。退而省（xǐng）其私，亦足以发，回也不愚。"

子曰："视其所以，观其所由，察其所安。人焉廋（sōu）哉？人焉廋哉？"

子曰："温故而知新，可以为师矣。"

子曰："君子不器。"

子贡问君子。子曰："先行其言而后从之。"

子曰："君子周而不比，小人比而不周。"

子曰："学而不思则罔（wǎng），思而不学则殆（dài）。"

子曰："攻乎异端，斯害也已。"

子曰："由，诲（huì）女（rǔ）知之乎！知之为知之，不知为不知，是知也。"

子张学干禄。子曰："多闻阙（quē）疑，慎言其余，则寡尤；多见阙殆，慎行其余，则寡悔。言寡尤，行寡悔，禄在其中矣。"

哀公问曰："何为则民服？"孔子对曰："举直错诸枉（wǎng），则民服；举枉错诸直，则民不服。"

季康子问："使民敬忠以劝，如之何？"子曰："临之以庄，则敬；孝慈，则忠；举善而教不能，则劝。"

或谓孔子曰："子奚不为政？"子曰："《书》云：'孝乎惟孝，友于兄弟，施于有政。'是亦为政，奚其为为政？"

子曰："人而无信，不知其可也。大车（jū）无辊（ní），小车（jū）无轨（yuè），其何以行之哉？"

子张问："十世可知也？"子曰："殷因于夏礼，所损益，可知也。周因于殷礼，所损益，可知也。其或继周者，虽百世，可知也。"

子曰："非其鬼而祭之，谄也。见义不为，无勇也。"

八佾第三

孔子谓季氏，"八佾（yì）舞于庭，是可忍也，孰不可忍也？"

三家者以《雍》彻。子曰："'相维辟公，天子穆穆'，奚取于三家之堂？"

子曰："人而不仁，如礼何？人而不仁，如乐（yuè）何？"

林放问礼之本。子曰："大哉问！礼，与其奢也，宁（nìng）俭；丧（sāng），与其易也，宁戚。"

子曰："夷狄之有君，不如诸夏之亡（wú）也。"

季氏旅于泰山。子谓冉有曰："女（rǔ）弗能救与？"对曰："不能。"子曰："呜呼！曾谓泰山不如林放乎？"

子曰："君子无所争，必也射乎！揖（yī）让而升，下而饮。其争也君子。"

子夏问曰："'巧笑倩兮，美目盼兮，素以为绚兮。'何谓也？"子曰："绘事后素。"曰："礼后乎？"子曰："起予者商也，始可与言《诗》已矣。"

子曰："夏礼，吾能言之，杞不足征也；殷礼，吾能言之，宋不足征也。文献不足故也。足，则吾能征之矣。"

子曰："禘自既灌而往者，吾不欲观之矣。"

或问禘之说。子曰："不知也。知其说者之于天下也，其如示诸斯乎！"指其掌。

祭如在，祭神如神在。子曰："吾不与（yù）祭，如不祭。"

王孙贾问曰："'与其媚于奥，宁媚于灶'，何谓也？"子曰："不然。获罪于天，无所祷也。"

子曰："周监（jiàn）于二代，郁郁乎文哉！吾从周。"

子入太庙，每事问。或曰："孰谓鄹（zōu）人之子知礼乎？入太庙，每事问。"子闻之，曰："是礼也。"

子曰："射不主皮，为力不同科，古之道也。"

子贡欲去告朔之饩（xì）羊。子曰："赐也！尔爱其羊，我爱其礼。"

子曰："事君尽礼，人以为谄也。"

定公问："君使臣，臣事君，如之何？"孔子对曰："君使臣以礼，臣事君以忠。"

子曰："《关雎（jū）》，乐而不淫，哀而不伤。"

哀公问社于宰我。宰我对曰："夏后氏以松，殷人以柏，周人以栗，曰使民战栗。"子闻之，曰："成事不说，遂事不谏，既往不咎（jiù）。"

子曰："管仲之器小哉！"

或曰："管仲俭乎？"曰："管氏有三归，官事不摄，焉得俭？"

"然则管仲知礼乎？"曰："邦君树塞（sè）门，管氏亦树塞门。邦君为两君之好，有反坫（diàn），管氏亦有反坫。管氏而知礼，孰不知礼？"

子语（yù）鲁大（tài）师乐（yuè），曰："乐其可知也：始作，翕（xī）如也；从（zòng）之，纯如也，皦（jiǎo）如也，绎（yì）如也，以成。"

仪封人请见（xiàn），曰："君子之至于斯也，吾未尝不得见也。"从者见之。出曰："二三子，何患于丧乎？天下之无道也久矣，天将以夫子为木铎（duó）。"

子谓《韶》，"尽美矣，又尽善也。"谓《武》，"尽美矣，未尽善也。"

子曰："居上不宽，为礼不敬，临丧不哀，吾何以观之哉？"

里仁第四

子曰："里仁为美。择不处仁，焉得知（zhì）？"

子曰："不仁者不可以久处约，不可以长处乐。仁者安仁，知者利仁。"

子曰："唯仁者能好人，能恶（wù）人。"

子曰："苟志于仁矣，无恶也。"

子曰："富与贵，是人之所欲也；不以其道得之，不处也。贫与贱，是人之恶（wù）也；不以其道得之，不去也。君子去仁，恶（wū）乎成名？君子无终食之间违仁，造次必于是，颠沛必于是。"

子曰："我未见好仁者，恶（wù）不仁者。好仁者，无以尚之；恶不仁者，其为仁矣，不使不仁者加乎其身。有能一日用其力于仁矣乎？我未见力不足者。盖有之矣，我未之见也。"

子曰："人之过也，各于其党。观过，斯知仁矣。"

子曰："朝闻道，夕死可矣！"

子曰："士志于道，而耻恶（è）衣恶（è）食者，未足与议也！"

子曰："君子之于天下也，无适也，无莫也，义之与比。"

子曰："君子怀德，小人怀土；君子怀刑，小人怀惠。"

子曰："放（fǎng）于利而行，多怨。"

子曰："能以礼让为国乎？何有？不能以礼让为国，如礼何？"

子曰："不患无位，患所以立。不患莫己知，求为可知也。"

子曰："参（shēn）乎！吾道一以贯之。"曾子曰："唯。"

子出，门人问曰："何谓也？"曾子曰："夫子之道，忠恕而已矣。"

子曰："君子喻于义，小人喻于利。"

子曰："见贤思齐焉，见不贤而内自省也。"

子曰："事父母几（jī）谏，见志不从，又敬不违，劳而不怨。"

子曰："父母在，不远游，游必有方。"

子曰："三年无改于父之道，可谓孝矣。"

子曰："父母之年，不可不知也。一则以喜，一则以惧。"

子曰："古者言之不出，耻躬之不逮（dài）也。"

子曰："以约失之者鲜（xiǎn）矣。"

子曰："君子欲讷（nè）于言而敏于行。"

子曰："德不孤，必有邻。"

子游曰："事君数（shuò），斯辱矣；朋友数（shuò），斯疏矣。"

公冶长第五

子谓公冶长,"可妻(qì)也。虽在缧(léi)绁(xiè)之中,非其罪也。"以其子妻(qì)之。

子谓南容,"邦有道,不废;邦无道,免于刑戮。"以其兄之子妻之。

子谓子贱,"君子哉若人!鲁无君子者,斯焉取斯?"

子贡问曰:"赐也何如?"子曰:"女(rǔ)器也。"曰:"何器也?"曰:"瑚琏也。"

或曰:"雍也仁而不佞(nìng)。"子曰:"焉用佞?御人以口给(jǐ),屡憎(zēng)于人。不知其仁,焉用佞?"

子使漆雕开仕。对曰:"吾斯之未能信。"子说(yuè)。

子曰:"道不行,乘桴(fú)浮于海。从我者,其由与?"子路闻之喜。子曰:"由也好勇过我,无所取材。"

孟武伯问:"子路仁乎?"子曰:"不知也。"又问。子曰:"由也,千乘之国,可使治其赋也,不知其仁也。"

"求也何如?"子曰:"求也,千室之邑,百乘之家,可使为之宰也,不知其仁也。"

"赤也何如?"子曰:"赤也,束带立于朝,可使与宾客言也,不知其仁也。"

子谓子贡曰:"女(rǔ)与回也孰愈?"对曰:"赐也何敢望回?回也闻一以知十,赐也闻一以知二。"子曰:"弗如也,吾与女(rǔ)弗如也。"

宰予昼寝。子曰:"朽木不可雕也,粪土之墙不可杇(wū)也。于予与何诛?"子曰:"始吾于人也,听其言而信其行;今吾于人也,听其言而观其行。于予与改是。"

子曰:"吾未见刚者。"或对曰:"申枨(chéng)。"子曰:"枨也欲,焉得刚?"

子贡曰:"我不欲人之加诸我也,吾亦欲无加诸人。"子曰:"赐也,非尔所及也。"

子贡曰:"夫子之文章,可得而闻也;夫子之言性与天道,不可得而闻也。"

子路有闻,未之能行,唯恐有(yòu)闻。

子贡问曰:"孔文子何以谓之'文'也?"子曰:"敏而好学,不耻下问,是以谓之'文'也。"

子谓子产,"有君子之道四焉:其行己也恭,其事上也敬,其养民也惠,其使民也义。"

子曰:"晏平仲善与人交,久而敬之。"

子曰:"臧文仲居蔡,山节藻棁(zhuō),何如其知(zhì)也?"

子张问曰:"令尹子文三仕为令尹,无喜色;三已之,无愠色。旧令尹之政,必以告新令尹。何如?"子曰:"忠矣。"曰:"仁矣乎?"曰:"未知,焉得仁?"

"崔子弑(shì)齐君,陈文子有马十乘,弃而违之。至于他邦,则曰:'犹吾大夫崔子也。'违之。之一邦,则又曰:'犹吾大夫崔子也。'违之。何如?"子曰:"清矣。"曰:"仁矣乎?"曰:"未知,焉得仁?"

季文子三思而后行。子闻之,曰:"再,斯可矣。"

子曰："宁（nìng）武子，邦有道，则知（zhì）；邦无道，则愚。其知（zhì）可及也；其愚不可及也。"

子在陈曰："归与！归与！吾党之小子狂简，斐（fěi）然成章，不知所以裁之。"

子曰："伯夷、叔齐不念旧恶，怨是用希。"

子曰："孰谓微生高直？或乞醯（xī）焉，乞诸其邻而与之。"

子曰："巧言、令色、足恭，左丘明耻之，丘（mǒu）亦耻之。匿怨而友其人，左丘明耻之，丘（mǒu）亦耻之。"

颜渊、季路侍。子曰："盍（hé）各言尔志？"

子路曰："愿车（jū）马衣（yì）轻裘（qiú）与朋友共，敝之而无憾。"

颜渊曰："愿无伐善，无施劳。"

子路曰："愿闻子之志。"

子曰："老者安之，朋友信之，少者怀之。"

子曰："已矣乎！吾未见能见其过而自讼者也。"

子曰："十室之邑，必有忠信如丘（mǒu）者焉，不如丘（mǒu）之好学也。"

雍也第六

子曰："雍也可使南面。"

仲弓问子桑伯子。子曰："可也，简。"

仲弓曰："居敬而行简，以临其民，不亦可乎？居简而行简，无乃大（tài）简乎？"子曰："雍之言然。"

哀公问："弟子孰为好学？"孔子对曰："有颜回者好学，不迁怒，不贰过。不幸短命死矣！今也则亡（wú），未闻好学者也。"

子华使于齐，冉（rǎn）子为其母请粟（sù）。子曰："与之釜（fǔ）。"

请益。曰："与之庾（yǔ）。"

冉子与之粟五秉。

子曰："赤之适齐也，乘肥马，衣（yì）轻裘。吾闻之也：君子周急不继富。"

原思为之宰，与之粟九百，辞。子曰："毋（wú）！以与尔邻里乡党乎！"

子谓仲弓，曰："犁牛之子骍（xīng）且角，虽欲勿用，山川其舍诸？"

子曰："回也，其心三月不违仁，其余则日月至焉而已矣。"

季康子问："仲由可使从政也与？"子曰："由也果，于从政乎何有？"

曰："赐也可使政也与？"曰："赐也达，于从政乎何有？"

曰："求也可使从政也与？"曰："求也艺，于从政乎何有？"

季氏使闵子骞为费（bì）宰。闵子骞曰："善为我辞焉！如有复我者，则吾必在汶上矣。"

伯牛有疾，子问之，自牖（yǒu）执其手，曰："亡之，命矣夫！斯人也而有斯疾也！斯人也而有斯疾也！"

子曰："贤哉，回也！一箪（dān）食（sì），一瓢饮，在陋巷，人不堪其忧，回也不改其乐。贤哉，回也！"

冉求曰："非不说（yuè）子之道，力不足也。"子曰："力不足者，中道而废。今女（rǔ）画。"

子谓子夏曰："女（rǔ）为君子儒！无为小人儒！"

子游为武城宰。子曰："女（rǔ）得人焉耳乎？"曰："有澹（tán）台灭明者，行不由径，非公事，未尝至于偃（yǎn）之室也。"

子曰："孟之反不伐，奔而殿，将入门，策其马，曰：'非敢后也，马不进也。'"

子曰："不有祝鲍（tuó）之佞，而有宋朝（zhāo）之美，难乎免于今之世矣。"

子曰："谁能出不由户？何莫由斯道也？"

子曰："质胜文则野，文胜质则史。文质彬彬，然后君子。"

子曰："人之生也直，罔（wǎng）之生也幸而免。"

子曰："知之者不如好（hào）之者，好之者不如乐之者。"

子曰："中人以上，可以语（yù）上也；中人以下，不可以语（yù）上也。"

樊迟问知（zhì）。子曰："务民之义，敬鬼神而远之，可谓知（zhì）矣。"

问仁。曰："仁者先难而后获，可谓仁矣。"

子曰："知（zhì）者乐（yào）水，仁者乐山。知者动，仁者静。知者乐，仁者寿。"

子曰："齐一变，至于鲁；鲁一变，至于道。"

子曰："觚（gū）不觚，觚哉！觚哉！"

宰我问曰："仁者，虽告之曰'井有仁焉'其从之也？"子曰："何为其然也？君子可逝也，不可陷也；可欺也，不可罔也。"

子曰："君子博学于文，约之以礼，亦可以弗（fú）畔矣夫！"

子见南子，子路不说。夫子矢（shǐ）之曰："予所否者，天厌之！天厌之！"

子曰："中庸之为德也，其至矣乎！民鲜（xiǎn）久矣。"

子贡曰："如有博施于民而能济众，何如？可谓仁乎？"子曰："何事于仁，必也圣乎！尧、舜其犹病诸！夫仁者，己欲立而立人，己欲达而达人。能近取譬（pì），可谓仁之方也已。"

述而第七

子曰："述而不作，信而好（hào）古，窃比于我老彭。"

子曰："默而识（zhì）之，学而不厌，诲（huì）人不倦，何有于我哉？"

子曰："德之不修，学之不讲，闻义不能徙（xǐ），不善不能改，是吾忧也。"

子之燕居，申申如也，夭夭如也。

子曰："甚矣吾衰也！久矣吾不复梦见周公！"

子曰："志于道，据于德，依于仁，游于艺。"

子曰："自行束脩（xiū）以上，吾未尝无诲焉。"

子曰:"不愤不启,不悱(fěi)不发;举一隅(yú)不以三隅反,则不复也。"

子食于有丧者之侧,未尝饱也。

子于是日哭,则不歌。

子谓颜渊曰:"用之则行,舍之则藏,惟我与尔有是夫!"

子路曰:"子行三军,则谁与?"

子曰:"暴虎冯(píng)河,死而无悔者,吾不与也。必也临事而惧,好谋而成者也!"

子曰:"富而可求也,虽执鞭之士,吾亦为之。如不可求,从吾所好(hào)。"

子之所慎:齐(zhāi),战,疾。

子在齐闻《韶》,三月不知肉味。曰:"不图为乐(yuè)之至于斯也!"

冉有曰:"夫子为(wèi)卫君乎?"子贡曰:"诺,吾将问之。"

入,曰:"伯夷、叔齐何人也?"曰:"古之贤人也。"曰:"怨乎?"曰:"求仁而得仁,又何怨?"

出,曰:"夫子不为也。"

子曰:"饭疏食饮水,曲肱(gōng)而枕之,乐亦在其中矣!不义而富且贵,于我如浮云。"

子曰:"加我数年,五十以学《易》,可以无大过矣。"

子所雅言,《诗》《书》、执礼,皆雅言也。

叶(shè)公问孔子于子路,子路不对。

子曰:"女奚不曰:其为人也,发愤忘食,乐以忘忧,不知老之将至云尔。"

子曰:"我非生而知之者,好古,敏以求之者也。"

子不语怪、力、乱、神。

子曰:"三人行,必有我师焉!择其善者而从之,其不善者而改之。"

子曰:"天生德于予,桓魋(huántuí)其如予何?"

子曰:"二三子以我为隐乎?吾无隐乎尔。吾无行而不与二三子者,是丘(mǒu)也。"

子以四教(jiào):文、行、忠、信。

子曰:"圣人,吾不得而见之矣;得见君子者,斯可矣。"

子曰:"善人,吾不得而见之矣;得见有恒者,斯可矣。亡(wú)而为有,虚而为盈,约而为泰,难乎有恒矣。"

子钓而不纲,弋(yì)不射宿。

子曰:"盖有不知而作之者,我无是也。多闻,择其善者而从之;多见而识(zhì)之;知之次也。"

互乡难与言,童子见(xiàn),门人惑。子曰:"与其进也,不与其退也,唯何甚!人洁己以进,与其洁也,不保其往也。"

子曰："仁远乎哉？我欲仁，斯仁至矣。"

陈司败问："昭公知礼乎？"孔子曰："知礼。"

孔子退，揖（yī）巫马期而进之，曰："吾闻君子不党，君子亦党乎？君取于吴，为同姓，谓之吴孟子。君而知礼，孰不知礼？"

巫马期以告。子曰："丘（mǒu）也幸，苟有过，人必知之。"

子与人歌而善，必使反之，而后和（hè）之。

子曰："文，莫吾犹人也。躬行君子，则吾未之有得。"

子曰："若圣与仁，则吾岂敢？抑为之不厌，诲人不倦，则可谓云尔已矣。"公西华曰："正唯弟子不能学也。"

子疾病，子路请祷。子曰："有诸？"子路对曰："有之。《诔》（lěi）曰：'祷尔于上下神祇（qí）。'"子曰："丘（mǒu）之祷久矣。"

子曰："奢则不孙（xùn），俭则固。与其不孙也，宁固。"

子曰："君子坦荡荡，小人长戚戚（qī）。"

子温而厉，威而不猛，恭而安。

泰伯第八

子曰："泰伯其可谓至德也已矣。三以天下让，民无得而称焉。"

子曰："恭而无礼则劳；慎而无礼则葸（xǐ）；勇而无礼则乱；直而无礼则绞。君子笃于亲，则民兴于仁；故旧不遗，则民不偷。"

曾子有疾，召门弟子曰："启予足！启予手！《诗》云：'战战兢兢，如临深渊，如履薄冰。'而今而后，吾知免夫！小子！"

曾子有疾，孟敬子问之。曾子言曰："鸟之将死，其鸣也哀。人之将死，其言也善。君子所贵乎道者三：动容貌，斯远暴慢矣；正颜色，斯近信矣；出辞气，斯远鄙倍矣。笾（biān）豆之事，则有司存。"

曾子曰："以能问于不能，以多问于寡；有若无，实若虚，犯而不校（jiào）。昔者吾友尝从事于斯矣。"

曾子曰："可以托六尺之孤，可以寄百里之命，临大节而不可夺也，君子人与？君子人也。"

曾子曰："士不可以不弘毅，任重而道远。仁以为己任，不亦重乎？死而后已，不亦远乎？"

子曰："兴于《诗》，立于礼，成于乐（yuè）。"

子曰："民可使由之，不可使知之。"

子曰："好勇疾贫，乱也。人而不仁，疾之已甚，乱也。"

子曰："如有周公之才之美，使骄且吝，其余不足观也已。"

子曰："三年学，不至于谷，不易得也。"

子曰："笃信好学，守死善道。危邦不入，乱邦不居。天下有道则见（xiàn），无道则隐。邦有道，贫且贱焉，耻也；邦无道，富且贵焉，耻也。"

子曰："不在其位，不谋其政。"

子曰："师挚之始，《关雎（jū）》之乱，洋洋乎盈耳哉！"

子曰："狂而不直，侗（tóng）而不愿，悾（kōng）悾而不信，吾不知之矣。"

子曰："学如不及，犹恐失之。"

子曰："巍巍乎，舜、禹之有天下也而不与（yù）焉。"

子曰："大哉尧之为君也！巍巍乎！唯天为大，唯尧则之。荡荡乎，民无能名焉。巍巍乎其有成功也！焕乎其有文章！"

舜有臣五人而天下治。武王曰："予有乱臣十人。"孔子曰："才难，不其然乎？唐、虞之际，于斯为盛。有妇人焉，九人而已。三分天下有其二，以服事殷，周之德，其可谓至德也已矣。"

子曰："禹，吾无间（jiàn）然矣。菲（fěi）饮食而致孝乎鬼神；恶衣服而致美乎黻（fú）冕；卑宫室而尽力乎沟洫（xù）。禹，吾无间然矣。"

子罕第九

子罕言利与命与仁。

达巷党人曰："大哉孔子！博学而无所成名。"子闻之，谓门弟子曰，"吾何执？执御乎，执射乎？吾执御矣。"

子曰："麻冕，礼也。今也纯，俭，吾从众。拜下，礼也。今拜乎上，泰也。虽违众，吾从下。"

子绝四：毋（wú）意，毋必，毋固，毋我。

子畏于匡。曰："文王既没（mò），文不在兹乎？天之将丧斯文也，后死者不得与于斯文也；天之未丧斯文也，匡人其如予何？"

太（tài）宰问于子贡曰："夫子圣者与？何其多能也？"子贡曰："固天纵之将圣，又多能也。"

子闻之，曰："大宰知我乎？吾少（shào）也贱，故多能鄙事。君子多乎哉？不多也。"

牢曰："子云：'吾不试，故艺。'"

子曰："吾有知乎哉？无知也。有鄙夫问于我，空空如也。我叩其两端而竭焉。"

子曰："凤鸟不至，河不出图，吾已矣夫！"

子见齐衰（cuī）者、冕衣裳者与瞽（gǔ）者，见之，虽少（shào），必作；过之，必趋。

颜渊喟（kuì）然叹曰："仰之弥高，钻之弥坚。瞻之在前，忽焉在后。夫子循循然善诱人，博我以文，约我以礼，欲罢不能。既竭吾才，如有所立卓尔。虽欲从之，末由也矣。"

子疾病，子路使门人为臣。病间（jiàn），曰："久矣哉，由之行诈也！无臣而为有臣。吾谁欺？欺天乎？且予与其死于臣之手也，无宁死于二三子之手乎！且予纵不得大葬，予死于道路乎？"

子贡曰："有美玉于斯，韫（yùn）椟（dú）而藏诸？求善贾（gǔ）而沽诸？"子曰："沽之哉！沽之哉！我待贾（gǔ）者也！"

子欲居九夷。或曰："陋，如之何？"子曰："君子居之，何陋之有？"

子曰："吾自卫反鲁，然后乐正，《雅》《颂》各得其所。"

子曰："出则事公卿，入则事父兄，丧事不敢不勉，不为酒困，何有于我哉？"

子在川上曰："逝者如斯夫！不舍昼夜。"

子曰："吾未见好德如好色者也。"

子曰："譬如为山，未成一篑（kuì），止，吾止也。譬如平地，虽覆一篑（kuì），进，吾往也。"

子曰："语（yù）之而不惰者，其回也与！"

子谓颜渊曰："惜乎！吾见其进也，吾未见其止也。"

子曰："苗而不秀者有矣夫！秀而不实者有矣夫！"

子曰："后生可畏，焉知来者之不如今也？四十、五十而无闻焉，斯亦不足畏也已。"

子曰："法语之言，能无从乎？改之为贵。巽（xùn）与之言，能无说乎？绎（yì）之为贵。说而不绎，从而不改，吾末如之何也已矣！"

子曰："主忠信，毋友不如己者，过则勿惮改。"

子曰："三军可夺帅也，匹夫不可夺志也。"

子曰："衣（yì）敝缊（yùn）袍，与衣狐貉（hé）者立，而不耻者，其由也与！'不忮（zhì）不求，何用不臧？'"子路终身诵之。子曰："是道也，何足以臧？"

子曰："岁寒，然后知松柏之后凋也。"

子曰："知（zhì）者不惑；仁者不忧；勇者不惧。"

子曰："可与共学，未可与适道；可与适道，未可与立；可与立，未可与权。"

"唐棣（dì）之华（huā），偏其反而。岂不尔思？室是远而。"子曰："未之思也，夫何远之有？"

乡党第十

孔子于乡党，恂（xún）恂如也，似不能言者。

其在宗庙朝廷，便（pián）便言，唯谨尔。

朝（cháo），与下大夫言，侃侃如也；与上大夫言，訚（yín）訚如也。君在，踧踖（cùjí）如也，与与如也。

君召（zhào）使摈（bìn），色勃如也，足躩（jué）如也。揖所与立，左右手，衣前后，襜（chān）如也。趋进，翼如也。宾退，必复命，曰："宾不顾矣。"

入公门，鞠躬如也，如不容。立不中门，行不履阈（yù）。过位，色勃如也，足躩如也，其言似不足者。摄齐（zī）升堂，鞠躬如也，屏气似不息者。出，降一等，逞颜色，怡怡如也。没阶，趋进，翼如也。复其位，踧踖如也。

执圭（guī），鞠躬如也，如不胜。上如揖，下如授。勃如战色，足蹜蹜（sù）如有循。享礼，有容色；私觌（dí），愉愉如也。

君子不以绀（gàn）緅（zōu）饰，红紫不以为亵服。当暑，袗（zhěn）絺（chī）绤（xì），必表而出之。缁（zī）衣，羔裘；素衣，麑（ní）裘；黄衣，狐裘。亵裘长，短右袂（mèi）。必有寝衣，长一身有（yòu）半。狐貉之厚以居。去丧，无所不佩。非帷裳（cháng），必杀之。羔裘玄冠不以吊。吉月，必朝服而朝。

齐（zhāi），必有明衣，布。齐（zhāi），必变食，居必迁坐。

食不厌精，脍（kuài）不厌细。食饐（yì）而餲（ài），鱼馁（něi）而肉败，不食。色恶，不食。臭（xiù）恶，不食。失饪，不食。不时，不食。割不正，不食，不得其酱，不食。肉虽多，不使胜食气。唯酒无量，不及乱。沽酒市脯（fǔ），不食。不撤姜食，不多食。

祭于公，不宿肉。祭肉不出三日。出三日，不食之矣。

食不语，寝不言。

虽疏食菜羹，必祭，必齐（zhāi）如也。

席不正，不坐。

乡人饮酒，杖者出，斯出矣。

乡人傩（nuó），朝服而立于阼（zuò）阶。

问人于他邦，再拜而送之。

康子馈药，拜而受之。曰："丘（mǒu）未达，不敢尝。"

厩（jiù）焚。子退朝，曰："伤人乎？"不问马。

君赐食，必正席先尝之。君赐腥，必熟而荐之。君赐生，必畜之。侍食于君，君祭，先饭。

疾，君视之，东首，加朝服，拖绅。

君命召，不俟（sì）驾行矣。

入太庙，每事问。

朋友死，无所归，曰："于我殡。"

朋友之馈，虽车（jū）马，非祭肉，不拜。

寝不尸，居不客。

见齐（zī）衰（cuī）者，虽狎（xiá），必变。见冕者与瞽者，虽亵，必以貌。凶服者式之。式负版者。有盛馔（zhuàn），必变色而作。迅雷风烈，必变。

升车（jū），必正立，执绥（suī）。车中，不内顾，不疾言，不亲指。

色斯举矣，翔而后集。曰："山梁雌雉（zhì），时哉时哉！"子路共（gǒng）之，三嗅而作。

附录　中国古代文学史概要

《诗经》

《诗经》原名《诗》，共有305篇（另外，还有6篇有目无辞，称为"笙诗"），所以也称"诗三百"。它是我国第一部诗歌总集，全书收集的作品上起西周初年，下至春秋中叶，历时500多年，最后编定成书大约在公元前6世纪。

《诗经》可分为风、雅、颂三类。"风"相当于歌谣、民歌，反映了各地中下层人民的生活状况，《诗经》收录了周代15个地区的歌谣，共有160篇。"雅"即"正"，指朝廷正乐，这是贵族宴会时演奏的乐曲，反映了周代上层社会的生活状况。"雅"分为《大雅》和《小雅》，《大雅》31篇，《小雅》74篇。"颂"是宗庙祭祀音乐，数量较少，共40篇。其中，周颂31篇，鲁颂4篇，商颂5篇。

赋、比、兴是《诗歌》的主要艺术表现手法。人们往往把赋、比、兴与风、雅、颂并提，称为"诗经六艺"。"赋"是指直接铺叙、刻画和抒情。"比"就是打比方，以彼物比此物。"兴"是起兴，"先言他物以引起所咏之词"，以别的事物为开端，引出所要歌咏的内容。赋、比、兴是我国古代诗歌创作的基本手法。

《诗经》作品内容丰富，反映了我国周代生活方方面面的生活，如爱情、战争、徭役、生产劳动、风俗习惯等。《诗经》作品形式多样，种类繁多，包括史诗、讽刺诗、叙事诗、恋歌、战歌、颂歌、节令歌以及劳动歌谣等。

总之，《诗经》由于其丰富的内容，高度的思想性和艺术性，在中国文学史上占有重要的地位。同时它深刻地反映了我国周代生活的现实，是我国诗歌现实主义的源头，对后世文学产生了深远的影响，是我国古代文学史上的瑰宝。

楚辞

楚辞又称"楚词"，是战国时期以屈原为代表的楚国人创造的一种新诗。西汉末年，刘向整理古籍，把屈原、宋玉等人的作品和后代人模仿他们所做的优秀作品编辑成书，定名为《楚辞》。

屈原不仅是"楚辞"的创立者和代表，还是中国历史上第一位伟大的爱国诗人。他的主要作品有《离骚》《九歌》《九章》等。《离骚》是一篇带有自传性质的长篇抒情诗。全诗通过叙述自己的身世和遭遇，反映了屈原对楚国黑暗腐朽政治的愤慨，以及热爱祖国并愿为之效力而不可得的悲痛心情，同时也抒发了对自己信而见疑，忠而被谤，受到不公平待遇的哀怨。最终，屈原自沉汨罗江而亡，但是他高尚的人格和不屈的品格一直激励着后代的无数文人，成了文人爱国、忠君、自修的学习对象。

与《诗经》相比，楚辞在艺术上达到了新境界。首先，它创造了一种新的诗歌体裁。楚辞篇章宏阔，句式参差错落，富于变化，感情奔放，想象力丰富，文采华美。其次，楚辞突出地表现了浪漫主义的精神气质。这种浪漫精神主要表现为情感热烈奔放，对理想的执着追求，想象奇幻等方面。最后，楚辞开创的"香草美人"的象征写作手法，对后世影响颇大。

《楚辞》在中国史诗上占有重要的地位，是继《诗经》之后我国古典诗歌的又一座丰碑。后人常常将《诗经》与《楚辞》并称为"风骚"（"风"指《诗经》中的《国风》，"骚"指《楚辞》中的《离骚》）。《诗经》是中国诗歌的现实主义源头，而《楚辞》则代表了中国诗歌的浪漫主义源头。

先秦散文

所谓"先秦"是指公元前221年，秦始皇统一中国，建立秦朝之前的一段历史。我国先秦散文主要分为诸子散文与历史散文两类。

秦代建立之前，在中国大地上诸侯国林立，兼并战争不断。这一时期许多思想家都对当时的自然和社会统治提出了自己的观点和主张，并由此形成了自己的思想流派。据《汉书·艺文志》记载，当时主要的思想流派有儒、道、阴阳、法、名、墨、纵横、农、杂、小说十家。后代称这些流派思想的创始人或代表人为诸子。

先秦诸子散文的发展，可分为三个阶段。春秋末期至战国初期为第一阶段，代表作有儒家的著作《论语》、道家的著作《老子》、墨家的著作《墨子》，这一时期的文章或为语录体，如《论语》；或为简明的议论短章，如《老子》只有短短的81个字。战国中期为第二阶段，代表作有儒家的《孟子》、道家的《庄子》，文章逐渐由语录体发展为对话式论辩文与专题论文。《孟子》以对话为主，富于雄辩，议论酣畅，气势磅礴。《庄子》说理论证，文笔纵横恣肆，想象丰富奇特，大量运用寓言，具有浪漫主义色彩。战国后期为第三阶段，代表作有儒家的《荀子》、法家的《韩非子》。这一时期的文章完全摆脱了语录体，基本上形成了以正面说理为主的专题论文。其主要特点是论证严密、鞭辟入里。《荀子》行文条分缕析，比喻丰富，反复论证，浑厚缜密。《韩非子》行文犀利峻拔，剖析入微，善于运用浅近的寓言来说明抽象的道理，具有较强的辩论性。它们都对我国汉魏以来的哲理散文产生过深远的影响。

历史散文可分为记述事件为主和记述言论为主两大类。前者以《左传》为代表，后者以《国语》《战国策》为代表。《左传》是我国第一部编年体史书，它善于以简洁的笔墨记述纷繁复杂的历史事件，尤其是善于描写战争；又善于以简约的语言描绘人物的动作细节和内心活动，刻画人物栩栩如生。《国语》是一部国别史，分别记载周王朝及各国诸侯的事。《国语》善于通过言辞来反映人物的精神面貌，文字简练朴实。《战国策》记录了策士们游说诸侯或相互辩论时的大量言论，语言犀利畅达，纵横捭阖，既生动地刻画了人物的性格，又运用寓言故事阐述了深邃的论点，故事性强，说理透辟，具有较强的文学性和说服力。它们为我国历史散文的发展开辟了广阔的道路，提供了丰富的养料。

《史记》

《史记》是我国历史上第一部纪传体通史。所谓纪传体史书，它既不同于以时间为顺序编纂的编年体，也不同于以地域划分为次序编纂的国别体，而是以人物事迹为中心来反映历史内容的一种体例。《史记》所记载的内容，上自上古传说中的黄帝时代，下至汉武帝太初四年共3 000多年的历史。它不仅是一部优秀的史学著作，还具有极高的文学价值，被鲁迅誉为"史家之绝唱，无韵之《离骚》"。

司马迁撰写《史记》有明确的目的，那就是"究天人之际，通古今之变，成一家之言"。今天人们所能见到的《史记》内容涵盖了社会生活、政治、经济、文化方方面面的内容，具有极高的史学价值。全书由十二本纪、十表、八书、三十世家、七十列传组成。"本纪"记载历代帝王的兴衰和重大历史事件（如《项本羽纪》）；"表"是以表格形式呈现的各个历史时期的大事记；"书"是关于天文、历史、水利、经济、文化等方面的专题史；"世家"是历朝诸侯贵族的活动和事迹（《陈涉世家》例外）；"列传"主要为历代各阶层有影响人物的传记。司马迁叙述历史，实事求是，公正无私，"不虚美、不隐善"，忠于历史事实，是他对史学研究的又一贡献。

《史记》是我国纪传体史学的奠基之作，同时是我国传记文学的开端。前秦史书中的人物描写是从属于历史事件的陈述；突出人的历史作用，以人物活动为中心来叙述历史，则是从《史记》开始的。《史记》不仅是传记文学的典范，也是古代散文的楷模，它的写作技巧、文章风格、语言特点等，对我国古代的小说、戏剧、传记文学、散文，都有广泛而深远的影响。

汉代乐府诗

汉代所谓的乐府，指的是音乐机关，乐即音乐，府即官府。汉代乐府的任务，除了将文人歌功颂德的诗制成曲谱、演奏新的歌舞外，还有一项最具有意义的工作便是采集民歌。因此，乐府最初指的是音乐机构，但是到了魏晋六朝以后，乐府便由机关的名称变为一种带音乐性的诗体的名称。

据《汉书·艺文志》记载，西汉乐府民歌有138篇，但现存的总共不过三四十首。从现存不多的作品来看，乐府民歌不仅具有丰富的社会内容，而且具有高度的思想性。它们广泛反映了两汉人民的生活，两汉的政治制度以及社会风貌，同时还深刻映射出两汉人民的思想情感。例如，《陌上桑》通过塑造秦罗敷这个美丽、善良、机智、勇敢、坚贞的女性形象，反映了人们反抗压迫、反抗剥削的斗争精神。又如，《十五从军征》通过一个老兵的自述揭露了当时兵役制度的黑暗。另外，汉乐府诗歌中还有不少表现人民对封建礼教、封建婚姻制度的反抗以及对统治阶级讽刺的诗歌。

汉乐府民歌最大、最基本的艺术特色是它的叙事性。在我国文学史上，汉乐府民歌标志着叙事诗的一个新的更趋成熟的发展阶段。它的高度的艺术性主要表现在通过人物的语言和行为来表现人物性格；语言朴素自然，富于感情；形式自由多样；富于浪漫主义的色彩。

六朝诗歌

六朝通常是指两汉三国魏晋南北朝，包括三国、两晋和南北朝。这个时期是中国历史上大分裂时期，也是民族大融合的时期，诗歌在这个时期由古老的四言诗成长为五言诗，并且在题材方面也有所丰富。这一时期文学主要的代表有建安文学以及陶渊明。

建安是汉献帝的年号，文学史上的建安时期是指建安至曹魏初期。东汉末年天下大乱，皇帝失去权威，军阀们穷兵黩武，互相征伐，生灵涂炭，民不聊生。在这"白骨露于野，千里无鸡鸣"的社会背景下，文人的精神是极其痛苦的。他们用诗这种文学形式来书写时政，表现自己内心的痛苦和欲望，并表现出慷慨激昂、刚健有力的精神风貌，所以被称为"建安风骨"。建安文学的代表人物是三曹（曹操、曹丕、曹植）和七子（孔融、陈琳、王粲、徐干、阮瑀、应玚、刘桢）。

陶渊明，名潜，字元亮。做过一些地方小官，因不满官场黑暗，弃官归隐田园。他既有表现对黑暗现实深刻批判、剖析和强烈憎恶的诗歌，也有描绘田园生活快乐、表现农耕生活艰辛的作品。陶渊明继承和发扬了现实主义诗歌的传统，追求质朴，不尚华丽，善于创造意境，用典故或自然景物表达了深刻的思想内容。陶渊明的诗语言风格平淡自然而又极具感染力，能用白描写意的手法，使诗句传神、鲜明、生动。

唐诗

中国古典诗歌发展到唐代进入全盛时期。唐诗是我国优秀的文学遗产之一，堪称古典诗歌的高峰，也是世界文学宝库中的一颗灿烂的明珠。

唐诗的内容丰富，题材多样，艺术高超。唐诗的演变经历了初唐、盛唐、中唐和晚唐四个时期。每个时期都涌现出大批杰出的诗人，他们为后代留下了无数脍炙人口的名篇。初唐作品反映的社会生活面比较广阔，风格雄健，情感充沛。初唐时期的代表作家是"初唐四杰"——王勃、杨炯、卢照邻、骆宾王；盛唐时期，唐诗发展到了顶峰时期。伟大的浪漫主义诗人李白和伟大的现实主义诗人杜甫，即是盛唐时期的杰出代表。中、晚唐时期，唐诗走向圆熟和沉郁，更重技巧的锤炼，最后则趋向萧瑟消沉。元稹、白居易是中唐诗人的代表，晚唐诗人的代表是被称为"小李杜"的李商隐、杜牧。

从诗歌的题材上说，唐代诗歌的创作流派是异彩纷呈的，既有以岑参、高适为代表的慷慨悲怆的边塞诗派，又有以王维、孟浩然为代表的宁静淡泊的山水田园诗派。从诗歌的体裁上说，不但古体诗的五古、七古、乐府歌行等体裁有了新突破，在唐代还产生了近体诗——五律、七律、五绝、七绝、排律等。近体诗又称格律诗，格律诗形式上的特点更强化了中国诗歌用字简练、意象密集和富于暗示性的艺术特色。从总体上说，唐诗富于意象和情趣，视野开阔宏大。

宋词

在中国文学史上，人们常常将"诗"和"词"并称，但是从广义上说，词也是诗的一种诗歌形式。与诗不同，词的句子长短不一，少则一字，多的有十几字，因此又称为"长短句"。最初的词都是用来和乐演唱的，因此又称为"曲子词"。每首词都有一定的"词牌"，如"浣溪沙""西江月""浪淘沙"等都是词牌名。每种词牌都有固定的行数，每行都有固定的字数，词人必须按照特定词牌的要求来进行写作，叫作"填词"。

词最早出现在隋唐时期，到了宋代达到鼎盛，成为宋代最具代表性的文学体裁。和很多文学体裁一样，词也起源于民间，却在文人手中渐趋成熟。在宋代几乎所有著名的文学家都有词作传世，他们将这一体裁推向完美。但即便如此，在相当长的一段时期内，文人的观念中仍保留着"诗庄词媚"的分工准则：诗是雅正的文体，表达的是严肃庄重的主题；词是"小道"，主要吟咏男女相思之情。词的创作风格柔婉细腻，婉约派继承了这种创作风格，柳永、李清照是宋代婉约词派的代表。但是苏轼、辛弃疾等则打破了柔婉的词风，他们扩大了词的表现题材和境界，苏轼、辛弃疾是宋代豪放词派的代表。

元曲

与唐诗、宋词并称于世的元曲，包括元杂剧和散曲两部分。

元杂剧产生于中国北方，以北曲演唱，其创作和演出最初以大都（元代首都，今北京）为中心，后逐渐风行全国。元杂剧是一种包括唱、念、做三部分的戏曲样式，这三个部分在剧本中分别表示"唱"（唱词）、"云"（念白）、"科"（表情、动作）。

杂剧的剧本结构通常是四折一楔子称为"一本"，但有的杂剧并不只一本，如著名的《西厢记》就有五本。楔子一般放在第一折前交代剧情，起序幕作用。杂剧中的"折"虽然有分隔剧情作用，但一折中允许有多个场景。元杂剧的体制完备，在很大程度上，为我国后代戏曲的表演特点奠定了基础。

元杂剧的繁荣离不开众多知识分子的参与。由于元代社会的民族歧视和科举考试的长期废止，大批读书人找不到出路，为了谋生扬名，他们很多人将自己的才学投入到元杂剧的创作中，一时间涌现出大量优秀剧作和知名作者。其中成就最高的有被誉为"元曲四大家"的关汉卿、马致远、白朴、郑光祖，以及创作出《西厢记》的王实甫。

元散曲是元代盛行的一种新诗体，是一种同音乐结合的长短句歌词。元散曲有两种基本形式：小令与套曲。小令主要是指单支曲子，套曲则由数支小令联合而成。

元散曲的句式长短不一，灵活多变；元散曲的语言尚俗，口语化、散文化明显。所以比之传统的抒情诗词，散曲身上刻有较多的俗文学的色彩印记。

元人散曲从民间传唱的"俗谣俚曲"发展而来，后经文人加工，终成一代文学。以14世纪为界，可分为前后两期。前期的代表人物有元好问、关汉卿、白朴、马致远、张养浩。其中，有"曲状元"之称的马致远，更使散曲的创作达到一个新的高度。后期的代表人物有乔吉、张可久、贯云石等，这一时期散曲中朴拙、粗豪的风格有所减弱，散曲逐渐由市民文学渐变为雅士之作。

明清小说与四大名著

中国古代小说的发展到了明清时期达到了巅峰，出现了大量具有较高文学价值和艺术成就的作品。

小说在明清的繁荣发展是有其社会历史原因的。首先，明中叶后经济繁荣，科技发展，反映市民阶级思想的文学形式——小说也迅速发展；其次，明清两代统治阶级对知识分子采取高压政策，很多文人墨客将创作的潜力发挥在小说的创作上，客观上加强了小说的创作力量；最后，中国古典小说经过从唐代开始的酝酿、准备、发展，在艺术方法以及故事情节、人物塑造、结构和语言诸方面都积累了相当丰富的艺术经验，为明清时期小说的繁荣打下了坚实的基础。

明清时期出现了四大古典文学名著：《三国演义》《水浒传》《西游记》《红楼梦》。

罗贯中的《三国演义》是我国章回体小说的开山之作，也是明清长篇历史小说中流传最广、影响最大、成就最高的一部小说。

施耐庵的《水浒传》对农民起义领袖进行讴歌，对农民起义持肯定态度，具有反对封建压迫的思想。

吴承恩的《西游记》开辟了神魔长篇章回体小说的新门类，书中将善意的嘲笑、辛辣的讽刺同严肃的批判巧妙结合，是古代长篇小说浪漫主义的高峰。

曹雪芹的《红楼梦》被誉为"封建时代的百科全书"，它代表了中国古典小说的最高成就，不但在我国家喻户晓，在世界文坛上也是公认的文学巨著。